高校城市规划基础学科教材

城市经济学

吴启焰 朱喜钢 陈 涛 编著

中国建筑工业出版社

图书在版编目（CIP）数据

城市经济学/吴启焰等编著. —北京：中国建筑工业出版社，2008
高校城市规划基础学科教材
ISBN 978 – 7 – 112 – 09090 – 7

Ⅰ. 城⋯　Ⅱ. 吴⋯　Ⅲ. 城市经济学 – 高等学校 – 教材　Ⅳ. F290

中国版本图书馆 CIP 数据核字（2008）第 001587 号

　　本书的编撰目的在于解决从事城市规划与相关设计专业的学生不了解城市与区域社会经济运行机理的困境。在本书中，作者为读者详细地介绍了城市经济学的发展历史和基本理论。一方面，从宏观经济分析方法上帮助他们理解城市发展、增长的方式、城市的空间格局以及相关的城市土地、财政、交通环境问题的各种经济解释；同时，也从微观经济学视角分析企业的区位选择、土地一般均衡等问题。

　　全书共分为 11 章，分别是导论，城市的发展，企业区位的选择，城市体系，城市的增长，郊区化与城市的区域化，城市土地与土地利用，城市住宅，城市政府与城市财政，城市交通，城市环境经济学。

　　本书适用于高等学校城市规划专业的教师和学生，同时也适用于高校城市规划研究生的教学，对城市规划的学科发展也将起到很好的引导作用。

责任编辑：杨　虹　吕小勇
责任设计：董建平
责任校对：关　健　王金珠

高校城市规划基础学科教材
城市经济学
吴启焰　朱喜钢　陈　涛　编著

\*

中国建筑工业出版社出版、发行（北京西郊百万庄）
各地新华书店、建筑书店经销
北京嘉泰利德公司制版
廊坊市海涛印刷有限公司印刷

\*

开本：787×960 毫米　1/16　印张：17¼　字数：350 千字
2009 年 1 月第一版　2019 年 1 月第七次印刷
定价：**30.00** 元
ISBN 978 – 7 – 112 – 09090 – 7
(21700)

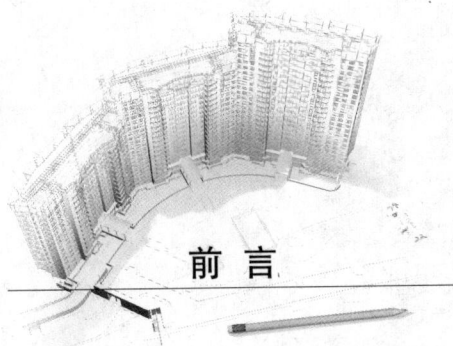

# 前　言

　　本书编撰目的在于为城市规划专业、景观建筑学等规划设计类专业学生介绍一些城市经济学的基础知识，解决从事城市规划与相关设计专业的学生不了解城市与区域社会经济运行机理的困境。

　　在本书中我们为学生详细介绍了城市经济学的发展历史和基本理论。一方面，从宏观经济分析方法上帮助他们理解城市发展、增长的方式，城市的空间格局以及相关的城市土地、财政、交通、环境问题的各种经济学解释；另一方面，也从微观经济学视角分析了企业的区位选择，土地一般均衡等问题。

　　本书分十一章，分别由南京师范大学吴启焰承担导论、城市化与城市的发展、企业区位的选择、城市土地与土地利用、住宅市场理论五个章节的编撰工作，南京大学的朱喜钢、徐旳承担城市体系、城市的增长两章的编撰工作，云南大学的陈涛承担城市政府与财政、城市环境经济学两章的编撰工作，云南省环保局杨永宏参与城市环境经济学部分的修订，中山大学曹小曙承担城市交通一章的编撰工作，昆明理工大学的贾新华承担郊区化与城市的区域化一章的编撰工作。全书由吴启焰审核、定稿，相关图件的清绘由昆明学院罗艳完成。同时也感谢明慧、铭恩、佳恩在完成这本书期间给予我的支持和理解。在此，对众多家人、亲友师长的关心和支持再次表示最衷心的感谢；毫无疑问，本书中相关的错误与失误均由我个人承担，敬请各位不吝赐教和谅解。

编　者

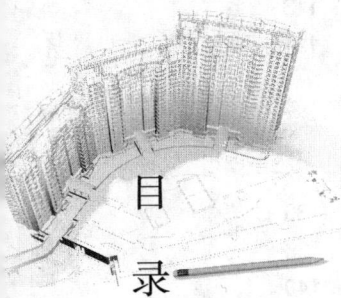

# 目录

## 第十一章　城市环境经济学

## 图片索引

## 参考文献

# 第一章

## 导论

# 第一节  城市经济学的基本概念

## 一、城市和城市经济学

（一）城市的产生

城市是人类社会经济发展到一定历史阶段的产物，它的产生是技术进步、社会大分工和商品经济发展的结果。人类社会有着百万年的悠久发展历史，但城市的出现只有5000年左右，根据考古、史料证明，中国最早的城市产生于原始社会末期，也是原始社会向奴隶社会的过渡时期（大体相当于"龙山文化"时期，公元前3000～前2000年），也就是从传说中的黄帝时代，经尧、舜、禹直到夏朝前期。世界上其他地区最早的城市起源也大多在这一时期，"目前已知的最古老的城市遗址，大部分都起始于公元前3000年，前推后移不多的几个世纪。"（L·芒福德：《城市发展史》）

关于城市的起源众说纷纭，但从发生学角度出发，目前学者们一般有以下几种见解：

（1）血缘制和宗教中心说。城市的起源是由于血缘制和宗教的亲和力，这种亲和力与社会经济相结合而产生城市。美国学者L·芒福德在《城市的形式与功能》一文中指出："生产力在一定地域的聚合力是血亲制度"，"古代城市……从特征上看，它是把宗教、科学、政治、军事、经济等诸权力包容在一个象征的集团居住区内"。在阶级社会中，人们的血缘关系赋予了种种宗法文化观念，并引起人口的地缘性集聚，这是城市起源的内在动因。

（2）权利维系与防御说。城市的产生是由于统治者为了保护自身既得的统治地位，防御敌人的侵扰而兴建的，这表现为，早期的城市一般都有坚固的城墙，正所谓"筑城以卫君，造郭以卫民"。

（3）交换集市中心说。城市是作为早期的市场中心地而兴建的，它起源于贸易和集市之地。《易经》中有关"日中而市"、"各易而退，各得其所"等描述，说明由于早期简单的易物交易导致了集市的出现，并在此基础上逐渐形成了以市场功能为主的城镇。中国明清时期江南许多市镇的兴起，就是一个典型的例证。也有学者因此认为，"城市"即"城"与"市"功能的叠加。

事实上，以上的各种假说在世界各地的城市考古过程中都可以找到大量的例证，城市作为人类聚落形式的出现，并不是一个孤立的社会物质现象，城市的起源、发展也往往不是某些孤立原因的结果。简要而言，社会生产力的发展、经济结构的变化以及社会文化的转型是城市形成与持续发展的本质，而自然环境的基础是决定城市形成、发展的根本条件。

（二）城市发展的一般过程

在人类整个历史长河中，城市自产生至今的时间是非常短暂的，但是其作为一种社会空间现象，却在短短几千年中随着社会经济的发展而发生了深刻的变化。根据人类社会经济发展的大背景及城市地位、角色的变化，我们一般可以将城市发展的过程划分为三个大的阶段（图1-1）：

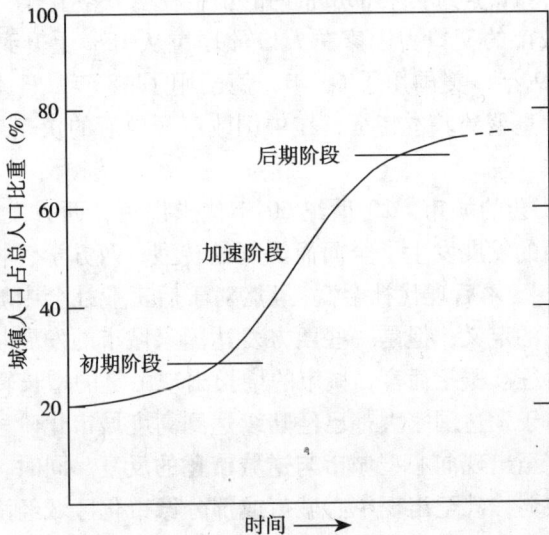

图1-1　世界城市化的历史发展（城市化率曲线）

（1）古代农业社会的城市。城市是人类社会的第二次劳动大分工的产物，如前文所述，最早的城市出现在从原始社会向奴隶社会的过渡时期，随着剩余产品的大规模产生，商业与手工业的分离催化了城市的诞生。在漫长的农业社会历史中，尽管出现过一些相当繁荣的城市（如唐长安、明清扬州、古罗马、亚历山大、君士坦丁堡等），但农业社会时期的整体生产力水平十分低下，商品经济不发达，自然经济体系占据社会经济体系的主流，这种情况决定了古代农业社会的城市数量、规模及职能都是极其有限的，城市的发展也是非常缓慢的。一些学者对西方城市发展历史的研究证实了这一点：在大规模的工业革命到来之前，公元1600年的时候，只有1.6%的欧洲人生活在10万或10万以上人口规模的城市，1700年为1.9%，1800年为2.2%，200年间才上升了0.6个百分点。

（2）工业社会的城市。西方国家18世纪开始的工业革命，从根本改变了人类社会与经济发展的状态。工业化带来生产力的空前提高及生产技术的巨大变革，导致了原有城市空间与职能的激烈变动与重组，也由此促进了大量新兴工业城市的形成。工业革命以后，城市成为人类社会的主要聚居形态和社会经济发展的主要空间载体。工业革命不仅使得劳动生产力得到了空前提高，而且使乡村农业剩余劳动力规模越来越大；同时，在城市中社会经济再生产过程产生了大量的就业岗位，导致前所未有的城市化过程——农村人口大量涌入城市并且城市空间地域不断扩张。既有的资料与数据都表明，在工业化过程中城市人口的集聚是非常迅猛的，城市化水平增长呈现一个快速增长期（图1-1），而且人口在大城市、城市连绵区和都市带内的集聚程度日益上升。就居住在10万人口或以上规模城市的人口占国家总人口的比重从10%上升到30%的过程而言，英国经历了79年，美国用了66年，德国用了48年，日本只用了36年。这一城市人口加速集聚的基本特征，在中国改革开放后的快速工业化进程中也得到了明显的反映。

（3）后工业社会的城市。20世纪60年代末以后，西方发达国家的经济、社会、政治等方面的发展发生了全面而深刻的转型，西方学者将此以后的社会称为"后工业社会"、"后现代社会"。虽然对于后工业社会中城市的具体特征尚没有明确、统一的定义，但是一些西方发达国家城市的发展状态已经显现出了种种先导性的表征。概括而言，城市的增长出现由量的增长转向"内涵"的升级：一方面，由于发达国家大都已经陆续达到高度城市化阶段，城市的人口集聚过程放缓，甚至出现向心型城市与逆城市化的反复。同时，城市空间增长与扩展效应总体减弱，甚至出现中心城市或部分城市化区域经济社会等方面相对或绝对的萎缩；另一方面，后工业社会的城市将以科技与现代服务职能为主体，以高科技作为生产与生活的支撑，社会文化趋于多元化，更加注重生态质量与人的全面发展，城市的适居性、可持续发展等被置为城市发展的中心主题。

（三）城市经济学的定义

从应用经济学视角审视城市发展历程，相对于农村的自然经济环境，以工业社会为支撑的现代城市化地区是在技术进步并导致农业剩余的条件下产生的。城市内部的经济活动或要素的显著特点主要表现为：

（1）城市经济活动和生产要素的空间集聚效应

这种集聚效应和特征逐渐使城市在空间上成为资源配置的最优区位，并在一定区域内成为经济中心、经济增长极和政府调控经济活动的枢纽点。

（2）城市经济活动具有高度开放性和快速增长性

随着区际贸易的兴盛，城市成为区际物流、资金流、信息流、人口流的中心和节点。其职能等级、分类、市场规模和开放程度决定了城市的地位和发展水平。基于人口在社会经济体系中的双重特征——既是生产者又是消费者，城市经济的快速增长特征集中体现为人口城市化的增长特征。从 19 世纪开始，世界城市普遍经历了一个高速增长的发展过程。例如美国城市化水平从 1800 年的 6% 上升至 1950 年的 60%，1990 年 75%；欧洲城市人口由 1850 年总人口的 20% 上升到 1950 年总人口的 52%。

（3）投入产出的高效益性

聚集经济是城市内部经济要素的内在组成部分。聚集经济是一种节约经济。在这种条件下，企业和个人可以享受到社会化大生产中的分工协作、经营规模合理化、发达的基础设施与先进的管理服务所带来的种种好处，从而以较少的投入取得较高的效益。

（4）城市环境的高外在性

城市是一个各种非农产业和人口高度集聚的载体。企业和个人乃至城市在聚集经济给其带来种种好处的同时，也在承受外部不经济给其造成的外在损失，如生态环境污染、交通拥挤、居住困难、社会治安恶化，而且随着集聚程度越高，上述外在性越明显。

（5）经济社会结构的多样性和系统性

由于现代城市经济社会结构的构成要素是多种多样的，因此，城市是一个复杂的巨系统。这就决定了调整城市经济社会结构是一个复杂的过程，并且必须采用多种手段。同时，作为一个复杂巨系统，各构成部分有着内在联系，这又要求其必须协调发展。可以这样说，现代城市经济协调发展的程度决定着城市经济发展的效益、速度、内在质量和稳定性。

## 二、城市经济学的类型

在城市化地区显现的这些特征表明，现代城市的发展是极其复杂的，但是有些城市经济学家认为在看似复杂的城市分工、内部结构和类型的背后，在某些领域或所有领域应当存在特定的经济规律和理论。因此针对这两种观点，我们可以将城市经济学划分为狭义城市经济学和广义城市经济学两种类型。

（一）狭义城市经济学

狭义城市经济学认为城市经济学是研究厂商和家庭区位选择的应用经济学学科。相对于其他经济学而言，城市经济学应当探讨经济行为发生的地点——家庭选择在哪里就业、居住；同样，厂商选择在哪里建造厂房、商店和办公楼等。该观点进一步认为，诸如贫困、隔离（分异）、城市衰退、犯罪、拥挤和污染等城市问题都与厂商和家庭的区位选择休戚相关——区位选择导致城市问题；反之，城市问题又影响区位选择。例如，山田浩之认为城市经济学就是探求决定城市空间结构的社会经济原因以及相应的公共政策。

（二）广义城市经济学

相对于狭义城市经济学而言，我们把广义城市经济学定义为"以经济学的方法、理论研究城市问题的边缘性应用经济学学科"。它可以从宏观或微观层次研究城市发展、经济活动、贫困、隔离（分异）、城市衰退、犯罪、拥挤和污染等城市问题。最终，城市经济学的研究领域可以延伸为四个主要方面：①城市区位与城市空间经济研究领域；②城市社会经济问题研究领域；③城市的生产、交换和消费体系与过程研究领域；④城市公共经济与公共政策研究领域。

需要说明的是，上述这两种分类方法只是一种粗略和简单的结论，在现实研究中不可能都是独立存在的。由于本书的编排主要侧重于城市规划专业的应用，因此，主要体现广义城市经济学的体系和结构。

## 三、城市经济学的性质

从学科相互关系来看，城市经济学是介于经济科学、城市科学和工程技术科学之间而存在与发展起来的一门典型的边缘性交叉学科（图1-2）。经济学家认为城市经济学更多地应属于应用经济科学范畴，或者干脆将其列为经济学的一个分支，同其他诸如工业经济学、商业经济学、运输经济学、区域经济学等专业和部门经济学一样具有类似的特征和属性；城市科学学家认为以城市为研究对象，当然应包括城市的自然、社会、经济、科技乃至空间结构和公共政策等，因此，城市经济学更多地应属于城市科学这一学科群的范畴。

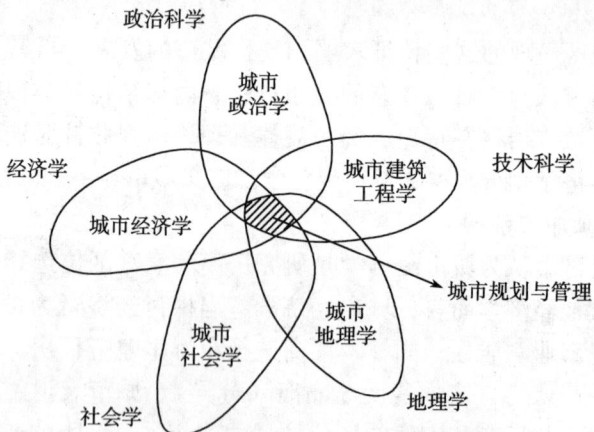

图1-2　城市经济学与相关学科的关系图

在中国，近十多年来城市经济学者广泛参与各部门多种多样的业务实践，包括区域发展战略研究，区域规划，城市发展战略研究，城市定位的探讨，城市总体规划，经济中心城市发展及其辐射区域的规划，国家和地区城市发展与城市化研究，国家或地区城市功能体系设置研究，城市布局调整规划，城市现代化和乡村城市化建设试点，城镇体系结构及合理布局研讨，以城市为依托的开发区发展规划，城市土地定级估价，城镇房地产开发的区位选择，村镇建设规划与指导性计划，现代化村镇住区开发经济评估，城市居住小区规划设计，村镇住宅小区规划设计，特大城市的中央商务区与金融中心的选址、开发和效益论证，城市社区合理划分和各类社区服务中心及其设施建设，城市环境综合整治活动，城市和流域产业结构调整与环境保护，城市旅游资源与重要景点开发规划等。

以上这些都直接或间接地涉及城市经济学，增强了它向相邻学科的渗透力、亲和力，从而直接推动了它的丰富和新发展，也使城市经济学作为边缘学科的性质越加明显。

# 第二节　城市经济学的学科定位

1988 年出版的《中国大百科全书》经济学卷将城市经济定义为："由工商业等非农业经济部门聚集而成的地区经济。"从实用主义观点来看，现代城市经济是以现代城市为存在与发展空间，以各种要素的高度聚集，各种经济活动的频繁开展并能取得高聚集效应为特征的城市产业经济、公共经济、消费经济、土地经济、生态经济、管理经济等复杂巨系统。它所反映的是城市一切部门及其经济联系与经济活动的总和以及交互作用。

鉴于现代城市经济的基本特征主要反映在要素的集聚性、活动的开放性、增长的高速性与高效性、环境的高外在性、系统的复杂性与多样性等方面。我们可以认为城市的聚集性质在某种程度上决定了城市经济的性质，因此对城市经济运行的研究必须依赖多学科的支撑。但是，研究城市问题的学科不只是城市经济学，所以有必要把城市经济学与其他相邻学科相区分。

## 一、与建筑学和建筑经济学的关系

建筑学和建筑经济学的研究目的在于将城市建筑（建造）环境的美化与城市的各项功能有机地整合。在此趋向之下，现代化的城市建设计划和城市规划，包括旧城改造与新城建设，越来越离不开上述学科的参与。诚然，城市经济学的研究也不可避免地要涉及环境建设和运转中的各种经济问题，并可运用自己的研究成果，从宏观上对建筑学和建筑经济学施加影响。

## 二、与区域经济学的关系

区域经济学是同城市经济学关系很密切，性质也相似的学科之一。它是以特定地域内的人类经济活动作为研究对象，介于经济学和区域科学、地理学之间的一门边缘学科。如果将它同部门经济学相比，前者的最大特色在于对某一地域范围内国民经济所有部门相互结合的比例作区域间的研究；而后者则侧重于对某一特定经济部门作纵向时间系统的研究。就主要研究内容来说，区域经济学对地区内整个再生产循环过程、经济发展和建设诸条件、经济运行机制、经济区（地域生产综合体）形成与发展规律、生产力布局地域组合系统以及区域发展战略、建立区域发展数学模型等各个方面和层次进行研究。

与城市经济学仅研究特定城市功能地域范围内经济现象有别，区域经济学所研究的"特定区域"，其范围大小差异悬殊，但一般是指国家内部的行政区、经济区、（河流）流域区、文化和旅游区等；也有的是指国际间的某个区域，如从 20 世纪 90 年代逐渐清晰的 GSM 地区（大湄公河流域地区）。

## 三、与房地产经济学的关系

作为应用经济学中部门经济学科之一的房地产经济学，同房地产业一样，近二十年来在我国获得了前所未有的发展。房地产经济学是一门研究房地产生产、交换、分配、消费中的运动规律及其所体现的经济关系的学科。它的研究范围主要包括：房地产业的性质和经济结构、房地产业在国民经济中的地位和作用、房地产商品的属性、房地产的内在关系、房地产经济运行机制和基本规律、房地产市场和价格的基本理论等。

房地产经济学兼具理论性、应用性学科的特点，它与一般经济学科不同的是，它以产品来划分自己的研究范围。基于上述原因，使它既具有自己鲜明的学科特色，又与某些部门经济学形成学科之间的交叉。城市经济学的某些研究领域，如城市地产市场、城市土地、城市住宅等问题，与房地产经济学有着密切的联系，需要借助房地产经济学的详尽资料和研究成果充实与丰富自己的研究内容，但它是以城市地域来划分自己的研究范围，绝不限于房地产；而城市经济学虽然涉及房地产经济学的部分研究内容，但对另一些专门研究内容一般不予深究，如房地产的流通、分配、消费等环节。

## 四、与城市规划学的关系

城市规划学是研究城市资源空间时空配置问题的一门学科。它主要研究如何将产业布局与城市的空间布局有机地结合起来，使之一方面符合生产发展和布局的原理，另一方面又符合城市发展和布局的需要。同时，为市民创造较为舒适的劳动场所和优雅的生活环境。城市规划在本质上是对一定时期内城市发展和各项建设的综合部署，是建设城市和管理城市的依据。因此，城市规划学和城市经济学的关系又特别密切，在研究范围乃至具体研究内容方面，这两门学科均有不少相近之处，或者在其外延上有较多的交叉。如关于城市性质与规模的确定、城市建设计划与规划、城市建设与生态环境保护、城市建设用地开发利用、城市建设布局、城市土地利用规划等方面，两门学科都需要进行研究，只是侧重点有差异，研究的深度和广度有所不同而已。它们在上述方面的研究成果，对于对方来说，都是可供参考和借鉴的。

# 第三节 城市经济学的发展

## 一、城市经济学的发展历史

无论从哪方面来说，城市经济学都是一门年轻的专业学科。一般而言，以阿朗索（Alonso，1964）《区位与土地利用》一书的出版为起点，城市经济学才成为了一门具备统一理论基础的学科。与经济学领域中历史悠久的学科相比，城市经济学至今只有40多年的历史，但是它的发展和作用却是令人瞩目的。

（一）城市经济学的萌芽

毫无疑问，阿朗索的《区位与土地利用》是城市经济学成为一门独立的经济学分支的标志，但是在阿朗索出书之前，也出现了相当数量的有关城市的文献。例如亚当·斯密（Adam Smith）就对城市及其功能进行了详细的论述，冯·杜能（Von Thunen）提出了后来城市经济学家经常引用的理论概念。遗憾的是，对接踵而来的工业时代的快速城市化，马歇尔（Marshall）和大多数新古典经济学家却罕有著述。直到第二次世界大战之后，随着经济研究的增多和经济数据数量和质量的提高，有关城市问题的研究也随之增长起来。

城市经济学的理论研究从一开始就对城市经济学的发展起着至关重要的作

用，这是因为理论模型为研究实际问题提供了统一的框架，并为运用数据进行模型估计与检验提供了具体的假设。同时，这些理论研究还为那些研究城市问题的著名经济学家提供了相关的概念，如迪克西（Dixit）、米尔利斯（Mirres）和索洛（Solow）。从这一角度讲，城市经济学有别于其他经济学科。例如，劳动经济学虽比城市经济学产生得早，但却被视为经济学的一个旁支，而城市经济学虽然只发展了40多年，但得益于20世纪60～70年代微观经济学的发展，从而拥有了分析消费者、厂商和市场行为的大量工具。实际上，城市经济学理论研究兴起的部分原因正是那一时期微观经济理论的发展。

这里有必要提及城市经济学发展的另一重要动因。城市经济理论要求把微观经济学的工具应用于空间分析框架之内，但是早期西方微观经济理论主要是英文著作，空间分析的文献主要由德文写成，这给分析城市经济的空间模型研究的整合带来一些问题。1954年，廖什（Losch）经典著作英文版的问世使得母语是英语的学者知晓了空间分析，从而推动了狭义城市经济学的发展。

最后要说明的是城市经济学发展早期实证分析与规范分析的关系。城市经济学研究的飞速发展出现在20世纪60年代中期这绝非偶然。在此前许多国家的政府开始关注贫困问题，而在美国，种族歧视问题也凸显出来，这使得许多经济学家开始研究城市问题，并向政府提供政策建议。在这方面，城市经济学与劳动经济学等其他学科有着共同点。此外，美国区域经济学家胡佛（Hoover）的工作对城市经济学的发展也起了重要作用。

（二）20世纪80年代以来的发展趋势

20世纪80年代以来展现的发展趋势如下：

（1）学科间界限将被打破

城市经济学与住宅经济学、交通经济学和公共选择理论的界限将被打破，会出现空间框架内的公共选择理论。城市经济学家也会对城市政策进行更多的实证和规范分析。

（2）有关城市经济的经验计量研究的迅速增长

充足而优质的数据、特别设计的计量工具和拥有计算机的专家们将使城市经济学的应用研究得到发展。这一发展趋势的好处在于能对理论模型进行彻底的检验，并能通过经验研究发现目前理论并不适用的政策分析。

（3）城市经济的模拟模型有望增加

这类研究有助于政策分析，特别是交通体系规划与拥挤问题及住宅计划。当然，这类研究需要大量的资金支持，并受政府兴趣的影响。例如规模报酬递增表现在经济生活的各个方面，无论是公共部门还是私人部门，或者是在总量上研究城市内的经济乘数。同时，规模报酬递增在解释城市形成时的巨大作用以及这个现象长期被忽视的状况，恰恰不仅可以解释为什么城市经济学在比较长的时间内没有受到主流经济学家的充分重视，而且可以说明随着经济学建模技术的改进，我们现在可以方便地为城市形成、城市体系的结构等问题提供更有说服力的理论解释（Krugman，1995）。城市经济乘数可以采取多种不同的形式。例如，城市内存在大量的企业，从而地方的产出具有多样化的特点，所以城市对于消费者来说吸引力将会逐步增大，这样更多的消费者将会选择居住在城市。相应地，当地潜在消费者数量的增加将会诱使更多的销售者进入该城市，从而出现类似于滚雪球式的经济集聚效应。类似的过程同样出现在劳动力市场上，当城市内的厂商可以享受到多种投入品所带来的好处时，总量上的规模效应就出现了。

（4）强化外部性的研究

相对于传统理论构架，信息外溢式的外部性有时对于城市的发展可能更为重要，持这种观点的经济学家更为看重人力资本积累和信息循环所带来的集聚效应（Lucas，1988）。上面这些效应都加速了人们经济活动的集中过程，结果经济活动在地域上出现了分工格局，这还可以解释为什么很多经济主体愿意支付高额的租金在城市的中心地带生产和生活，因为在中心地带这些效应的强度是最大的。相反，污染、犯罪及高昂的城市土地租金却倾向于阻碍城市的经济增长，并造成经济活动在空间上的分散化。在这些负面的影响中，目前讨论最多而且和空间的关系最为密切的效应是城市内的拥挤问题。

诚然，城市经济学中最难预测的是其理论的发展。理论分析几乎覆盖了全部主题，并且一直在不断前进。例如，在 20 世纪 80 年代中期，大多数有关家庭和就业选址的模型还在假设厂商聚集于中心商务区，然而不到十年，西方发达国家只有不到 10% 的就业集中在中心商务区。而且，上述单中心模型也不适用于现今郊区化的实际情况和复杂的交通体系。有关这些现象的理论研究和模拟分析还远未得到发展。

（5）"新经济地理学"（New Economic Geography）的理论

自 20 世纪 80 年代以来我们不难发现，一种新的关于城市经济的研究理论正在快速地兴起，这种被称为"新经济地理学"（New Economic Geography）的理论正在努力回答城市经济学中一系列最为本质的问题，如为什么会出现城市，如何理解城市出现背后的集聚力和分散力，城市之间的分工是怎样形成的，为什么我们观察到在城市的等级和规模之间存在着密切的联系，如何来解释城市体系的增长，一个单中心城市为何会出现第二个就业中心等。

新经济地理学家们认为，城市中的经济集聚和城市的构型都可以被看成是两种相反的作用力即集聚力和分散力达到平衡后的结果。形象地说，城市内的集聚可以被看成是很多复杂的对消费者、工人和厂商的推力与拉力实现平衡后的动态稳定空间状态。此外，当前主要有两种认识城市集聚的研究路径，一类研究把城市主要看成是地方政府、城市发展战略的制定者或土地开发者之间经济活动所带来的产物，另一派的观点则更为强调大量分散的经济主体（如企业家、工人和消费者）因为在较小的空间范围内开展分工从而获益，所以他们有充分的动力在城市内集聚。

诚然，新经济地理学对城市经济的研究与以往古典的城市区位分析存在很大的不同，它和现代主流经济学前沿的联系更为紧密。借助产业组织学、公共经济学、新国际贸易理论和内生的经济增长模型，新经济地理学家正在把城市经济学拓展为一个具有更为广阔前景的经济学内部的交叉学科。越来越多的经济学者开始重新关注城市问题，重新思考我们生活的城市和它在未来经济学研究中的重要地位。

## 二、城市经济学的主要研究领域

### （一）从经济学角度研究城市土地问题

一般认为，城市经济学的产生最早可以追溯到 19 世纪 20 年代。此后，西方国家的城市大发展引起了社会的广泛关注，使学者们纷纷投入力量对城市经济问题进行研究。其中较多的是一些学者从经济学角度研究城市土地问题。

鉴于城市土地是一种必不可少的载体，实现城市化和城市经济社会的发展，没有适宜的城市土地就无从谈起。因此，城市发展方案的选址，城市基础设施的规划与布局，各种建筑物的规划设计，工业区、商贸中心和市场以及居民区的位置与空间结构，都同城市经济与社会发展密切相关。只有上述问题处理好了，才能获得较好的经济效益，促使城市发展壮大。怎样充分合理地利用城市土地，处理好城市空间结构问题，就成为学者们关注的焦点。城市土地问题的集中研究，为某些城市经济学理论的形成奠定了基础。

需要指出的是，在这个时期，城市经济学虽然已从大量有针对性的研究中获益匪浅，并且具备了初步的理论基础，但它的学科体系尚不够完备，作为一门独立的学科，尚未完全形成。

这一时期，有关城市经济学研究的主要成果来自以下几个方面：

（1）区位研究

德国学者罗舍尔（W. Roscher）于 1868 年提出"区位"，即为了"生产上的利益"而选择的空间场所，它受原料、劳动力、资本等制约；另一位德国学者，现代工业区位理论的创始人韦伯（A. Weber）于 1909 年写成专著《工业区位理论：论工业区位》，其核心是认为区位因子决定生产场所。工业配置时，要尽量降低成本，尤其是运费。上述工业区位理论对城市工业发展与布局以及工业区位的选择等问题的研究具有重要意义。1924 年，美国学者 F·A·费特发表论文《市场区域的经济规律》，论述了城市区位，深化了城市经济的研究。

（2）城市内部结构研究

美国社会、经济家帕克（R. E. Park）、伯吉斯（E. W. Burgess）等于 1925 年通过对当时新兴大城市芝加哥的调查，总结出城市人口流动对城市功能地域分异的五种作用力：向心、专业化、分离、离心、向心性离心。它们在各功能地带间不断交叉变动，使城市地域形成了由内向外发展的"同心圆式结构体系"，其结构模式从内到外为中心商业区、过渡带、工人居住区、高级住宅区、通勤居民区。城市土地市场的价值分带：越靠近闹市区，土地利用集约程度越高；越向外，土地利用强度越低，租金越低。

美国土地学家赫德（R. M. Hurd）于 1924 年研究了美国 200 个城市内部资料后，提出"楔形理论"，指出城市土地利用功能分带是从中心商业区向外放射，形成楔形地带。上述理论是城市内部地域结构的三个基本理论之一。1936 年，霍伊特（H. Hoyt）在研究了美国 64 个中小城市的房租资料和若干大城市资料以后又加以发展。他根据城市发展由市中心沿主要交通线向外扩展的事实，认为同心圆理论将城市由市中心向外均匀发展的观念不能成立。高租金地域是沿放射形道路呈楔形向外延伸，低收入住宅区的楔形位于高租金楔形之旁。

到 20 世纪 40 年代，城市经济问题研究已进入到系统化的阶段，涉及城市房地产市场、级差地租、土地价格、土地合理利用、企业布局、空间距离与运输成本等。这些研究为城市经济学作为一门独立学科奠定了基础。

（二）利用相邻学科的理论研究城市经济问题

在此时期，城市经济学的一些创建者，除了以主要精力研究城市土地问题，为城市经济学作为一门独立学科诞生奠定理论基础以外，另有一些学者则侧重于吸收、借鉴其他相邻学科的成果。例如欧美一些学者相继运用城市地理学的理论研究城市经济问题，特别是城市中心地学说和市场学说，创造了新的城市经济理论。

中心地学说最早产生于 20 世纪 30 年代。当时欧洲国家工业化和城市化发展迅速。德国城市地理学家克里斯泰勒（W. Christaller）于 1933 年对一定区域内的城镇等级、规模、数量、职能间关系及其空间结构的规律性进行了调查研究，然后采用六边形图式对城镇等级与规模关系加以概括。中心地体系包括：中心地数目，互补区域数目、半径、面积，提供中心服务种类及数量，中心地标准人口数，互补区域标准人口数等。

中心地理论模式随人口数、生活习惯、技术等的改变而变化；同时也随人口分布、人口密度的不同，或中心地财货价格的差异而表现互补区域大小的不同。中心地体系可根据市场、交通和行政最优原则而形成。1940 年，另一位德国学者空间经济学家廖什（A. Lösch）论证并发展了中心地学说，提出生产区位经济景观。第二次世界大战后，中心地学说在美洲、西欧、北欧各国得到承认，并在居民点网和交通网规划中得到应用。

第二次世界大战后的苏联，领土及势力范围大为扩展，在辽阔的地域范围内恢复与重建国民经济，并且加以重新规划，特别是城市经济的规划和发展任务很重。在此背景之下，一些经济学家和地理学家运用城市地理学的概念、范畴与原理，对城市经济活动进行分析。如对城市体系和分类、城市选址、城市工业区配置、市中心与腹地联系等具体研究课题以及城市化进程、城市人口、城市职能等理论研究课题，通过深入的专业研究与探讨，对恢复和重建区域经济与城市经济作出了贡献。

在这种背景下，上述课题也就逐渐从城市地理学中分离出来，不同的学者在研究同一课题中可以有不同的侧重点，既为城市地理学的继续发展作出贡献，又从另一个侧面充实了城市经济学的研究内容，为城市经济学最终形成自己的学科体系增添了一部分内容。

对政治经济学研究的借鉴也具有类似特点。二战后资本主义世界经济发展较快，20 世纪 50～60 年代，地处欧美和东亚的一些资本主义国家城市化进程加快，城市经济大发展，带来了城市现代化的好处，但也引发了一系列的城市经济问题。为了解决这些现实问题，西方的一些经济学家相继运用政治经济学的原理研究其城市经济发展中的各种经济现象与经济关系，并最终使其从政治经济学研究体系中分离出来，扩大了城市经济学的研究手段和内容。

（三）"城市病"大量出现及其成因分析与综合治理

第二次世界大战后兴起的城市建设和城市经济社会发展浪潮，既带来了现代化和社会进步的一面，也造成了一些意料不到的后果，"城市病"就是在这种情况下出现的主要问题之一。

"城市病"是针对城市经济与社会发展中所出现诸多弊病的一种形象化比喻，通常是指在城市化进程太快，城市经济和社会发展缺乏严格管理或城市规划失控情况下所出现的种种现象和问题。如城市人口规模急剧膨胀，城市物流、人流过密，交通阻塞，住房拥挤，地价房价高涨，失业率上升，生态环境恶化，犯罪增多等。

这些问题的出现，为二战后呈上升趋势的资本主义世界城市的经济、社会发展带来诸多负面影响。而在当时，由于城市化进程进入后期阶段，欧美和东亚主要资本主义国家经济与社会发展的精华主要集中于大城市。这就阻碍了当时城市经济的进一步发展。因此，也促使许多专家、学者从经济学、社会学、地理学、人口学、生态环境学和城市规划学等不同学科的角度来分析城市病产生的原因，寻求解决种种城市经济社会问题的办法。

在分析、缓解和综合治理城市病以及对各种城市问题进行求解式研究的过程中，各种经验和理论相继产生，对西方城市经济学最终形成较为完整的研究内容和学科体系亦很有利。

## 三、近、现代城市经济学主要著作概况

（一）西方主要著作和观点

以阿朗索（W. Alonso, 1964）《区位与土地利用》一书的出版为起点，城市经济学才成为了一门具备统一理论基础的学科。

《城市经济学导论》的作者是美国学者威尔伯·汤普森（Wilbur Thompson）。该书于 1965 年在美国巴尔的摩出版，由约翰斯·霍普金斯大学出版社推出，这是一部系统的城市经济学教材。该书的出版标志着城市经济学作为一门独立的教育性（知识性）学科正式诞生。

《城市经济结构研究》的作者为埃德温·米尔斯，1967 年在美国巴尔的摩出版，由约翰斯·霍普金斯大学出版社推出。

《城市经济学问题》由哈维·佩尔诺夫和洛登·温哥编著，巴尔的摩市约翰斯·霍普金斯大学出版社于 1968 年出版，书中载有《美国城市的演化系统：城市化与经济发展》（作者：埃里克·兰帕德）等论文，文中论述了工业化与城市化之间非常复杂的关系。

《城市在急剧城市化过程中实现合理的人口分布的作用》于 1974 年在日本名古屋市出版，由联合国区域发展中心组织研究编撰，并作为该中心第 501 号研究项目的课题研究总报告。该报告提出了下列观点：在产生就业的主导部门方面，存在一个人口规模为 25 万 ~ 30 万人的临界值。达到这个临界值水平以前，生产部门是就业增长的主导部门，而超过这一水平后，生产部门就业增长放慢，第三产业部门就业增长加快。

《城市经济学》的作者为经济学家哈里·理查森，该书于 1978 年在美国伊利诺伊州亨代尔出版，该书是在当时经济学界对城市的聚集经济效益进行讨论和探索的背景下问世的，作者对聚集经济的效益十分重视，认为"聚集经济是一个无所不包的概念……众所周知难以量度"。作者在此书中还提出"积累不均衡增长模型"，并建立了一种"城市衰退宏观模型"，模拟一种外在化冲击所

引起的城市人口衰退过程。

《城市经济学》第二版的作者是埃德温·米尔斯，该书于1980年由斯科特·福尔斯曼公司推出。该书论述了城市增长与聚集经济的关系，并论述了城市环境与经济发展关系中的物质平衡概念等专业性很强的理论问题。

美国经济学家沃纳·赫希所著《城市经济学》，于1984年由麦克米兰出版公司推出。沃纳·赫希是加利福尼亚大学洛杉矶分校的教授，从20世纪50年代起从事城市经济学理论与实践研究。该书是作者根据自己三十多年来对城市经济问题的研究而著成的一部教材。书中在总结城市经济理论已有成果的基础上，建立了一系列分析模型，进而从城市活动、城市现象、城市问题的角度，对城市的经济、社会、文化、环境、财政、交通等方面进行深入分析，并对各种城市政策利弊加以比较，还提出了改革的方向。

美国俄勒冈州立大学经济学教授阿瑟·奥沙利文所著的《城市经济学（第四版）》于2000年被推出。该书秉承实用主义的风格，将诸如贫困、交通、污染、犯罪等城市问题的内在联系及其与土地利用方式的相互影响纳入城市经济学研究体系之中，研究了城市内部空间结构的变化以及次城市化出现的原因，分区制如何影响土地价格均衡，影响土地价格、土地利用方式和低收入住宅供给的政策选择等。

除上述著作与论文以外，20世纪60~80年代，美国、英国、日本等国家纷纷成立了城市经济学研究团体，出版学术刊物，发表有关专著，并在大学里设置城市经济学专业，开设城市经济学课程。其中，在出版专著方面，分别有K·J·巴顿的《城市经济学：理论与政策》、A·W·伊文思的《城市经济学》、山田浩之的《城市经济学》以及矶村英一的《城市问题事典》等。

（二）中国城市经济学研究及主要著作

在中国，对现代城市经济学的研究与论述主要是在近二十年以来进行的。20世纪80年代初，我国正式引入城市经济学，首先是一些大学经济系教师将城市经济学内容编入自己的教学大纲。与此同时，经济学界、城市学界和地理学界不约而同地引入西方以及前苏联的城市经济学理论及其学术著作、刊物等，同我国的城市土地利用、城市规划、区域规划、城市化道路研究、城镇体系和城市经济发展战略等研究结合起来。在此期间，还在中国社会科学院、建设部等国家级研究机构和政府部门中设立了城市经济研究部门，在有关重点大学开设城市经济系（或专业）或设置城市经济教研室。

近二十年来，在中国内地公开出版的城市经济学教学或研究专著较多，主要有：杨重光、刘维新的《社会主义城市经济学》，杜闻贞的《城市经济学》，肖梦等主编的《城市经济学》，常宝全、刘俊英的《社会主义城市经济学》，过杰的《城市经济学》，蔡孝箴、郭鸿懋的《社会主义城市经济学》，郭鸿懋的《城市宏观经济学》，张跃庆、张连城的《城市经济学教程》，谢文惠、邓卫的《城市经济学》，胡欣、江小群的《城市经济学》等。

近年来，我国对城市化的普遍规律、中国城市发展道路、城市发展战略、经济政策对城市发展的作用、城市产业结构、城市空间结构、城市经济预测、城市规划编制或修订、城市土地市场、城市住宅区位选择、城市人口经济政策、城市交通体系的组织与管理、城市生态系统建设、城市经济发展中的伦理问题、城市财政体制转变、城建投融资体制变化、城市政府经济职能转变、城市病综合治理、农村剩余劳动力转移与小城镇规划建设、区域经济联系变化与经济中心转移、经济区划与经济区网络、对外开放地区与城市经济发展、区域城市化前瞻以及区域城市化比较分析等方面，已经或正在进行深入研究，并取得了初步的成果。

# 2

## 第二章
## 城市的发展

本章首先从统计学视角介绍美国城市地域概念体系，然后探讨造成城市发展的三个原因：地区的比较优势（Comparative Advantage）、内部规模经济（Internal Scale Economies）和聚集经济（Agglomerative Economies）。

# 第一节　城市的地域概念体系

## 一、什么是城市

城市的定义在不同学科、学者具有不同的含义。通常我们认为城市作为一个一般性概念可以定义为人口与非农产业高度集聚的聚落。毫无疑问，城市的具体定义受所处的历史时代、科学技术、社会分工和经济形态的影响。现代城市源于工业革命之后的资本主义商品经济时代。除特殊说明外，本书中的城市均指现代意义的城市。

## 二、城市的地域概念体系

### （一）城市化地区（UA）

美国国情普查局规定，全国的城镇人口由居住在"城市化地区"（Urbanized Area）的人口和城市化地区以外的2500人以上"地方"（Place）的全部人口组成。城市化地区就是美国为了确定城市的实体界线以便较好地区分较大城市附近的城镇人口和乡村人口的目的而提出来的一种城市地域概念，大体相当于我们常用的城市建成区的概念。按照1990年普查的最新规定，一个城市化地区由中心地区和外围密集居住区两部分组成，二者合起来至少有5万人。

"中心地"（Central Place），1990年以前称为中心城市（Central City），它是城市化地区中一个或几个人口最多的设有建制的地方，人口至少15000人。

外围密集居住区的划分基本上以普查小区为基本单元，以人口密度为基本指标，它们是否能归入某个城市化地区，需满足以下条件：

（1）一个或多个连续的人口密度在每平方英里1000人（相当于每平方公里386人）以上的普查小区。这些普查小区与其他符合条件的地域必须相连，若不相连，则与城市化地区主体之间的公路距离不得超过1.5英里（2.4km），且与隔断它们的这一不符合条件的地域一起，其总体人口密度必须在每平方英里500人以上；若隔离部分是水体或其他难开发地域，则公路距离可放到5英里（8.05km）。

（2）一个"地方"若包含有满足条件（1）的地域，并且该地域的人口占该"地方"人口的50%以上，则将该"地方"全部划入城市化地区；如果该"地方"设有包含满足条件（1）的地域，或者即使满足条件（1）但该地域的人口不足该"地方"的50%，则该"地方"全部排除在城市化地区之外。

（3）其他人口密度不足每平方英里1000人的地域。如果作为飞地被包围在满足密度标准的城市化地区中，而且面积不超过5平方英里（12.95km²），则可并入城市化地区；当城市化地区边界上有锯齿形缺口，缺口两侧地满足人口密度标准，若缺口的开口端不超过1英里（1.61km），深度至少两倍于开口端宽度，整个缺口面积不超过5平方英里（12.95km²），则可将缺口划入城市化地区。

（二）标准大都市统计区（SMSA）

1910年美国首先定义了都市区概念（Metropolitan District, MD），规定MD内有一个至少20万人口的城市，在城市边界以外10km范围内最小行政单元（Minor Civil Division, MCD）的人口密度为150~200人/平方英里。这里将都市区概念等同于国内大都市区的概念提法。随着城市化的不断发展，其概念内涵也几经变化，1990年以后经修订，都市区的范围包括一个人口5万以上的城市化地区（UA）作为核心，围绕这一核心的都市区地域是中心县（Central County）和外围县（Outer County）。确定为标准大都市统计区（SMSA），其组成要素有三个：①一个具有5万人口以上的中心城市，或共同组成一个社区的总人口达5万以上的两个相连城市；②围绕这一核心的都市区地域是中心县（Central County），人口密度在58人/km²以上；③75%以上劳动力从事非农业活动且至少有15%在中心县工作，外围县（Outer County）其就业者中有25%常住于中心县、市区。都市区以县为其组成的基本单元。欧美其他国家对都市区的划法基本类似，如英国的标准大都市劳动区（SMLA）和大都市经济劳动区（MELA），加拿大的官方统计定义都市普查区（CMA），德国的就业密集地区等。日本战后参照美国SMSA的经验，提出了本国的"标准城市地区"，用以确定城市地域的范围。与美国SMSA不同的是，日本的REC和FUR规定若有两个中心都市近距离并存时，距离在20km以上则各成为各都市圈的中心城市，若距离在20km以内时，以流入就业者居多之中心城市为中心都市，另一城市则为次中心都市。日本为确定大城市地域，在1960年开始采用"大都市圈"概念。这种大都市圈规定，中心城市人口规模须在100万人以上，若有两个以上中心城市相互接近时，将其区域并入一个大都市圈。这个类似都市区而规模远大于都市区的概念是日本学者根据本国大城市多而密集这一特点而提出的（Peter Kate, 1994）。与都市区（Metropolitan Area, MA）类似或相同的概念有西方学者称为的地域城市（Urban Region）、大都市地区，日本学者称为的都市圈。作为功能地域的都市区概念，其考虑的出发点是城市对周围地区的影响，而这种影响又通过城乡间的各种社会经济联系活动得以实现。

1986年，周一星教授在分析中国城市概念和城镇人口统计口径时，借鉴西方不同尺度空间单元体系，较早地提出了市中心——旧城区——建成区——近市区——市区——城市经济统计区——都市连绵区这样一套中国城市的地域概念体系。其中近市区与西方城市实体地域概念——城市化地区（UA）相对应，城市经济统计区（Urban Economic Statistical Area, UESA）与西方城市功能地域概念——都市区相对应，都市连绵区（MIR）与大都市带（Megalopolis）相对应。胡序威教授和周一星教授在《中国沿海城镇密集地区空间集聚与扩散研究》中，进一步提出了中国都市区的界定指标：都市区由中心市和外围非农化水平较高、与中心市存在着密切社会经济联系的邻接县（市）两部分组成；凡城市实体地域内非农业人口在20万人以上的地级市可视为中心市，有资格设立都市区；都市区的外围地域以县级区域为基本单元，外围地区原则上需同时满足以下条件：①全县（或县级市）的GDP中非农产业占75%以上；②全县社会劳动力总量中非农劳动力占60%以上；③与中心市直接毗邻或与已划入都市区的县（市）相邻等。

我国的城市概念受"市"行政区界的限制，每个城市都不能超越自己的市辖区界，多以人口较密集的中心市区代表城市。都市区的概念可以超越"市"行政区界，是一个以大中城市为中心，与外围和其联系密切的工业化和城市化水平较高的县、市共同组成的区域，内含众多城镇和大片半城市化或城乡一体化地域。如果其中心市是一个百万人以上的特大城市，可以称其为大都市区。如果有两三个相互邻近的大中城市作为中心也可共同组合成为一个大都市区，如长株潭组合型大都市区。总之，大都市区往往是跨城市行政区的区域联合，所以不能将发展大都市区简单地等同于发展大城市。

（三）城市的产生

城市存在的原因取决于人们的相互依赖性。在社会分工高度细化、关系日趋复杂的城市社会内部，城市居民是不能自给自足的。如果我们每个人可以生产我们所需要的所有物品而且不需要太多的交际，我们就没有必要生活在城市里了。既然我们无法自给自足，只能以劳动交换其他商品。

城市之所以吸引人，是因为不仅城市里有许多工作机会，而且城市还能够提供丰富的消费品和服务，所以即使找不到有收益工作的人同样为城市所吸引。遗憾的是，尽管生活在城市里我们可以获得高的生活水准，但是我们也必须忍受更多的诸如污染、犯罪、噪声和交通阻塞等外部性效应。

### 三、城市产生的经济原因

#### （一）比较优势

比较优势的概念可以用发生在区域内两部分之间的贸易模型来解释。假设农业坝区比牧业山区具有更高的农业生产力。在表2-1中，农业坝区在生产小麦和毛料上均具有绝对优势（absolute advantage）：坝区居民每小时生产的小麦是牧业山区居民的2倍，生产的毛料是牧业山区居民的6倍。这种绝对生产力的差异可能是由劳动技能、气候、土壤品质等自然或社会先验性差异造成的。

**比较优势举例**  表2-1

| | 每小时劳动的产出 | | 生产的机会成本 | |
|---|---|---|---|---|
| | 牧业山区 | 农业坝区 | 牧业山区 | 农业坝区 |
| 小麦 | 1 | 2 | 1 单位的毛料 | 3 单位的毛料 |
| 毛料 | 1 | 6 | 1 单位的小麦 | 1/3 单位的小麦 |

比较优势的概念是基于机会成本原则的。如表2-1所示，在1小时内一个农业坝区劳动者可以生产6个单位毛料或2个单位小麦，因此，毛料的机会成本是1个单位小麦的三分之一，而小麦的机会成本是3个单位毛料。一个牧业山区劳动者可以生产1个单位毛料或1个单位小麦，所以小麦的机会成本是1个单位毛料，反之亦然。由于在农业坝区毛料的机会成本是三分之一个单位小麦，而在牧业山区是1个单位小麦，所以农业坝区在生产毛料上具有比较优势。同样，牧业山区在生产小麦上具有比较优势，因为它的机会成本是1个单位的毛料而不是3个单位的毛料。

鉴于比较优势是基于区际贸易条件下的，其条件约束弱于绝对优势。因此，可以说比较优势是在地理大发现之后世界贸易发展格局下城市发展的首要经济因素，最终导致城市这种人口、经济与物质要素集聚的空间形态在世界范围内的发展与演化。

#### （二）贸易成本

比较优势会导致跨区域之间的贸易。为了解释贸易可能带来的利益，我们假设在这一地区的所有家庭初始时都是自给自足的。假设有两个家庭，一个在牧业山区，一个在农业坝区。他们同意以2个单位毛料交换1个单位小麦，这就是说，小麦的价格是2个单位毛料。如果农业坝区家庭将1小时生产小麦的工作转为生产毛料，他们就以2个单位小麦的代价又多生产了6个单位毛料。

如果他们用这些多生产的毛料去交换牧业山区家庭 3 个单位小麦，那么他们从贸易中获得的净收益为 1 个单位小麦。如果牧业山区家庭将 1 小时生产毛料的工作转为生产小麦并以他们多生产的小麦换取 2 个单位毛料，那么他们从贸易中获得的净收益是 1 个单位的毛料。

毫无疑问，只有当两个区域间的生产力差别足以弥补小麦和毛料在两区域间的运输成本时，两个家庭之间的贸易才是有利可图的。贸易只有在交通成本相对于生产力差别比较小时才是有利可图的。如果来自贸易的净收益是正的，农业坝区家庭就会专门进行毛料生产，而牧业山区家庭专门进行小麦生产。

# 第二节　城市集聚经济

## 一、规模经济

规模经济现象一般指某一生产企业内部随着生产规模的上升，生产成本逐渐下降或效率得以提高的经济现象。

以前一案例为证，如果在毛料生产的过程中存在着规模经济，那么平均每生产 1 单位毛料所需的时间随着生产量的上升而下降。

规模经济的出现基于以下两个原因：

（1）专业化因素。在大规模生产中，每个工人都只从事一道工序。劳动的专业化可以提高劳动生产率，因为：①工人的技能随着重复次数的增加而提高；②工人从一道工序转向另一道工序所需的时间减少。毛料生产分以下几步：将原毛纺成毛线，将毛线织成粗毛料，将粗毛料加工成成品毛料（洗涤、缩绒、印染）。在毛料生产中出现规模经济的一个原因是单个工人可以专门从事某个特定的工序。10 人一组的专业化工人可以生产出比 10 个非专业化工人（每人都独自进行所有工序）更多的产品。

（2）生产要素的不可分割性。如果投入具有最小的效率规模，那么这个投入对于生产过程来说是不可分割的。如果将不可分割的投入分为两半，两部分的总产出将小于整体投入的产出。毛纺厂所使用的设备（纺线机、动力织布机、缩绒机、染缸）不能有效地缩减以被单个工人使用。随着产出的增加，工厂所使用的不可分割投入越来越多，生产力越来越高。

随着企业规模的逐渐扩大，其员工及家庭数量也逐渐增加，形成在一定地域内人口的相对集中，即形成某种程度或规模的小城区。工人为了节约交通费用而靠近工厂居住，从而抬高了工厂周围的地价。随着土地价格的上涨，工人通过居住更小的面积来节约土地。换句话说，毛纺厂周围的人口密度高于这一地区其他地方的人口密度。由于城市定义为人口密度相对较高的地区，所以这个工厂促成了一个小型工业城市的发展。

工业城市之所以发展是因为满足了两个条件。首先，农业工人的生产力足够高，他们生产的农产品不仅能满足他们自身的需要，而且还有剩余，能满足城市中其他产业工人的需要。换句话说，农业剩余养活了城市工人。其次，规模经济相对于交通费用而言足够大，工厂化生产价格低于家庭生产价格。

城市的规模由工厂工人的数量决定，而工厂工人的数量依赖于工厂的总产出。如果工厂能够设法使价格低于更多的家庭生产者，就能够进一步增加产量。因此，工厂的产出随着规模经济的增加（工厂生产价格的下降）和交通费用的下降而增加。

## 二、生产的聚集经济

前一部分对规模经济的分析指出了城市会在一个工厂附近发展起来。在此将解释为什么大多数的城市拥有多个工厂，也就是解释近现代工业城市发展的原因。

大型工业城市的发展是由于在生产中存在聚集经济。由于彼此之间距离较近，使得企业能以更低的成本进行生产。这是生产的正外部效应（positive extemality）的一个例子：某单个工厂的生产成本随着其他工厂生产量的提高而降低。聚集经济有两种类型：地方化经济和城市化经济。

（一）地方化经济

如果某行业的企业生产成本随着行业总产量的提高而降低，就会出现地方化经济。包含有地方化经济的正外部效应由特定行业的企业来实现。要实现地方化经济，一个企业的所在地必须靠近同行业的其他企业，这样，企业群就可以降低它们的生产成本。地方化经济的出现有三个主要原因：中间投入品生产的规模经济、劳动力市场共享和知识溢出。

（1）中间投入品生产的规模经济

有些企业群落的出现是因为某种行业的企业从同一个供货商那里购买某种中间投入品。如果满足以下两个条件，企业就会聚集在一个普通投入品供货商周围：

①单个企业的投入品需求量不足以开发出中间投入品生产的规模经济；

②运输成本相对较高。如果需求者和供货商在中间投入品的设计和制造方面相互影响，就必须进行面对面的交流，因此需求者在位置上靠近投入品供货

商就显得十分重要。

同样，如果中间投入品体积大、易损坏，或者必须被迅速地运送，位置上的接近就十分重要。

（2）劳动力市场共享

地方化经济的第二个原因是，企业成组布局（企业群落）提高了劳动力市场的效率。设想有一个生产工艺流程和产品需求都快速变化的行业，例如计算机业。每年在北京的中关村，IT 企业开发出众多新的产品，有些产品的市场结果是成功的，有些则因为失败导致企业亏损、倒闭。最终，这些不成功企业的员工流向成功的企业。企业群促进了 IT 企业间员工的流动，原因有二：第一，群落中的员工有着相对较低的搜寻成本，因为：①职位空缺的信息通过非正式渠道得以传播（餐馆、茶馆或酒吧里的随意交谈，一块参加保龄球、网球比赛等）；②未来的雇主就在附近，使得寻找正规的工作相对容易。第二，由于雇主间距离较近，使得流动成本相对较低，员工们可以很容易地流动到同一城市的其他公司。正是因为搜寻成本和流动成本相对较低，计算机公司群中的企业能够从劳动力市场中找到合适的人选，迅速填补其空缺的岗位，迅速增加生产。这也部分解释了美国硅谷高科技人才富集程度居高不下，在 IT 行业内常盛不衰的原因。

（3）知识溢出

企业群落所带来的第三点益处是，它促进了信息的快速交流以及技术的扩散。来自不同企业的员工交流关于新产品、新生产技术的想法，某一个行业的工人数量越大，交流思想的机会越多。无论是在正式场合还是在非正式场合，都有可能出现交流思想的机会。一大群计算机生产厂使得计算机科学家和工程师大量集中，他们可以在工作中（例如，中间投入品供货商与新产品设计者相互影响）或是娱乐中（例如，来自不同企业的员工在吃饭或是慢跑时聊本行业的事情）进行思想交流。

如萨克塞安（Saxenian，1994）所解释的那样，硅谷——以旧金山南部为中心的电子和计算机企业的聚集地就是由专门化的公司聚集而形成的一个网络。这个网络中的每一个成员都专注于行业内的某一个研究范围很窄的领域，每一种新产品都使用来自很多企业的投入品。这一个网络系统创造出了鼓励公司间进行合作、实验，分享知识的氛围。相反，在波士顿地区沿 128 国道的企业之间的相互依赖性较小。硅谷之所以能够成为电子业的中心，企业间的交流发挥了相当大的作用。

（4）地方化经济的效应

地方化经济是产生孵化器过程（incubator process）的原因。群落中的企业供应成套的、丰富的中间投入品，创造培育企业的环境，使得一个不成熟行业中的企业能够在那里"孵化"出来，开发新产品和新生产工艺。很多行业在其早期的时候，由于无法预测需求而且生产工艺也不稳定，因此企业聚集在一起以便开发中间产品生产过程中存在的规模经济效应，实现劳动力市场的经济效应，利用各种机会进行有关产品和生产工序的交流。随着行业逐渐成熟，行业内就会出现标准化产品和生产工序，进而大规模的生产变得可行。企业将大部分的工序都标准化，然后迁移到劳动力成本和土地成本更低的地方。群落中的小公司开发出产品，当产品标准化以后就进行规模生产，企业迁移到劳动力成本和土地成本较低的地区，这一过程也被称为产业定位的产品周期理论（product cycle theory）。

在20世纪20年代，规模小、经营灵活而又摇曳不定的无线电企业聚集在纽约城，以利用中间产品生产过程中存在的规模经济效应。到了20世纪30～40年代，无线电产品已经标准化了，而且还出现了高效的大规模生产的方法，企业纷纷将其装配厂迁到了中西部地区，因为那里工资水平低，而且更易进入全国市场。电子管生产厂也迁移到劳动力成本更低的东北部、南部地区，随后转移到劳动力成本相对较低的日本、新加坡，继而转移到中国台湾、中国香港特别行政区、马来西亚、中国珠江三角洲……。这一过程表现为在技术、经济空间内技术日趋成熟，单位产品的利润空间下降，同时伴随着生产的区位逐渐从技术、经济中心迁移到边缘。

（二）城市化经济

当单个企业的生产成本随着城市地区总产量的上升而下降时，就出现了城市化经济，这是生产中聚集经济的另一种类型。城市化经济与地方化经济的区别体现在两个方面：第一，城市化经济源于整个城市经济的规模，而不单单是某一个行业的规模；第二，城市化经济为整个城市中的企业带来利益，而并非只针对某一个行业中的企业。城市化经济出现的原因和地方化经济出现的原因是相同的。不同行业的企业分享共同的投入品供应商，这就使得在提供商务服务（银行、保险、房地产、旅店、建筑物维护、印刷、运输）和公共服务（公路、货物大宗运输、学校、消防）过程中的规模经济效应得以实现。大城市还在整个城市的范围内提供劳动力市场共享服务。如果不同行业劳动力需求的波动没有关联性，那么大城市的就业总量将处于稳定的水平。当某一个行业中的一个工种消失了，那么很可能被另一个行业中新出现的工种所取代。在大城市，搜寻成本和流动成本很低，因此企业能够更容易地增加或减少其劳动力。

雅各布斯（Jacobs，1960）认为，城市环境也鼓励了创新。城市地区中的人们有着各种各样的背景和兴趣爱好。在这样的环境下，具有不同观点的人之间进行思想交流，就有可能在产品设计和生产方式方面引入创新。事实证明，知识的溢出十分重要。格莱泽、卡莱尔、施因克曼和施莱弗（Glaeser, Kallal, Sheinkman and Shleifer, 1992）提供证据证实，主要在行业间而非某一行业内出现的知识的溢出对于城市的发展作出了贡献。劳赫（Rauch, 1990）认为知识的外溢提高了生产率和工资水平。杰夫、特拉腾贝尔和亨德尔森（Jaffe, Trajtenber and Henderson, 1993）通过对专利活动的分析，认为知识的溢出鼓励了创新。

鉴于城市内部同时存在地方化经济与城市化经济现象，我们或许对谁更重要这一命题倍感兴趣。为此，亨德尔森（Henderson, 1988）估算了地方化经济效应和城市化经济效应。他利用平均产量相对于行业产量的弹性，即用工人平均产量的百分比变化除以行业产量的百分比变化，来衡量地方化经济的效应。对于电子机械行业而言，地方化弹性为 0.05，这意味着电子机械行业的产成品量每提高 10%，工人的平均产成品量就提高了 0.50%。他对美国许多其他的行业也进行了弹性估算，其中纸浆造纸业的弹性为 0.02，石油业为 0.11。和地方化经济的情况相反，亨德尔森的结论表明城市化经济的效应相当小，劳动生产率相对于城市规模的弹性近乎为零。

亨德尔森的结论对于城市的发展起着重要的指示作用。它说明，仅仅是城市规模的扩大，不足以提高劳动生产率，大城市的产品生产量更大，是因为在那里某些行业更为集中（地方化经济），而不仅仅是因为那里更大（城市化经济）。奥乌尔切恩和萨特思韦特（1992）的研究结论和这一观点是一致的，即地方化经济比城市化经济更为重要。

诚然，亨德尔森和其他的研究者得出了一些经验结论，但如果就此断言地方化经济比城市化经济更为重要还为时尚早。在对 68 个大城市地区的 19 个行业进行了研究之后，卡林诺（Carlino, 1987）发现，19 个行业中有 13 个存在着城市化经济效应，而地方化经济效应只存在于 5 个行业中。在对城市成长因素的研究中，格莱泽、卡莱尔、施因克曼和施莱弗（Glaeser, Kaleol, Skeinkman and Shleifer, 1992）找到了高度聚集化经济的例证。这些相互矛盾的经验研究结果表明，关于地方化经济和城市化经济的相对重要性的问题，还有待于进一步的经验研究。

## 三、对城市最小规模的研究

城市最小规模问题的提出，是由于战后许多国家都致力于开发自己的欠发达地区与边远地区。在这一开发中，生长极理论曾一度得到广泛的应用。所谓生长极就是一个具有自身增长能力的中心城市，依靠它的发展来带动周边地区的发展。随之而来的问题就是，作为生长极的城市至少要有多大规模才能起到其应有的作用。美国学者贝里（Berry B. J.）认为，这个最小规模应是25万人。而阿朗索等人的研究认为，很难找出这样一个门槛人口规模，因为小型经济比大型经济更具有特殊性。对于小型经济来说，其组成要素简单且相互间的联系程度也低，单一因素的影响就很大。如某一企业的建立或倒闭，资源或区位地位的变化都可能带来经济的急剧膨胀或萎缩。而对于大型经济来说，由于内部结构与联系复杂，对单一要素的波动产生的阻力很大，就不会出现大起大落。所以由于小城市的经济具有很大的增长率变化幅度，就使得人们很难排除其特性而找出共性的规律。

越是具有特殊性的小城市，其经济与人口增长率的变化幅度越大，从而不稳定性使其吸引力相对较小。从图2-1就可看出小城市的不经济性。当人口规模小于1点时，企业将亏损。一个城市只有当它企业的平均收益与平均成本之差和企业在其他城市的机会成本比较具有优势时才有吸引力。具有自我增长能力的门槛就在这一点。然而，如果产出随规模而增加，从社会的角度看，城市在很小的规模上其边际产出就大于平均产出，如果成本是下降的，即在点2左侧，社会边际成本就将低于企业成本（平均成本），这时新企业来布局对城市是很有利的，因而就有理由通过直接或间接的方式去补贴企业以吸引它们到小城市布局。从社会长远观点看，这是必要的。大城市的不同在于企业预先期望的外部收益（边际产出与平均产出之差）可从它所支付的低于边际成本的平均成本中得到。在小城市中，平均成本高于边际成本，对企业极端不利。

图2-1 城市的最佳规模分析

对小城市的补贴需要从国家整体效益的角度来确定，只有当大城市的机会成本低于小城市时，在经济上才是可行的。经验表明，这种情况很少。

在不发达地区发展小城市往往是从社会公平或均衡分布的角度提出的，帮助小城市达到自身增长规模以促进地区经济水平的提高，但这必将由国家收益

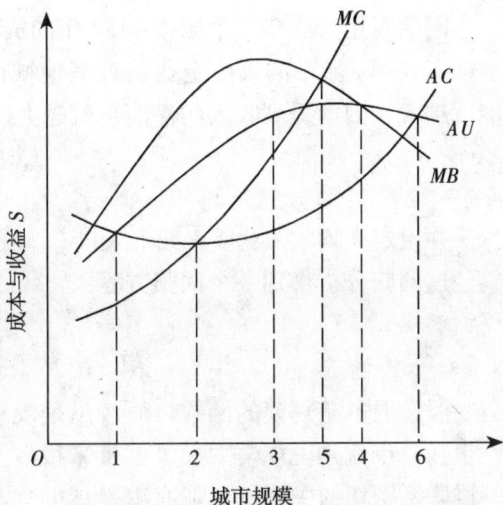

中付出成本。例如，在日本要实现各郡收入平等的话将使国家收入减少15%～30%。然而在世界各国，地区收益水平均等的目标是被广泛接受的。许多国家政策（如美国）要求同时达到两个矛盾的目标：差异最小和产出最大。相似的逻辑矛盾也常出现在对大城市的攻击中，一方面说大城市人口成本的增加超过了产出的增加，因而总体边际效率下降；另一方面又说由于经济增长不成比例的集中而增加了地区收益水平的差异。如果大城市真的效率下降，它们的收入就应随规模的增大而降低，从而减小差异，走向均衡，但是目前事实上作为发展中的中国很难短期、低成本地达到这一目标。

## 四、关于城市规模与城市密度的实证研究

阿朗索用美国211个城市1959年的资料做了一个检验，他定义了一个收入潜能$V$是第$i$城市的人或企业接近其他城市的机会。机会越多，增加产出的潜能就越大，因而提高收入的潜能也就越大。设$i$城市到$j$城市的距离为$D_{ij}$，则：

$$V_i = \sum_{j=1}^{n} \frac{M_j P_j}{D_{ij}}$$

并设定人均收入为$Y$，城市人口$P$，城市平均收入$M$，利用211个城市的资料经过回归分析得到一个回归方程：

$$Y = e^{5.077} p^{0.0661} V^{0.0866}$$

$$R^2 = 0.26$$

假设成本是规模的函数，而产出是规模与潜能的函数，如果规模的不经济性很强，也就是说规模太大了就带来很多不经济，那么大都市边缘的小城市或一群联系密切的中等城市就有着发展的优势。它们既可以避免规模过大的不经济性，又可以享受集聚经济效益。这一规律的结果就使19世纪单中心的特大城市转变为20世纪多核化的大都市区，并形成了区域城市化地区的城市群。

从以上的分析中可得出这样的结论，城市规模是与城市密度（单位面积内的城市个数）相关的。在最大与最小规模的研究中要考虑到城市间距。一般说来，在城市规划中，密度高的地区规模应小些，密度低的地区规模应大些。

## 五、城市集聚经济的政策运用

### （一）交通商务区（TOE）

郊区环形公路与城市间快速干道交点区域，交通区位优势明显，易产生专业化、规模化的产业带，加之相对于城市中心区土地廉价，同样易于产生相对

土地利用强度较低、服务于郊区化人口的大型商业中心。按其形态不同，交通商务区可以划分为带状和面状两种结构形态。在西方国家，特别是在美国，20世纪 80 年代以来，中心商务区的就业岗位数量仅为整个城市化地区的 10%，大部分从中心商务区转移的就业岗位都趋向于转入郊区商务带，其中交通商务区占据主要地位。

交通商务区能够蓬勃发展的原因主要为：①居住的郊区化导致大量的城市人口外迁至环境相对较好的郊区，随着大量人口特别是购买力较高的郊区人口的增加，使郊区的商业需求空前高涨，吸引了部分原来布局在 CBD 的商业；②郊区相对廉价的地价使美国式的"星期购物"商业行为大行其道，因为诸如麦德龙之类的郊区商业连锁店，可以在郊区交通便捷的地带提供大型停车场，方便顾客的星期购物；③后工业化时代的人们就业观念、职业类型的转型，使得部分 CBD 的商务活动向郊区转移，与前述商业区集聚布局，形成交通商务区。

（二）（工业）产业园区

产业园区是城市集聚经济的一种政策应用的结果。它的历史可以追溯到西欧新区域经济浪潮，堪称弹性专业化生产方式的典型范例，工业园区一般指专业产业集聚在特定的地区，该地区内具有同类或前后产业联系密切的产业。

（1）产业园区组成原则（Brigitte，1992；周志龙，2002）

①中小型企业凭借密切的产业网络关系而汇集在一起。中小型企业厂商之间具有产业网络的密切性和紧密的地理邻近性（proximity），产业园区有利于强化厂商彼此间的劳力分工与合作、经营理念和技术创新的传播与扩散，以及团队精神。

②中小型企业群体高度专业化于某一部门（如我国台湾新竹电子工业园区、深圳电子工业区等），通过产业活动的关联性来生产制造相关联的系列产品，这些活动包括：生产制造的前后关联活动、资产的维护、相关的各种技术支持以及商业服务。这种组合是对全球化背景下生产专业化与地域分工的改良与发展，有效地降低了最终生产成本（继生产要素低成本之后，进一步压低运输成本与生产的社会成本），也可以部分解释中国制造的产品价格为什么可以低到西方难以接受的情形。

③厂商间既竞争又合作的关系是维系持续创新的有力基础，进而推动优质产品、新市场和弹性生产的改良与发展，提高园区竞争力。

④优质而具有适应力的劳动力供给、企业间紧密合作和信任的文化氛围以及厂商进入和退出某行业之间都存在一定的动态关系。

⑤强有力的利益集团、自发的组织和有效的政府部门，对弹性专业化生产

的产业网络组织形式提供政策性支持。

⑥工业园区的经济成功，不是来自于低生产要素成本，如劳动力、土地和资金低成本，而是来自于一种中小型企业之间有效的社会与经济组织。

（2）工业园区的类型与特征

工业园区根据马库森的研究认为，工业园区有很多类型，主要可分成以下五种类型：

1）马歇尔式的工业园区。

其特点是：

①商业结构主要是以地方性小型企业为主体；

②规模经济对园区的发展相对作用较小；

③重要的投资决策由地方主导；

④地方的购买者与供给商之间具有长期的契约关系或投资关系；

⑤与地方之外的厂商之间联系或合作程度低；

⑥地区内劳动力市场弹性相当高；

⑦劳动力对地方而非厂商有归属感；

⑧高比例的劳动力流入率，低比例的当地劳动力流出率；

⑨特有的地方文化的传承与演替；

⑩金融、技术人才、商业服务等专业化资源得体地提供，都以地方为基本单元，而非针对厂商；

⑪区内存在"专利资本"（patient capital）；

⑫地方长期发展与就业远景有变化，但总体良好。

2）意大利式的工业园区

除了上述特征外，意大利式的工业园区还具备如下个性化特征：

①消费者与供应商之间的个人交流机会高；

②劳工参与设计和创新程度相当高；

③具有强有力的行业商会，可以提供公共的基础设施管理服务、人力培训、行业分销、技术或金融协助，包括风险分担和稳定的机制；

④有强有力的地方政府参与管理和推动核心产业的发展。

3）轮轴式的工业园区

①核心厂负责非地方性的经济连接关系，而与地区以外的供应商和竞争者有显著的、实质的联系；

②规模经济比较高；

③地方商业的转化率低，但在厂商网络中的第三层厂商的转化率可能比较高；

④关键性投资决策于地方，但会向外扩张到全球；

⑤重要的厂商与供应商之间具有长期的契约合作关系；

⑥与当地及非当地的外围厂商有高度的合作连接关系；

⑦消费者与供应商之间的人际交流关系不紧密；

⑧大竞争厂商之间在风险、市场、创新等方面的分摊（分享）合作程度相当低；

⑨地方式的劳动力市场弹性低；

⑩高比例的蓝领工人；

⑪劳动力的认同归属感由大厂商——当地的地方厂商——小厂商而不断降低；

⑫高比率的劳动力流入、流出率低；

⑬特有的地方文化的传承与演替；

⑭金融、技术人才、商业服务等专业化领域资源为大厂商支配；

⑮区内大厂商缺乏专利资本；

⑯缺乏贸易社群组织来提供公共基础设施管理、训练、行销、技术或金融协助（如风险分担和稳定机制）；

⑰在推动与管理核心产业发展上，地方、省和中央政府的角色相当强；

⑱公共部门的高度介入，甚至承担地方基础设施的投资；

⑲远期发展取决于支配性厂商的产业发展和策略。

4）星型工业平台

①商业结构为外来大厂商所支配；

②具有中高的规模经济；

③中低等程度的承租流动率；

④区内购买者与供应商之间的交易程度低；

⑤外来的决策决定关键性投资；

⑥对当地供应商缺乏长期信心；

⑦与外在的母厂联系和合作程度高；

⑧与外在的（非当地的）消费者和生产者之间的人员交流频率高；

⑨竞争厂商之间在风险分担、市场稳定、创新共享上的合作程度低；

⑩劳力市场往往是在当地之外，但整合于垂直厂商体系之内；

⑪在管理、专业和技术层次上，劳动力的迁入、迁出频繁，但在蓝领劳工层次上却很低；

⑫企业文化特色少有变化；

⑬主要的金融、技术专业、商务服务通过厂商或外部市场来提供，专业化

趋势显著；

⑭缺乏或没有专利资本；

⑮缺乏贸易社群组织来提供公共基础设施管理、训练、行销、技术或金融协助；

⑯地方政府积极提供基础设施、税率优惠以及其他商业优惠条件；

⑰成长往往被其他地方类似的活动和厂商投资所危及。

5）国家主导的工业园区

①商业结构为一个或数个大型国有机构所支配，如军事基地、国立大学等；

②公共部门活动的规模经济高；

③地方商务的流动率低；

④区内主要的政府机构与供应商之间的实质性交易程度高，但是其他部分却很低；

⑤关键性的投资决策由各个不同层次的政府决定；

⑥官方机构与供应商、消费者之间的契约以及商业关系都是短期的；

⑦与外在的总部型供应商之间连接合作程度高；

⑧消费者与供应商之间人员交流程度居中；

⑨地方民营厂商之间在风险分摊、市场稳定、创新共享上的合作程度低；

⑩劳动力市场的特征取决于民营厂商的特点；

⑪白领劳工比例较高；

⑫劳动力的认同归属感由大型机构——地方——小厂商依次递减；

⑬劳动力的迁入频繁，但迁出很少，除非大型政府机构撤出或关闭；

⑭特有的地方文化会有所变化；

⑮没有金融、技术专业、商业服务等专业资源；

⑯区内没有专利资本；

⑰贸易社群组织相当脆弱；

⑱在调节与推动核心活动上，地方政府角色分量较低；

⑲在基础设施投资上，政府占的比率较高；

⑳远景发展依赖于政府的导向与作为。

（三）区域产业倾斜政策的解释

建立上述产业园区是地方政府区域产业倾斜政策的集中体现，其主要缘由是：

（1）创新性产业的先导性

诸如生物技术、新型节能技术、环境卫生技术等产业部门属于先导性产业，由于此类产业尚处于产业产品周期的前缘①，其投资利润回报风险很大，成功率较低，如果私人风险投资机制不成熟则鲜有私人资本愿意投入。以美国硅谷为例，硅谷60%以上的企业为雇员低于10人的小公司，这些小公司基本为有专利技术的科技合作者根据自我对市场的判断而组建的。一般，此类高科技产业公司成立的基本条件就是合作者找到愿意资助投资的风险投资者，或向诸如微软、因特尔、IBM等大公司提供某些订单而发展起来。最著名的案例就是微软公司是凭借IBM公司的订单，由比尔·盖茨及其合作者发展而成。但是，即使在硅谷，此类高科技产业公司的年消失率也高达30%以上。因此，在风险投资机制不发达、高科技产业孵化器效应不发达的地区，必须依赖国家的介入投资：①划拨资金资助研发，降低私人投资风险；②激励消费市场的形成，协助缩短技术开发与生产的时间差距，以便尽早形成完善的营运能力与合适的产业消费规模。

（2）政府主导，刺激区域经济发展

政府主导，刺激区域经济发展主要表现为：

1）促成地区科技产业孵化器的发展。政府根据技术发展优先顺序，通过鼓励公私部门合作，提供研发设备以及研发资本政策的协助，激励厂商研发等，以期带动地区现有产业的逐步改革创新。

2）劳动力培训。劳动力是公共教育产业的产品，一般很难由市场提供，也容易发生市场"便车效应"（free-ride），地区机构应建立"产业培训中心"（industry training centers），研究地区劳动力市场供给与需求，持续提供最新的劳动力训练计划，最终提供、维护以至提升产业的技术，必然会达到提高地区产业竞争力的目的。

3）产业服务中心的设立。从事产品与劳动力市场的研究，供中小企业（一般都没有自己的研发部门，但是资本总量小，对此类信息的需求最为迫切）投资决策，以及解决产业需求与微观劳动力求职的市场供给需求关系，调节弹性生产体系下劳动力的流动频率和就业成功率。

4）产业发展基金的设立。针对某些私人资本尚没有介入的经济产业领域，政府可以引导从事种子计划（seed project），为新设备、新产品、新工艺、新概

---

① 产品周期理论：从产业时间序列来看，产品都经历从规模小、非标准化、高风险、高利润的新产品到生产工艺成熟、标准化、利润社会平均化、规模化生产的过程；而且这一生产空间按时间序列变化，在城市与区域实体空间内表达为城市作为区域创新中心，起到孵化器的效应，新技术、新工艺、新产品产生于创新中心，随着时间的递延，技术的成熟和推广以及利润的社会平均化，从事原来新产品生产的厂商的地租支付能力下降，加之对研发（R&D）需求以及创新需求的降低，从现用廉价土地投入替代高风险技术投入，以规模化、标准化生产替代高风险、高回报的生产模式，企业区位出现由中心向郊区、由中心城市到边缘、由发达地区到落后地区的空间区位转移现象。

念和新组织做前期培育性实验。

（3）政府充当地方经济系统整合与引导的主体

政府可以凭借特殊的身份和影响，强化厂商之间的关系，培养产业的信任、信心与合作的企业文化氛围，抑制过度竞争。这种目的可以通过以下方式达成：

1）地区社会经济文化的联盟。通过政府对地区经济的组合调控机制，利用诸如地区经济促进会、发展促进会等半官方半民间机构整合区域内相关的政府部门、政治人物以及产业精英、社会群体等参与者的行动，制定发展优先秩序，动员政治资源。

2）地区性劳动力市场同盟。一般行业协会都是根据产业部门的趋同性与职业差别组建的，所以，普遍同行业协会不适用于地区的协调发展；后者通常是不同部门和职业差别的混合与整合。在这种背景下，跨越行业、部门的地区劳动力市场整合的同盟是维持、协调地区劳资关系发展的重要机制。

3）跨区域合作，以避免区域之间重复投资浪费。

## 六、中外城市集聚经济实证

我们已经知道，动态地方化经济将会促进城市产出效率的提高。而要实现动态地方化经济，一个重要的条件是该产业本身在某些城市或地区集聚，而且从国家的范围来看，如果这个条件普遍成立的话，那么该国地区之间的产业分工和专业化程度应该是比较高的。但是，在中国过去的计划体制下，计划的实施往往由省一级政府来完成。为了地方利益的需要，省级计划往往倾向于在本地区建构自给自足的经济体系（当然，中央政府所直接控制的采掘、能源和运输等部门不在地方政府干预的范围之内）。这种情况导致了省际之间以及城市之间的贸易流量非常低。不少大型城市往往生产、制造几乎所有的商品。亨德森（Henderson，1988）的论文表明，到20世纪80年代中期，中国没有一个城市的产业专业化能力达到了美国、巴西或印度的水平。

不可否认，改革开放推动了产业在城市中的集聚进程。藤田和胡（Fujita and Hu，2001）利用省一级的数据（因为要获得完整的市一级的数据是非常困难的），发现从1985～1994年在纺织、服装、机械、电子、金属和橡胶等工业出现了明显的区域集聚（表2-2），而且，根据过去的实证研究，这些工业中由集聚所带来的内部规模经济（动态地方化经济）是最明显的。换而言之，这些工业的集聚地带将充分享受集聚经济的好处，从而加速城市化的进程。

地方化企业的集聚　　　　　　　　　　　　表 2-2

| 产业 | 全国总产出比例占前四位的省的产出比例加总（%） | |
| --- | --- | --- |
| | 1985 年加总结果（产出比例最大的地区） | 1994 年加总结果（产出比例最大的地区） |
| 化学纤维 | 62.5（上海） | 64.6（江苏） |
| 橡胶 | 39.2（江苏） | 52.3（广东） |
| 纺织 | 48.1（江苏） | 58.3（江苏） |
| 服装 | 37.8（上海） | 60.4（广东） |
| 电器设备 | 46.3（上海） | 53.7（广东） |
| 电子电信 | 52.3（江苏） | 58.9（广东） |

来源：Fujita and Hu（2001）。

一个重要的现象是：改革开放使得沿海地区成为最大的受益者。许多重要的具备动态地方化经济的产业在短短的十年内迅速向这个地区集中。藤田和胡认为这种情况实际上是一种典型的"自我集聚"（Self-agglomeration）的过程，它背后的动力是 FDI 大量涌入这个地区以及沿海特区实施的优惠贸易政策，简而言之，即开放（吸引 FDI 和贸易优惠）→产业集聚→对 FDI 和对外贸易有更强的吸引力→产业集聚的程度再一次提高，如此循环。

## 七、集聚经济研究的新进展

集聚经济研究的新进展体现在新经济地理学派对集聚经济的研究。根据藤田（Fujita）的描述，近十几年来很多经济学家（如亨德森、克鲁格曼和卢卡斯等）对于区位和集聚问题的关注程度迅速增加了。这个现象背后的原因如下：

（1）全球市场一体化的发展使得国家疆界的概念开始模糊，也就是说，把国家作为一个整体来研究其在国际分工中的作用，在某种意义上已经逐步脱离了主流经济学研究的框架。我们看到，目前一个显著的现象是许多跨国公司日益成为要素集聚及产品生产的主体，而这些公司往往集聚在城市中，因此城市内的集聚和生产组织及城市间的贸易受到了经济学家更多的重视。总之，传统的经济区位论和国际贸易理论开始强调研究地方化的集聚和城市间的分工。

（2）除了新国际贸易理论以外，新增长理论的支持者也逐渐发现：增长具有很明显的地方化特征。因为我们知道，产业集聚地带（城市）往往是技术和制度创新的摇篮。费尔德曼和佛罗里达（Freidman and Florida，1994）认为在 20 世纪后半叶，创新活动往往发生在某些特殊要素集中的地带，比如高校和科研机构云集的加州孕育出了硅谷。而城市间分工的动态演化则反映了地方经济结构的调整，从而导致了地理上的多样化增长（比如有的城市工业发展快，而有的城市金融业发展迅速）。这两个方面恰恰是现代增长理论所强调的所谓增长的动力。因此，新增长理论所理解的城市发展实际上也是特殊要素和生产能力在某些地区集中的过程，换言之，地理和增长的关系必须在经济理论中得到反映。

（3）城市集聚的一个基本条件是厂商层面的生产规模经济。但是，如果认为在生产中的确存在规模经济，那么，完全竞争的市场均衡就不再是帕雷托最优，换句话说，这时的市场结构往往是非完全竞争的。由于规模报酬递增，一个有限的经济只能容纳一定数量的厂商，所以消费者仅仅按照产品标价加路程价的总和来选择最低的价格，厂商只和邻近的厂商开展竞争（而不论这个产业中究竟有多少厂商，我们可以设想，如果一个厂商的价格非常低，但是在区位上远离消费者，那么它也是没有竞争力的）。然而，由于经济学建模技术的局限，在"新城市经济学"的框架下，规模报酬递增被忽略了。随着博弈理论以及在此基础上产业组织理论的快速发展，霍特林（Hotelling，1929）提出的垄断竞争厂商的行为得到了重视。现在，经济学家们开始用博弈论来重新研究城市厂商的区位竞争行为，从而为解释城市集聚经济行为提供了微观基础。

实际上，上面提及的三方面的理论创新，现在都被纳入到一个称为"新经济地理学"（New Economic Geography）的理论体系中，而在这个领域集中了很多研究区位理论、城市经济学、增长理论和产业组织学的一流经济学家。按照克鲁格曼的论述，"新经济地理学"的研究从微观到宏观可以划分为三个层面：

1）产业的地方化；

2）城市和城市体系；

3）国际贸易和分工。

但是，他强调无论是哪个层次的研究，对集聚经济的解释都是最为核心的内容。而在城市研究的层面，经济学家所要解释的一个最基本问题是：为什么经济活动往往集中在少数的区域？在"新经济地理学"的框架下，经济活动的集聚被看成是两种作用力相互作用的结果：集聚力（Centripetal Force）和分散力（Centrifugal Force）。我们可以想像一下，这两种作用力对厂商和消费者有着复杂的作用力（推拉），直到最后达到经济活动在地理分布上的均衡状态。

# 第三节　城市化过程的理论模型：
# 二元经济模型[①]

发达国家的城市化伴随着工业化的完成在本世纪前半叶就已基本完成。而支撑现在和未来城市化趋势的是发展中国家的城市化。因而城市化的研究重点也在于后者，二者有两个较明显的区别。一是西欧、北美的城市化主要是由从农村流向城市的大量移民造成的，而发展中国家的城市化中，城市人口自然增长占有重要地位。由于高人口出生率的存在，使得城市人口与农村人口都持续增长。二是许多发展中国家由于农业基础较差，要大量进口粮食来供应城市人口。这样不仅城市化成本很高，而且使城市人口处于一种不稳定的状态。

由于城市化带来了大量人口在城市的集聚，而在人口集聚的同时就发生了各种各样的经济活动，因而城市经济的研究应首先从城市化问题着手。城市化明显表现为人口由农村向城市迁移的过程。那么，为什么会发生这种迁移呢？这一问题由经济学家阿瑟·刘易斯（Arthur Lewis）首先提出，后经拉尼斯（G. Ranis）和约翰·费（J. C. H. Fei）改进的两部门理论模型，可以在一定程度上说明这种迁移发生的经济原因。

刘易斯认为，发展中国家的经济开始发展后，形成了资本主义部门。资本主义部门和维持生计部门并存。资本主义部门起初是从外面引入的，逐渐长大。由于资本主义部门中工作的劳动者的工资稍高些，吸引了维持生计部门的剩余劳动力向资本主义部门转移。这种转移一直进行下去，直到农业剩余劳动力转移完毕为止。

刘易斯的二元经济模型使用古典经济学理论，简明、清晰地勾勒了发展中国家从传统农业社会经过工业化实现现代化的演进过程，因而成为工业化理论的经典模型。具体而言，二元经济模型的主要内容有以下几个方面：

（一）不发达经济的低水平均衡陷阱

两部门理论把整个国民经济简单地看作是由两大部门构成的，即农业与工业，或农村与城市。先看农业，这里的农业是指传统农业，或称为不发达经济（相对于发达的工业经济而言）。不发达经济的主要特征就是人均国民收入水平低。为了分析的方便，一般对不发达经济有几条假设，即封闭性，单一性，生产要素结构简单，劳动力为常数。

对这种封闭的传统农业经济，我们可以抽出这样几个变量来研究：（1）产值（或收入）$Q$；（2）土地$T$；（3）劳动$L$；（4）技术$A$。第一个变量代表其经

① 孟晓晨. 西方城市经济学：理论与方法. 北京：北京大学出版社，1991.

济水平，后三个变量是生产要素。先假定土地与技术不变，则劳动与产值之间的关系，可用三个效应来表达：

"土地收益递减律"，即在固定数量的土地上，随投入的劳动单位的增加，总产值的增量呈递减趋势，用函数式来表示，就是

$$Q = f(L, T, A)$$

把时间变量考虑进去，就变成

$$Q(t) = f[L(t), T, A]$$

当增加单位劳动投入量 $\Delta L$ 时，产值相应增加 $\Delta Q$。但随着 $\Delta L$ 的不断增加，相应增加的 $\Delta Q$ 则越来越小。这里 $\Delta Q$ 为边际产值，它是递减的。

在一定极限内人口是持续增长的。如果不是受到某种压力，人口都会增长，而人口的增长意味着劳动力的增长。劳动力持续增长就会对数量不变的土地形成越来越大的压力。由于土地收益递减律的作用，人均产值就会不断下降，也就是人均消费额不断下降，从而导致贫困化。

随人口的增加，产值的增长幅度越来越小。人均产值为 $Q/L$，是下降的，说明人们的消费水平越来越低，或经济水平越来越低。

诚然，人均收入水平不能低于最低生存费用水平。最低生存成本是人活下去的最低标准。低于此，人就要死亡。所以，如果人均收入低于这个标准，就会发生饥荒、疾病等，导致人口减少，这就是马尔萨斯人口理论的基本内容。这是社会—经济体内部的一种自动调节，直到人口数量下降到能使人均收入达到最低生存费用为止。这样，经济体内部各种力量相互作用的结果，就使得经济体在最低生存费用水平上达到一种均衡。这是一种低水平的均衡。如果设最低生存费用水平为 $Q^*/L^*$，可用图 2-2 表示出这种状况。

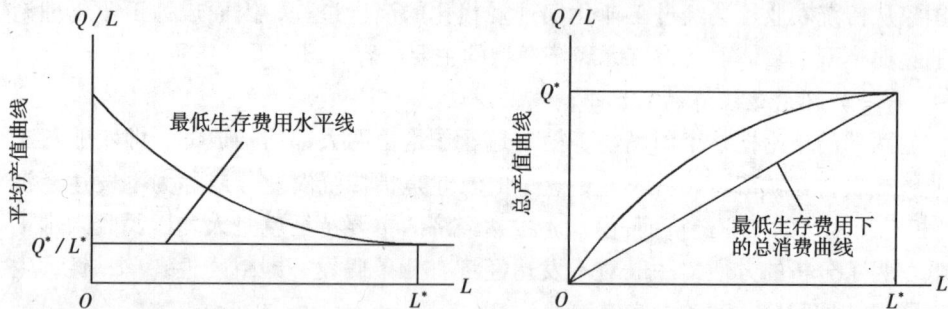

图 2-2　低水平均衡陷阱

在上面的分析中，我们把土地和技术看作是定量。现在来看，如果它们变化会怎样影响产值（经济水平）。

耕地扩大也就是土地投入量增加。在等量劳动投入情况下，这将意味着边际产值上升，或者说劳动边际生产率上升。表现在图上就是总产值曲线的上移。

技术发生变化，如耕作方法和农具的改良、灌溉条件的改善等，可以在等量的土地与劳动投入量下得到更高的产值，意味着土地边际生产率（增加一个单位的土地面积所增加的产值）和劳动边际生产率的提高，从而也提高了经济水平。如果设土地由 $T_1$ 增加到 $T_2$，技术由 $A_1$ 提高到 $A_2$，表现在图2-3上就是总产值曲线由 I 上升到 II。这表明人均产值提高了，也就是人均消费水平提高了。

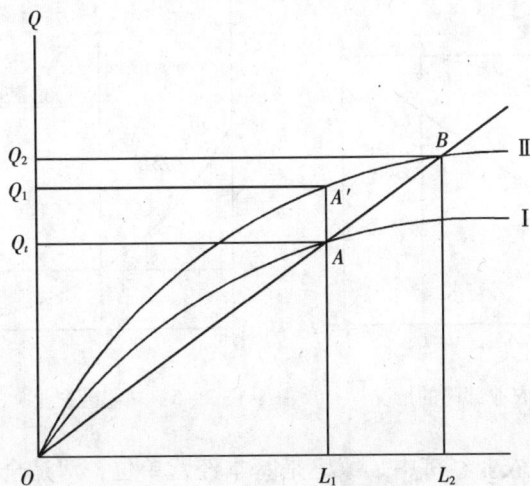

图2-3　不发达经济的动态均衡

但这种情况无法持续下去。按在一定极限内人口是持续增长的原则，人口将会持续增加，直到形成新的均衡点 $B$（图2-3），其结果是人均收入仍恢复到最低生存费用水平上，整个经济水平仍和从前一样低。所以，耕地扩大和技术变化也只能暂时打破平衡，而很快形成新的平衡。在新的平衡点上，所有变量（$Q$，$T$，$L$，$A$）都变了（即 $A$（$Q_t$，$T_1$，$L_1$，$A_1$）→$B$（$Q_2$，$T_2$，$L_2$，$A_2$）），只有人均收入没变。

上面分析的情况经济学家称之为低水平均衡陷阱。

（二）不发达经济中的劳动力状况

在总产值断线中有两个具有决定意义的转折点。第一个转折点为 $E$（图2-4），它是劳动边际产值为零的点（$\Delta Q = 0$）。超过了这一点之后，再增加劳动力的投入，总产值也不再增加了。所以，$L_2 \sim L_3$ 这一部分劳动力对于这个经济体来说是多余的，被称为剩余劳动力。

第二个转折点是 $D$，$D$ 点的斜率与 $OF$ 线平行。我们知道曲线上任何一点的斜率都是劳动的边际产值，而 $OF$ 线是最低生存费用线，当二者平行时，说明新增劳动力所带来的产值的增加正好等于他的最低生存费用。也就是说，他用自己创造出来的产值刚刚可以活下去。超过 $D$ 点之后，边际产值就小于最低生存费用，新增劳动力创造的产值已不足以使其活下去，所以 $L_1 \sim L_2$ 这部分劳动力也是多余的。这部分再加上前面的剩余劳动力为 $L_1 \sim L_3$，称为过剩劳动力或隐蔽失业的劳动力。从边际产值曲线图上可以看得更清楚一些（图 2-5）。$L_1 \sim L_2$ 的人口是就业不充分的人口，$L_2 \sim L_3$ 是失业人口，$W$ 为人均收入。

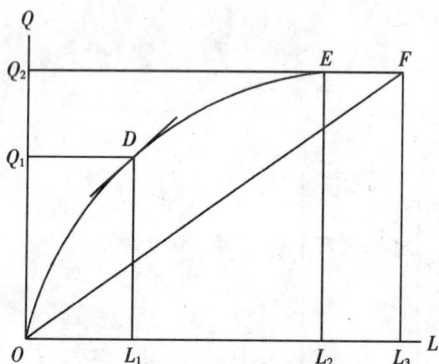

图 2-4　传统农业部门的情况　　　图 2-5　"隐蔽失业"的劳动力人口情况

但因为在传统农业经济中，家庭是基本经营单位，活是全家一起干，收入是全家一起分享，不能把某个家庭成员定为失业而排除在生产与消费之外，所以说失业是隐蔽的。这种传统农业经济，其生产是非赢利性的，新增人口作为其社会或家庭成员，自然加入其生产与消费过程，不计其贡献大小，这称为"共同体原则"。

从以上分析中可以得出的结论是：传统农业经济贫困的根源在于经济体内部劳动力过剩，一部分劳动力处于不充分就业或隐蔽失业状态。而劳动力过剩的原因又在于持续增长的人口与有限的土地之间的矛盾。

土地是非再生性资源（或称非再生性资本），其规模不可能像人口那样持续扩大。因而，当人口持续增加时，就会对有限的土地形成不可逆转的巨大压力，造成土地收益递减的趋势。这是传统农业部门的情况。

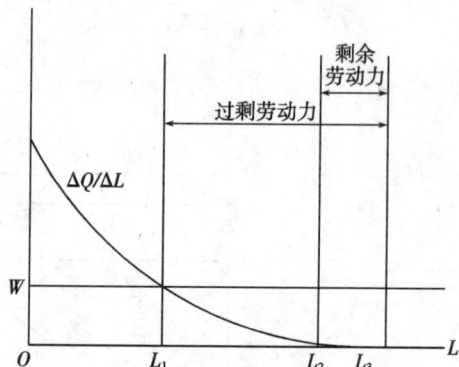

（三）现代工业与劳动力转移机制

现在来看现代工业部门。现代工业部门所使用的大量厂房设备等都是再生性生产资源，或称再生性资本。随着工业的发展和资本的积累，这些资源规模可不断扩大，其扩大的速度可以超过甚至大大超过人口的增长。这样，每个劳动力所拥有的生产资源就越来越多，边际收益也就越来越高，呈递增的趋势。

这是现代工业经济与传统农业经济的区别。现代工业经济的建立，还可以把农业中的过剩劳动力转移出来，使农业劳动边际收益大于最低生存费用。这样整个经济就由收益递减转变为收益递增，从低水平均衡陷阱中摆脱出来。所以我们可以看到，所谓经济发展，就是以工业为主的现代部门扩大的过程，是一个劳动力（或人口）由农村到城市、由农业到工业的转移过程。这既是工业化的过程，也是城市化的过程。下面再具体看一下这种转移的机制。

从农业方面来说，生产 $L_1D$ 这么多的产品，只需要 $OL_1$ 劳动力就够了（图2-4）。而 $L_1 \sim L_3$ 这部分劳动力生产的产品还不够其生存，他们是靠分享 $L_1$ 劳动力的产品而生存的，所以每人的实际消费量是按人口数量平均的产品量，即 $Q/L_3$。这种按平均原则分配给每个成员的劳动收入，称为制度工资。在这种情况之下，只要有新的就业机会可以提供高于制度工资的报酬，农业劳动力就会被吸引过去。在农业劳动力减少到 $L_1$ 之前，农业劳动力可以源源不断地转移出去。

从工业方面来看，它能吸收多少劳动力，取决于它在制度工资水平上的劳动需求。工业部门虽然使用再生性资本，但在一定的时期、一定的阶段，资本数量也是一定的。按照前面讲过的理论，一种生产要素持续加到另一种数量不变的生产要素上时，其边际收益是递减的。所以，当资本数量一定时，在一定的技术条件之下，增加劳动的投入量，劳动的边际收益也会下降。所以工业部门的最大吸收量是图2-6中的 $L_0$ 点，它是由制度

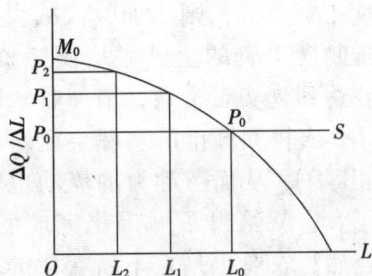

图2-6 工业部门劳动
就业量的决定

工资 $S$ 和边际产出曲线 $M_0$ 的交点 $P_0$ 决定的。超过这一点，边际收益就低于农业制度工资，农业劳动力也就不来了。如果按 $P_1$ 的边际收益支付工资，所能容纳的劳动力就为 $L_1$；按 $P_2$ 支付工资，所能容纳的为 $L_2$。工资越高，容纳的劳动力越少。这是因为工资与边际收益或称边际生产率是一致的，而边际生产率又是由每个劳动力所占有的资本量决定的。当资本量一定时，要获得高的生产率，人均占有资本量就要高，这样劳动力就要少。

由于工业资本是可再生的，通过积累可不断扩大，因而其吸收劳动力的能力也可不断扩大。表现在图上就是边际收益曲线的上移。这就是人口由农村迁移向城市，或称城市化的内在机制。

（四）劳动力转移的进行与完成

前面讲到只要新的就业岗位提供的报酬超过农村制度工资，劳动力就会被

吸引过来。从城市方面来讲，城市生活的消费比农村高，有许多农村所没有的生活成本，如交通、能源，还有污染、拥挤造成的成本及失业的风险等，这些都必须在工资中得到补偿。所以，均衡城市工资等于农村制度工资加上城市生活成本的额外补偿。还有一个概念叫真实工资，即一个劳动力在城市中工作所能得到的实际工资。它必须高于均衡工资，才有吸引力。

在制度工资、均衡工资和真实工资之间有这样一种关系：随着农业劳动力的向外流出，农村制度工资上升（制度工资为人均产值），因而均衡工资也随之上升。均衡工资与真实工资之差是劳动力转移的增加收入，它可提高其生活水平，也是吸引劳动力流入城市的所在。若真实工资不变，均衡工资上升，则增加收入减少。如果随制度工资的上升而均衡工资上升，在达到真实工资后，增加收入就没有了，农村和城市的实际生活水平也就相等了，从而劳动力的流动也就停止了。这就给出了城市化完成的条件。当然，农业也是在不断变化的。由传统农业向现代农业的转变，将提高农业边际产出，加快均衡工资的上升，从而也加速城市化的完成。而工业边际产出也会随技术的改进而提高，从而提高真实工资。但最终均衡工资总会达到真实工资，从而完成城市化过程。

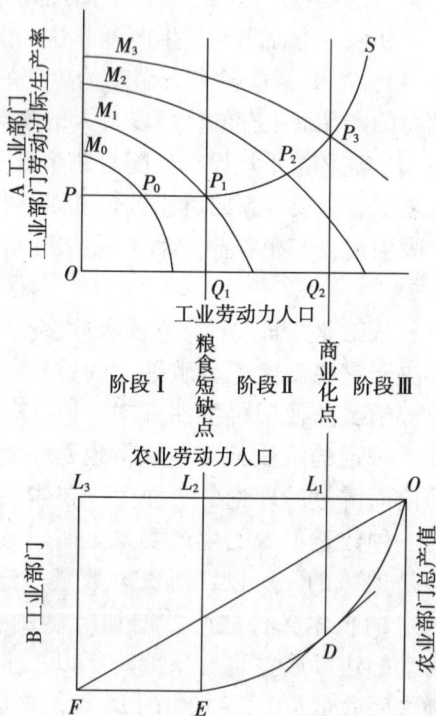

图 2-7　工业和农业的相互关系

劳动力的流动可分为 3 个阶段（图 2-7）：

（1）工业劳动力由 $O$ 增至 $Q_1$，农业劳动力由 $L_3$ 减至 $L_2$，这时农村中边际产值为零的劳动力全部转移出来了。农业总产量不变，随劳动力的流出，内部开始出现一部分剩余农产品，可在制度的水平上，形成对流出劳动力的粮食供给。

（2）过了 $E$ 点，农业劳动力进一步减少。因为 $L_2 \sim L_1$ 这部分劳动力的边际产值大于零，故随其外流，农业总产量开始下降。农业所能提供的剩余农产品数额开始无法满足工业部门的需要（在制度工资的水平上），出现粮食短缺。

由于短缺，农产品价格上升，工业部门由于生活成本上升而不得不提高工资。$L_2$ 称为粮食短缺点。

（3）农业人口进一步外流，过了 $L_1$ 点，农业边际产出开始大于制度工资。这时农业人均收入就不再取决于制度工资，而是由边际产值决定了。过了这一点，粮食短缺进一步加剧，迫使农业调整投入结构，增加资本投入，于是机械化、化学化过程开始，农业现代化起步，传统农业开始向商品农业转化。所以 $L_1$ 点称为商业化点。以上两部门理论模型对城市化内在机制的解释，比较符合目前存在着大量农业剩余劳动力的发展中国家的实际情况，受到学者们的普遍重视。

刘易斯二元经济模型实际上隐含着地域分工概念：一是以现代产业为主的区域，或许可以称为工业区域，表现为现代城市；二是以传统农业为主的区域，也就是农村。二元经济形成的初期，现代产业所在地就像"飞地"，就像传统产业汪洋大海中的一个个孤岛。

在发展经济学的研究中，众多学者对地域分工有所注意。例如 G·缪尔达尔提出了地理上的二元经济结构理论，但他没有引入刘易斯的二元经济理论。弗朗索瓦·佩鲁提出了增长极理论，把抽象的经济空间分成 3 个不同的类型，认为"增长并非同时出现在所有的地方，它以不同的强度首先出现在一些增长点或增长极上，然后通过不同的渠道向外扩散，并对整个经济产生不同的影响"。但是，正如保罗·克鲁格曼所说的那样，引进空间概念的是区位经济学、区域经济学和空间经济学，而不是主流经济学，也不属于一般所谓的理论经济学。他认为主流理论经济学和发展经济学忽视了空间概念。

# 3

## 第三章
## 企业区位的选择

　　城市经济学区别于其他经济学分支的一个特点是它要着眼于经济活动的空间区位。例如，它不仅研究厂商的产出价格、产品质量和劳动力的雇佣情况，而且还研究它们的区位决策问题。在前面的章节中，我们提到了规模经济引起生产与人口的集聚，这里我们以微观经济学视角分析由于厂商之间和个人之间相互作用而形成的城市形态类型，并在后续章节中利用城市土地利用的经济理论来阐明不同类型用地的区位指向。

# 第一节　区位理论及其发展简介

　　区位理论是经济地理学以及区域经济学的核心理论之一，是解释人类经济活动空间分布原理和规律的社会科学理论。虽然传统经济理论将时间变量引入到基础经济模型里，但是空间变量尚未引入到基础经济模型中。相对于时间而言，空间具有特殊性质，因此难以建立统一的理论体系。德国经济学家廖什说："如果每件事共同发生就不会有发展。若每件事存在于同一地方，就不会有特殊性。只有空间才使特殊有可能，然后在时间中展开。" 20 世纪 90 年代所形成的"新区域经济学"（New Regional Economics）就重新找到空间的重要性，尤其是对区位的重要性予以高度重视。为此，注重空间经济学导向的克鲁格曼等人认为"新经济地理理论"（New Economic Geography）是第四次新经济理论的浪潮。

## 一、新古典区位理论

　　新古典区位理论是指以新古典经济理论的假定为主的区位理论，它涉及完全竞争市场结构、收益递减、完全理性、利润最大化等理论与假设。杜能（von Thünnen）、韦伯（Weber A.）、廖什（Lsche A.）、俄林（Ohlin B.）和艾萨德（Isard W.）等人是新古典区位理论的主要代表。

　　新古典区位理论可以说是从杜能的农业区位理论开始的。杜能农业区位理论的要点是，由土地位置不同，即距离城市市场远近的不同，导致农业成本在空间上的差异，从而对地租发生不同的影响，产生"杜能环景观"。这是著名的位置、地租和土地利用三者关系。

　　韦伯认为，最低成本就是企业区位选择的基本因素，只有生产成本，即运输成本和劳动成本影响工业区位。他分析运输成本和劳动成本与工业区位的关系，指出原料指数概念。对于劳动成本与工业区位的影响，提出劳工系数的概念。韦伯的工业区位论被称为"最小运输成本理论"。虽然韦伯的工业区位论是现代区位理论发展研究的基础，但是其理论局限于静态性和局部分析。

俄林将贸易理论和价格理论相结合试图建立一般区位理论，其观点有两部分。第一部分考虑的是，在假定资本和劳动自由流动条件下，工业区位如何决定，其结论是商品在区域间流通或区域内流通取决于运输成本，即工业区位决定于运输成本。俄林和韦伯的观点是基本一致的，俄林补充了韦伯的两点不足之处：①强调原料产地、工业区位和消费市场三者间相互依存和互相影响的关系；②强调运输边界程度的差异。俄林区位理论的第二部分是在资本和劳动不能自由流动下的工业区位问题。第二部分的特点是利用一般均衡方法来研究一般工业区位的决定。他认为因为资本和劳动本身存在区域差异导致的利息率和工资水平的区域差异是工业区位决定的重要因素。另一方面，它是工业区位所造成的结果。利息率和工资水平的区域差异是客观事实，而且这个差异不能自由流动。如果它们的配置要发生变化，就要依靠三种因素的作用：人口增长率、储蓄率、各区域价格比率。价格比率的变化，意味着原来均衡的破坏，而价格比率变化的结果形成一个新的均衡关系，这种变化会影响工业区位，即工业区位变动是生产要素在各地之间重新配置的结果，或者原来均衡关系变动的结果。俄林的区位理论因此被称为"一般区位理论"。

廖什的区位理论被称为"市场区位理论"。他的市场区位理论有两个含义。第一个含义是最重要的区位因素就是市场，即市场的利润。第二个含义是从宏观经济上解释何谓市场区。从第一个含义来看，有两个特点：①最低运输成本和劳动工资成本并不是起决定作用的，利润（尤其是纯利润）起到决定作用，即工业区位主要是由它的销售范围大小来决定，即需求量来决定，从这个意义看，市场区位理论称为"最大需求理论"。若有足够的消费者就会有利润，惟一的区位决定因素是成本、市场、收入之间的均衡，它推动每一个企业寻找纯利润最大的地点。廖什的观点否定韦伯等人的最小成本观点，而发展"最大收益区位理论"。②廖什所强调的是工厂个体区位的决定，同时也重视总体均衡。个体、体系、相互影响的观点是为解释整个系统的最佳区位的配置。

艾萨德批评廖什的理想空间模式，他指出若人口在空间上不均等分布，廖什的六边形会转化为非规则形状。艾萨德特别强调区位的现实意义，将杜能的农业区位理论，韦伯的最小成本区位理论和廖什的最大需求区位理论综合起来，并试图建立具有现实意义的"一般空间区位理论"。艾萨德将区位理论和替代原理相结合，强调区位选择间也存在替代关系。艾萨德认为之所以一般均衡理论是"一般空间区位理论"的特殊现象，是因为一般均衡理论假定运输成本等于零并且生产要素都是自由移动的。虽然新古典区位理论具有理论逻辑性，但是它的假定存在不少问题。第一是新古典区位理论不考虑个人能力、心理满足、未来不确定性、需求者的偏好等问题，把区位看成一个黑箱，箱中的经济活动不予更多的考虑。第二是假设过于严格，因而新古典区位理论与现实的距离较大。其中最突出的问题是新古典区位理论中的完全竞争假设不适合空间问题的研究。而且，完全信息和完全理性假定很大程度上制约了区位研究的现实空间意义。

## 二、20世纪60年代以行为经济学为主的发展阶段

新古典区位理论的理性经济人（Homo Economicus）和完全信息的简单假定在20世纪60年代受到很多批评。区位的地理特征自然造成信息的空间不对称，并且经济人在很多情况下做出非完全理性行为。经济行为的特征并不是完全理性、静态性，而是有限理性的动态性。适应经济学（Adaptive Economics）、行为经济学（Behavioral Economics）、演化经济学（Evolutionary Economics）等新的理论探索都认为经济行为的特征就是有限理性的动态性，并选择不断的调整过程。

德伊（Day）认为，有限理性具有不完全信息、有限预测、有限认识力量、动态偏好等特征。区位选择是一种经济行为，即区位决策主体在非完全竞争和非完全信息条件下，作出区位选择。戈林赫特（Green Hut）强调个人因素在区位选择中的重要性，他认为个人行为不可能是千篇一律的，因此区位因素应该包括成本因素、需求因素、收益因素、个人成本因素、个人收益因素等。赛默恩（Simon）也认为，在有限信息条件下，区位决定行为就是有限合理性的行为，并且在理性合理性条件下，经济人会追求利润最大化。他将"利益的空间界限"的概念应用于区位理论，认为企业的区位并不决定在单一地点，而是能够得到利润的任何地点都可以成为区位客体，这就是斯密（Smith）的"准最佳区位"（Suboptimal Location）概念。斯密以前存在三种产业区位理论：第一种是以韦伯为核心的最小成本化理论，第二种是以廖什为核心的最大收益化理论，第三种是廖什经济区加上韦伯机制的综合。斯密将产业区位理论称为"新古典综合"，就是韦伯的最小成本化理论和廖什的最大收益化理论的综合。虽然斯密的产业区位理论是将韦伯的成本及廖什的收益相结合所建立的"新古典综合"，但是仍然存在一些理论缺陷。例如，现代企业的目标从利润及物理成本转变为增长及交易成本，从而，斯密的理论难以反映出社会空间的特征。有人试图打开新古典区位理论中的黑箱子。玛奇（March）认为，组织是由很多个人和部署组成的，并且组织会有重叠或相互对立的目标，新古典区位理论假设组织结构

没有差异，但是，不同组织结构会产生不同的区位选择。普雷德（Pred A. R.）强调信息水平和信息利用水平的区位选择影响，即令每个人都具备同样的信息水平，但是很有可能难以保证最佳区位的选择。哈密尔顿（Hamilton）批评新古典区位理论不考虑企业管理和组织形式的差异对区位选择的影响，他强调企业的区位选择取决于组织管理目标的相互作用。

20世纪60年代以企业行为为主的区位理论研究发展成为"企业地理学（Geography of Enterprises）"。乌德（Wood P. A.）认为"企业地理学"是研究个别企业所形成的空间结构以及研究企业的区位选择的。如上所述，新古典区位理论的三大假定具有较多的限制：最佳区位选择要求获得区位主体的完全信息；区位选择的目的局限于成本最小化和收益最大化，也就是利润最大化；企业组织是静态的及单一的。以行为经济学为主的区位理论很大程度上突破了新古典区位理论三大假定的限度。行为区位理论是将组织理论和心理学当成理论基础的，既重视区位主体的区位动机和选择过程，也重视行为和区位相结合。以行为经济学为主的区位理论主要探求区位主体，在企业内外环境下是如何形成空间形态的。

我们可以得出新古典区位理论与行为区位理论的区别：行为区位理论在区位决定过程中，未假定理性及合理性的经济人；行为区位理论假定区位选择主体有多样的动机和目标；新古典区位理论不考虑企业结构与组织管理的差异，但行为区位理论很重视其差异，尤其是行为区位理论重视企业内部区位选择主体的作用，还考虑内部组织与外部环境之间的相互作用。

总之，新古典区位理论的核心区位因素大部分是外部因素，如：运输成本、原料和市场等。但是，行为区位理论打破新古典区位理论的局限，将内外部因素考虑进去。值得我们注意的是，虽然行为区位理论正确认识到新古典区位理论的问题及限度，但是它的理论性和分析性不太强，较侧重于描述；并且，虽然以行为经济学为主的区位理论力图揭开黑箱子的秘密，但是，在力图解释微观外部环境与个体、组织行为之间关系时，常常易于迷失于宏观外部环境之中。

## 三、20世纪70年代以结构主义为主的发展阶段

结构主义区位理论认为区位是经济结构的产物，尤其是资本主义结构的产物。玛茜认为作为历史产物的产业区位被新古典区位理论转变成为"非历史性、抽象空间"，虽然行为区位理论涉及到企业内部组织和外部环境之间的相互作用，但是其理论分析较侧重于区位选择主体、组织内部结构以及管理特性，有忽略产业区位基本原因分析的倾向。作为结构主义区位理论的代表人物，玛茜

特别注意社会与空间统一体关系，也是"劳动的地域分工（Spatial Division of Labor）"的基本思想。她说："空间含义，经过 20 世纪 60 年代超实证主义（Super-positivism）和计量革命的浪潮，变成距离，在这个过程中，我们失去了很多东西，就是空间本身的特殊性。空间作用离不开社会作用，没有社会意义的空间作用，根本不存在纯空间动因、空间规律、空间相互作用。我们只能说是社会动因的空间形式、社会规律的空间形式、社会相互作用的空间形式。"

斯密也认为以往区位理论直接研究资本主义的生产结构，不太注意资本主义运作体系的问题；同其他理论一样，区位理论也离不开社会意义，以往区位理论的问题就是对资本主义历史发展过程及内在力量的理解不足。鉴于以往区位理论所分析的企业是比较抽象的，为了解释企业的区位形态，要分析空间经济现象与非空间经济现象之间的相互作用，斯密的区位理论被称为"空间社会正义论"。

20 世纪 70 年代以结构主义为主的区位理论认为产业区位及其变化是资本主义市场经济的产物，也认为资本主义的历史发展以及生产过程就是企业行为和组织行为的整体结构框架。其生产过程具有广义的含义，包括政治结构、资本劳动关系的社会过程。以结构主义重视分析跨国公司和大型企业，因为它们对外部环境的控制力量较大，并且区位变化的力量来自于大型企业固有的垄断特征。依附理论强调世界资本主义体系对区位的影响，而批评以往区位理论尚未考虑世界资本主义体系对区位的影响。以往区位理论认为世界资本主义体系是当然的，也是固定的。但是依附区位理论认为产业区位的变化是世界资本主义体系的副产物，企业区位并不是由企业或区域内部因素决定的，而是由世界资本主义市场经济结构决定的。依附理论认为发达国家和不发达国家之间存在剥削关系，依附区位理论是以这种剥削关系为特征的区位研究。20 世纪 70 年代以结构主义为主的区位理论重视社会因素和结构因素或体系因素在区位选择以及区位结构中的作用，并突破以往区位研究的"微观化问题"，其研究框架是宏观及整体角度。以结构主义为主的区位理论进一步完善了区位理论的研究框架。

## 四、20 世纪 80 年代以生产方式为主的发展阶段

经过 20 世纪 70 年代世界经济危机，20 世纪 80 年代西方发达国家进入了产业再结构化阶段，其生产方式从大量生产方式转变为柔性生产方式。产业再结构化意味着商品的开发、制造、运输等全生产过程的演变，也包括企业组织和技术利用的演变，并且，商品开发、生产技术以及生产方式、市场开发等产业

活动的全面变化带来产业组织、产业结构、企业间关系的变化，其结果对产业的空间分布以及企业的区位选择造成影响。以柔性生产方式为核心的区位理论认为，生产方式的变化影响区位选择的变化。以柔性生产方式为主的区位理论有两个主要理论基础：

一是产品周期理论。随着产品与生产技术的周期变化，企业的区位选择具有一定的特征。范农（Vernon）和梅尔起克（Melciki）认为，不同的产品周期阶段具有不同的区位特征，如产业区位在新产品研究开发阶段较集中于核心地区的大城市中心，在大量生产阶段较集中于大城市周边地区，在产品增长衰退阶段集中于非城市地区。产品周期的长短也影响区位选择，要是产品周期较短，有利于靠近市场，这是因为产品竞争力并不是取决于价格，而是取决于技术革新。

二是柔性专业化理论。它表明了以多品种、小数量生产方式为主的中小企业的区位特征。以往的区位理论难以解释专业化中小企业的区位特征。柔性专业化企业，为了降低不确定性和风险，重视小规模企业间的互相合作。其结果形成了马歇尔的产业园区的空间形式，如意大利北部的 Emilia-Romagna 及德国西部的 Baden-Wurttemberg 等地区①。20 世纪 80 年代的高新技术企业产生以柔性生产方式为主的区位特征。高新技术企业具有技术革新的速度快、产品周期短等的特征，因此，其区位选择的主要因素是：产学研的有机协作体系、公共知识基地、丰富的信息、高质量的劳动力、区域内部的产业联系、中间产品的利用可能性等，这些因素也被称为"区域创新环境（Regional Milieux Innovation）"。区域创新环境减少高新技术企业的技术开发成本。于是，高新技术产业在区位选择的时候，新技术开发成本就是最重要的区位因素。并且，风险投资企业的区位倾向是集中在大城市及其周围区域，重视同种产业空间聚集。从相关实证研究中，我们可以得出一种结论：在柔软生产方式为主导的产业结构中，网络经济（Economies of Network）及网络效应（Network Effect），在区位选择中的作用越来越重要，网络经济是降低成本、增加收益、提高聚集效应的关键因素。网络经济包括两个部分，一是硬件网络，如交通网络等；二是软件网络，如同种或异种企业间的协作或学习等。随着生产方式的演变，软件网络的作用越来越大，对区位选择的影响也越来越大。网络经济的背景就是文化，包括企业文化、区域文化等。萨塞尼安（Saxenian A.）强调企业文化及区域文化在区位选择中的影响。他在进行硅谷与 128 号高速公路两个区域比较研究的时候，建立了地方产业体系（Local Industrial System）概念，它包括：地方制度与

---

① 参见"第二章（工业）产业园区"的简介。

地方文化、产业结构、企业组织。萨塞尼安认为，区域文化并不是静态的而是由社会相互作用来不断演变的，即动态的。萨塞尼安认为硅谷文化具有无时间限制及面对面交往的特征。这两种文化特征形成独特的地方文化，向区域外部不断地发挥很大的吸引力，这就成为重要区位因素。

斯科特（Scott A.）认为企业内部交易成本大于企业外部交易成本，其结果造成空间集中；反之，造成空间分散。在柔性生产方式中，区位的核心因素并不仅局限于聚集经济、规模经济以及劳动市场规模，更重要的是对环境变化的适应能力。这样一来所形成的"新产业空间"既具有自我独特的社会政治形态，也具有自己的发展路径。同大量生产方式相比，柔性专业化生产方式具有明显的特征：小规模生产、产品周期速度快、网络经济、速度经济（Economies of Speed）等。虽然以柔性生产方式为主的区位理论尚未建立自己的理论框架，但是许多新的观点对区位理论的发展具有非常重要的意义。在它看来，区位并不单纯取决于利润最大化或效益最大化、企业组织的特征、资本主义结构，也取决于生产方式的差异。

## 五、20世纪90年代以非完全竞争市场结构为主的发展阶段

20世纪90年代阿德尔（Arthur）和克鲁格曼（Krugman）等经济学家认识到收益递增在经济理论中的重要作用。尤其是克鲁格曼等经济学家在生产要素的收益递增及市场的非完全竞争结构的假定下研究空间，继而形成"新经济地理学"及"新区域经济学"的新研究领域。如果经济模型考虑空间因素，市场结构并不再是完全竞争结构，而是非完全竞争结构。克鲁格曼证明了：①企业区位均衡取决于初始条件，并且产业聚集具有历史和路径依赖的特征，一旦生产集中起来了，就发生累积循环的作用。克鲁格曼的模型明确表明规模经济和企业区位间的关系，如果有规模经济，企业具有集中倾向，即收益递增使企业更加集中。克鲁格曼的模型还表明运输成本和企业区位的关系，如果运输成本低，企业具有集中倾向。②克鲁格曼认为空间集中具有第一本性和第二本性的特征。前者就是自然条件等先验性条件，后者就是人口和生产的集中等。克鲁格曼认为最佳区位并不是惟一的点，也可能是个面。这就是多重均衡状态——由于良好的市场接近性，企业生产活动倾向集中在某个区位，这种正反馈（Positive Feedback）过程导致中心城市的形成，并且中心区位不仅是由自然条件决定的，而且还是由典型的多重区位均衡来决定的。因此，以克鲁格曼为代表的20世纪90年代区位论基本观点或内容是：

（1）运输成本和相对实际工资率对区位的影响。由运输成本和相对实际工

资率决定均衡，并且，城市的均衡点是随这两个因素的变化而变化的。

（2）总消费中制造品的比重和替代弹性影响区位均衡的范围。总消费中制造品的比重和替代弹性越大，范围越大。同新古典区位理论相比，克鲁格曼的理论不仅更放松了理论假定，并且他的区位选择是一种"多重均衡"。

（3）克鲁格曼认为哈里斯（Harris C.）的市场潜在力模型以及弗勒德的累积循环模型忽视微观基础，克里斯泰勒（Christaller）和廖什模型忽视市场潜在力和累积循环的作用。克鲁格曼认为经济地理模型应该包括两种力量，即向心力和离心力。向心力就是产生聚集的力量，离心力就是产生分散的力量。聚集是收益递增、运输成本、要素移动之间相互作用的结果。

（4）波特（Porter）提出国家竞争力理论以及钻石模型，解释了集群在产业区位中的重要作用，有力地促进 20 世纪 90 年代区位理论的发展。波特认为国家的财富主要取决于本国的生产率和一国所能利用的单位物质资源，国家或区域竞争环境与其生产率的增长密切相关。钻石模型揭示在某一个区域的某一特定领域，影响生产率和生产率增长的诸因素——信息、激励、竞争压力、到达支持性公司的途径、制度与协会、基础设施和人力与技能库等。钻石模型解释了地理集中的重要性——地理集中强化钻石模型的各类要素间的相互作用并形成集群。集群既是创新的空间基础，也是生产率增长的空间条件。

（5）库克的区域革新体系理论。库克（Cooke）认为区域革新具有相互作用及累积的特征。为了形成区域创新体系，需要社会文化以及空间接近或集中。与波特的钻石模型相似，库克的区域创新体系也重视空间集中和集群的作用。尽管新古典区位理论认为成本降低或者收益提高是空间集中或聚集的直接原因；但是库克的区域创新体系理论表明创新是空间集中或集群的最重要原因。

20 世纪 90 年代以非完全竞争市场结构为主的区位理论对以往的区位理论产生极大的影响，一方面找到新的区位因素，另一方面改变传统区位理论的框架。以往的区位理论较重视因素分析，最近的区位理论较重视体系或整体分析，尤其是更加重视"非经济因素"在区位理论中的重要作用。

## 第二节　商业企业和贸易型城市的区位

我们知道城市的发展是因为存在着比较优势、运输和生产中的规模经济、聚集经济。城市是围绕着就业密集区而发展的。就业机会由企业提供，因此，企业位置的选择对城市的定位有一定的影响。在此，我们探讨两种类型企业：工业企业和商业企业的所在地决策问题。工业企业（如锯木厂、酿酒厂、制造业工厂和面包店）将原材料和中间投入品加工成产品。商业企业交易商品而不是生产商品。工业企业和商业企业所在地的选择导致不同类型城市的发展。

## 一、商业企业的特征

商业企业所在地的选择导致了贸易型城市的发展。贸易公司从供货商处收集到商品，然后将商品卖给消费者，它们为销售人员和其他的中间商提供了就业机会。贸易公司的地点一般都位于中转地（港口、十字路口、铁路干线交叉口、河流渡口），因为这些地方为商品的收集和配送提供了便利。运输公司将商品从一个地方运到另一个地方，它们为中转地的司机、海员和码头工人提供了就业机会。提供商务服务的公司（金融、保险、簿记、机器修理）的所在地靠近贸易和运输公司，后者需要前者的服务。

## 二、运输成本导向型的工业企业

为了简单说明单个企业是如何确定它的生产区位或销售区位的，我们利用古典区位论的原理来解释这一过程：

传送导向型企业被定义为运输成本是确定企业所在地的主导因素的企业。这类企业选择的地点使运输总成本最小。运输总成本是采购成本（Procurement Cost）和配送成本（Distribution Cost）的总和。采购成本是指将原材料从原产地运送到工厂所花费的成本。配送成本是指将企业的产成品从工厂运至消费者所花费的成本。

传统的传送导向型企业模型有6点假设：

（1）单一的产品。企业生产固定数量的单一商品。生产成品从工厂运送到位于 $M$ 点的市场所在地。

（2）单一的可转移的投入品。企业可能使用好几种投入品，但只有一种投入品要从原产地（$F$ 点）运至工厂，所有其他的投入品都是随处可得的（可以同样的价格在任意地点购得）。

（3）固定的要素比例。企业用固定数量的各种投入品生产出固定数量的产成品。就是说，即使相对价格发生了变化，企业也不会在投入品之间相互替代，而只采用惟一的投入品组合生产商品，没有发生要素替代的情况。

（4）固定的价格。企业规模很小，不足以影响其投入品及产成品的价格。

（5）厂商的生产是为了追求最大利润。

（6）假设城市中心就是市场所在地。

在这 6 点假设条件下，企业通过运输成本的最小化来获得利润的最大化。企业的利润等于总收入（价格乘以产量）减去投入成本和运输成本后的差额。总收入在各个地点都是相同的，因为企业是以固定价格卖出固定数量的产成品。投入成本在各个地方都是相同的，因为企业是以固定的价格购买固定数量的各种投入品，而采购成本（投入品运输成本）和配送成本（产成品运送成本）随着空间的改变发生着变化，因此，企业会选择使运输总成本最小化的地方作为所在地。

企业选择所在地是由拉锯战的结果决定的。较低的采购成本将企业拉向原料产地，而较低的配送成本将企业拉向市场所在地。对于资源导向型（Resource-oriented Firm）的企业，原料产地的吸引力较强，因而这类企业所在地一般靠近其原材料的产地。对于市场导向型（Market-oriented Firm）的企业，市场所在地的吸引力更强，因此这类企业一般位于市场所在地附近。

（一）资源导向型企业

图 3-1 表明了一个资源导向型企业的运输特点。该公司生产棒球球棒。他们用 5t 木材生产出 3t 棒球球棒。从产成品比可运送的投入品要轻的意义上说，该公司涉及的是一项重量减轻的生产活动。对投入品的货币重量（Monetary Weight）的界定是投入品的物理重量乘以运输费率，或者说是每公里多少元。相似地，产成品的货币重量是 3t 乘以 1 元，或者说是每公里 3 元。该公司被界定为资源导向企业，因为其可运送的投入品的货币重量超过了产成品的货币重量。

依据图 3-1 可计算企业的运输成本。假设 $x$ 为森林到工厂的距离，那么采购成本为

$$PC = w_i \cdot t_i \cdot x$$

即投入品的货币重量（重量 $w_i$ 乘以费率 $t_i$）乘以森林和工厂之间的距离。采购成本曲线的斜率就是投入品的货币重量，因而每延长 1km 采购成本就增加 5 元，从在森林处的零增加到在 10km 以外的市场的 50 元。假设 $x_m$ 为森林到市场之间的距离，那么配送成本为

$$DC = w_0 \cdot t_0 \cdot (x_m - x)$$

即产出品的货币重量（重量 $w_0$ 乘以费率 $t_0$）乘以工厂和市场之间的距离。配送成本曲线的斜率就是产成品的货币重量，因而每缩短 1 公里配送成本就降低 3 元，从在森林处（距离市场 10km）的 30 元降低到在市场处的零。

如图 3-1 所示，运输总成本是采购成本和配送成本之和，在森林处运输总成本最小（30 元）。假设公司从森林向市场迁移，每移动 1 公里，其配送成本降低 3 元（产成品的货币重量）但采购成本却增加 5 元（投入品的货币重量），

因此运输总成本增加2元。在森林处总成本最低，因为投入品的货币重量超过了产成品的货币重量。资源导向型企业所在地靠近其投入品的原产地。

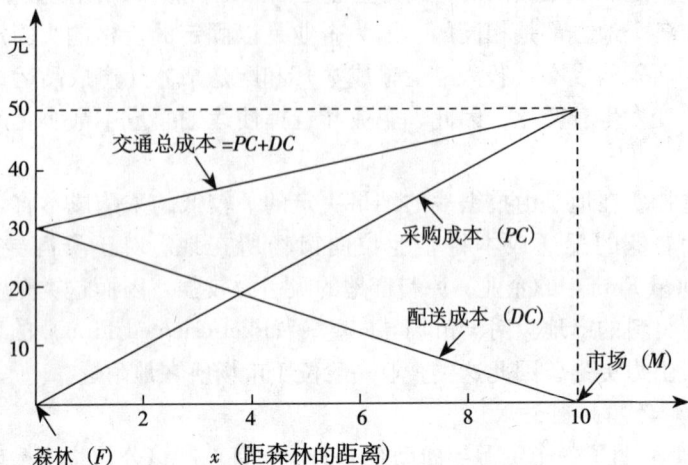

图 3-1　一个资源导向型企业的运输总成本

## （二）市场导向型企业

图 3-2 说明的是市场导向型企业的运输成本。产成品的货币重量比投入品的货币重量多3元。假设公司迁移向市场 $M$ 每移动1公里，运输总成本下降3元。总成本由糖产地（点 $F$）的40元下降到市场处的10元。由于产成品的货币重量超过了投入品的货币重量。该公司是一市场导向型的企业。

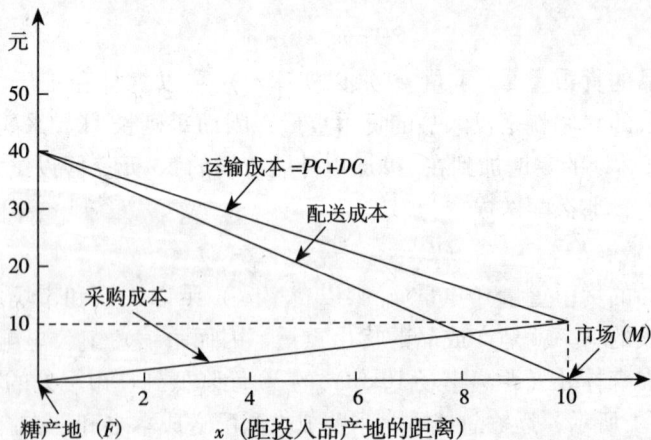

图 3-2　一个市场导向型企业的运输总成本

例如可口可乐、百事可乐之类的饮料公司之所以成为市场导向型企业，是因为它从事重量增加的生产活动（weight-gaining activity）。公司将 3t 当地的水加入到 1t 糖里生产出 4t 碳酸软饮料，产成品比可运输的投入品（糖）要重。在此例中，市场赢得了竞争是由于产成品的物理重量更大。

有一些企业位于它们的市场附近是因为托运产成品相对较重。如果物理重量相等，而托运产成品花费较大，则产成品的货币重量将超过投入品的货币重量，企业所在地就会靠近市场。因为产成品比投入品体积更大、更易腐烂、更易碎或更危险，所以产成品的托运成本会更高，企业坐落于销售市场较为有利。

（三）区位居中的企业选址

关于运输导向型企业的分析表明一个企业的所在地要么位于投入品原产地（资源导向型企业），要么位于市场附近（市场导向型企业）。一个运输导向型企业会不会将所在地选择在投入品原产地和市场所在地之间的地方呢？

在满足两个条件的情况下，一个企业不会在意其所在地位于投入品原产地和市场之间的具体地点：①投入品的货币重量等于产成品的货币重量；②单位运输成本与托运的距离无关。如果满足了这两个条件，采购成本曲线的斜率就等于配送成本曲线的斜率，总成本曲线为一条水平直线。由于在任何地点的运输总成本相同，所以企业不在意其所在地位于投入品原产地和市场之间的具体地点。但是现实中由于存在运输过程中的规模经济效应，从而使企业居中区位选择的可能性微乎其微。

（四）约束条件放松——韦伯工业区位论

阿尔弗雷德·韦伯（Alfred Weber）是最先对城市工业区位问题进行系统研究的经济学家，他的理论也成了现代城市工业区位理论中的基石。因此，我们的讨论也以韦伯模型作为起点。为了突出直观性，不妨先研究二维空间的韦伯问题，其重点是经典的韦伯三角形。这个模型的基本假设是：厂商被认为是二维空间中的一个点，而且借助微观经济学的基本假设，厂商的目标是实现利润最大化——在这个假定下，厂商的选址问题变成了厂商应该选择一个"厂址"来最大化它的利润。

图 3-3 描述了一个韦伯区位三角形。其中，$K$ 是厂商的区位，$M_1$、$M_2$ 分别代表了投入品 1 和投入品 2 的生产区位；$M_3$ 是用来出售产品 $J$（用

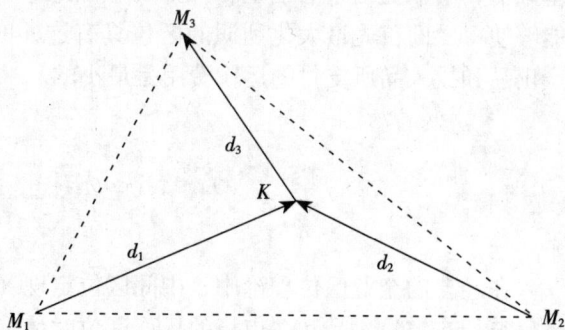

图 3-3　韦伯区位三角形

3 表示）的市场区位；$d_1$ 和 $d_2$ 分别是厂商与投入品 1 和 2 的生产地之间的直线距离，$d_3$ 则是厂商和产品市场之间的直线距离。$K$ 用来表示厂商的区位。此外，在以下的讨论中，进一步规定 $m_1$、$m_2$ 是厂商投入品 1 和 2 的重量（用吨表示），$m_3$ 是产出品 3 的重量；$P_1$、$P_2$ 分别是投入品 1 和 2 的价格，$P_3$ 代表产出品 3 的价格；最后，假定 $t_1$，$t_2$ 是单位投入品 1 和 2 每公里的运输费用，$t_3$ 是产出品 3 的运输费用。

厂商的行为可以被描述为：从 $M_1$、$M_2$ 获取投入品 1 和 2，然后在 $K$ 点制造出产品 3（图中的箭头代表的物品的流转方向），最后到市场 $M_3$ 出售该产品。韦伯把厂商的生产函数定义为固定系数的形式。所以，我们得到一般表达式：

$$m_3 = f(k_1 \cdot m_1 + k_2 \cdot m_2) \quad ①$$

为了简化分析，定义 $k_1 = k_2 = 1$，而且在这个情况下采用最简单的生产函数的形式，这样①表达式最终变成：

$$m_3 = m_1 + m_2 \quad ②$$

在这个模型中，投入品 1 和投入品 2 的生产区位 $M_1$、$M_2$ 和市场区位 $M_3$ 是固定的。不仅如此，投入品 1 和 2 的价格 $P_1$、$P_2$ 及产出品 3 的价格也都是不变的，这实际上意味着厂商是完全竞争性市场 $M_3$ 中的价格接受者（Price Taker）。此外，运输费用 $t_1$、$t_2$、$t_3$ 也都被视为给定。最后需要补充一点，韦伯三角形隐含着一个重要的假定，即产出品 3 生产中所需要的其他投入，如劳动和资本是随处存在的并且其价格不会发生波动，而且，另一个重要的投入品土地价格是均质的。

由于厂商是理性的追求利润最大化的主体，所以在现有的产出品和投入品价格给定的情况下，产出品和投入品的运输费用将成为影响利润的惟一因素；进一步，因为产品和投入品的每公里运费是固定的，所以我们说现在厂商到市场和投入资源的距离（区位）是导致厂商利润变化的关键。建立在上述逻辑的基础上，韦伯提出了著名的"韦伯最优区位"理论：给定产品和投入品价格，能够使得厂商首先最大化利润的区位具有这样的属性——它能够确保厂商为其产出品和投入品所支付的运输费用是最小的。

# 第三节 中间区位原理

在经典的企业区位理论中，中间区位定理（the Principle of Median Location）是研究拥有多投入品和多市场的厂商区位时最重要的工具。

为了直观地表达中间区位定理，我们把研究的对象定义为一个零售业的厂商，而且它在每一个区位所面临的投入品和产出品的成本都是无差异的，所以该厂商惟一关心的问题是如何用尽可能低的成本把产品分发到每个消费者手中。接下来，进一步假定厂商进行区位选择的空间以及它的顾客（一共有9位，从A到I）分布都是一维的，即在一条直线上（图3-4），每个顾客购买1单位的厂商产品。最后，零售商把产品传递给每个顾客的途径是单向的。中间区位定理规定：该厂商如果把厂址选择在处于地理位置正中间的那个顾客的区位上，那么它的产出品分发（运输）成本是最小化的。在目前的这个例子中，零售商的最优区位是E，在它的左右两侧各有4位消费者。那么，为什么E代表了最优的厂商区位呢？

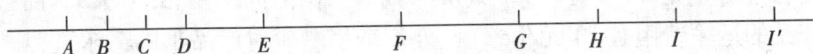

图3-4　中间区位定理示意图

　　设想D、F与E之间的距离分别是2km和4km，而且厂商为每个产出品所支付的运输费用是10元/km。可以肯定的是，D和F都是比E更差的区位，因为如果它们作为厂商的新区位将会带来更加高的产品分发成本。例如厂商从E向F移动后，由于它和F、G、H、I这4位消费者的距离更近了，带来了160元运输成本的节约，但是与此同时由于它远离了A、B、C、D、E这5位消费者，因而也伴随着200元的运输成本的上升，这样一来成本变化加总的结果是厂商新增总产品运输费用为40元。类似的推理可以用于分析厂商从E点向D点的转移过程，在这个情况下厂商新增的产品运输成本是20元。中间区位定理的有趣之处还体现在：厂商区位的选择与每个消费者区位之间的距离（特别是其他每个消费者与正中间的那个消费者之间的直线距离）没有联系。假如消费者I向正东方向移动3km，可以证明，现在厂商的最优区位仍然是E，虽然在这种情况下它的总产品分发成本提高了30元。

　　一般情况下，如果消费者的数量为奇数n，那么利用中间区位定理是方便的，因为我们已经知道厂商将会把厂址选在第$N=(n-1)/2$（按照从西到东的顺序）的区位上。但是，如果消费者的数量是偶数m，分析就会稍微复杂一点。例如假定原有的消费者I退出了市场（图3-5），这样市场上剩下了8位消费者，这个时候厂商把厂址设在D和E之间的任何地方都是最优的。无论它在DE线段上朝哪个方向移动，其结果必然是远离其中的4位消费者但同时靠近其中的4位消费者，因此它的总分发成本是不变的。但是，一旦它的移动范围超出了D或E区位，那么新的选址将不再是最优的，因为这时的厂商必然远离某5位消费者而仅仅只靠近了3位消费者，总的运输成本将会提高。所以，我们发现如果消费者的数量是偶数 $m$，那么厂商的选址将是在第 $N_1 = (m/2)$ 和第 $N_1 = (m/2) + 1$ 的区位之间（当然包括这两个区位本身）。

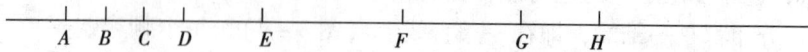

图 3-5　中间区位定理——消费者的数量是偶数的情况

中间区位定理还为城市的发展提供了另一个重要的解释。如图 3-6 所示，假设在某地区存在一个大城市（城市1），它拥有5位消费者（$A$、$B$、$C$、$D$、$E$）；它的周围（朝正东方向）有3个城镇（城镇1、2和3），每个城镇内有1个消费者（分别是 $G$、$H$ 和 $I$）；城市和城镇两两之间都是相隔5km，而且假设每个产品的运输费用是 10 元/km，此外每个消费者对产品丁的需求都是一个单位。现在有一家厂商来负责这 4 个城市的产品丁的供给。很明显，厂商的中间区位是在城镇1，尽管它是位于该地区的最西面。厂商如果向东偏离该城市1km，仅仅会带来30元的运输成本节约（由于这样更靠近了消费者 $G$、$H$ 和 $I$），但是因为远离了消费者 $A$、$B$、$C$、$D$ 和 $E$，会有 50 元的运输成本增加，加总的结果是有 20 元的新增运输成本。所以，理性厂商的选择肯定是落户于城市 1。这个例子形象说明了大城市由于拥有对产品的更大需求，所以往往会成为厂商的中间区位，从而有越来越多的厂商在这里集聚，相应地推动了原来的大城市在规模上进一步扩张。

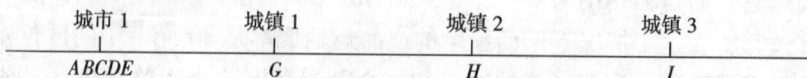

图 3-6　中间区位定理与城市发展

最后，还可以利用中间区位定理来解释某些运输中心城市是如何同时成为生产中心的过程。在图 3-7 中，我们假设有一个木材加工的厂商，它从 $R_1$，$R_2$，$R_3$ 采集木材然后经过加工后通过城市 $j$ 把加工好的产品用铁路运送到 $M$ 市场出售。

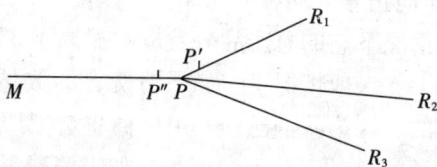

图 3-7　中间区位定理与运输型城市

此外，产地 $R_1$、$R_2$、$R_3$ 和城市 $P$ 之间通过公路来连接，进一步假设厂商在每个投入品产地所采购的木材重量一样都为 $Q$（所以厂商需要的木材总量是 $3Q$），而且 $Q$ 重量的木材在三条公路上的运费都是 20 元/km，铁路运费 30 元/km；加工后的产品 $G$ 的公路运费是 10 元/km，铁路运费 15 元/km。随之而来的问题是：木材加工厂商会把厂设在什么地方？根据中间区位定理，我们发现 $P$ 城市是厂商的最优区位。因为，如果厂商从 $P$ 向 $R_1$，$R_2$，$R_3$ 当中的任何一个方向移动 1km（比如到 $P'$），虽然由于厂商离某个木材产地更近，这个方向的 $Q$ 重量木材运费有 20 元的节约，但是因为同时厂商和其他两个木材产地的距离更远而会带来 40 元的运费增加；此外，现在新加工好的产品 $G$ 必须通过 1km 的公路运输到 $P$ 点，所以运输成本会有另一部分的额外增加 10 元。这样，厂商总的运输成本增加了 50 元。同样，我们可以分析厂商从 $P$ 点向 $M$ 迁移 1km 的情况。很明显，现在厂商为 3Q 木材所需要付出的公路运输成本没有发生改变，不过必须通过铁路运输 3Q 的木材到距离 $P$ 城市 1km 之外的 $P''$，从而多支付铁路运输费用 90 元。另外，由于产出品 $G$ 的铁路运输距离减少了 1km，所以带来了 15 元的成本节约。但是，厂商搬迁还是使得总的运输成本比原来提高了 80 元。正如我们所看到的那样，如果运输型城市同时也是厂商的中间区位，那么会有很多的厂商（至少是它们的生产部门）在这个城市集聚从而促进了该城市的发展。

# 第四节　企业选址的当地投入品导向

如果一种投入品无法高效地由一个地点运往另一个地点，那么这种投入品就是当地投入品，例如能源、劳动力、半成品和当地的公共服务。如果一个企业总成本中相当大的一部分是花费在某种特定的当地投入品上时，企业自然会被吸引到该种当地投入品价格相对较低的地方。举个例子，一个能源密集型企业会被吸引到能源价格低廉的地方。如果某地的能源十分便宜的话，企业会把所在地选在那里。前提条件是，选址在该位置所节约的能源成本要大于额外增加的其他投入品和运输的成本。

同样，一个劳动密集型企业会被拉向劳动力便宜的地方，而如果某一个地方劳动力工资水平很低，而且节省出的劳动力成本金额超过了其他投入品和运输所增加的成本金额，企业就会把所在地选定在这个地方。

## 一、能源投入品

在 19 世纪上半叶，能源还是一种当地投入品。水车或风车是最早的用于产生非畜力机械能的装置。在风口、瀑布和水流湍急的溪流推动风车或水车，为邻近分布的生产工厂提供动力。例如面粉商们在小溪边建起面粉厂，他们用水车来推动他们的机器。同样，早期的纺织厂也受益于水车，水车使得一些城市得以发展。

在19世纪下半叶，蒸汽机的发展使得能源成为一种可转移的投入品。蒸汽机可以在任何地方运转，但惟一的条件是要获得为蒸汽机提供燃料的煤炭。于是，一些能源密集型生产厂的所在地就位于美国宾夕法尼亚、德国鲁尔、俄罗斯乌拉尔、中国鞍山和抚顺等煤矿附近，另一些则位于可通航的水道边，将煤从煤矿运送到工厂。蒸汽机使得纺织企业从边远农村的瀑布边转移到了可通航的水道旁。例如在英国，纺织企业生产转移到了沿新英格兰南海岸的新贝德福德（New Bedford）地区或曼彻斯特等地。而铁路的发展更是使企业能够更加灵活的布局、选址。

电力的发展进一步影响了工厂的选址模式。由于电力的可运性更高，所以企业可以进一步摆脱能源产地的空间束缚，布局选址范围更广泛，更有条件考虑其他因素。有一些生产活动仍很重视对能源的考虑。能源密集型生产活动，如制铝和水泥生产就属此列。这类生产活动被吸引到能够提供便宜能源的地区。中国中西部地区、长江中上游地区有着丰富而廉价的水电能源，因而吸引了较多的能源密集型的生产活动。

## 二、劳动力投入品

由于在实际情况下，劳动力通勤距离是有限的。因此劳动力也属于当地投入品。如果一个企业的劳动力成本占总成本的一大部分，那么这个企业就是劳动密集型企业。在选择所在地时，它会选择劳动力成本较低的地方。值得一提的是，这一选择是基于劳动力成本，而不仅仅是基于工资。如果在一个高工资水平的地方，其劳动生产率水平也相当高，足以证明高工资的合理性，那么在高工资水平的地方选址仍然是高效的。换句话说就是，企业所在地选择是基于每单位产出品的劳动力成本，而不仅仅是每小时的工资数额。

不同的地方，劳动力成本也不一样。原因有四点：①企业必须为因当地不好的环境对员工进行补偿。如果在煤矿、石油油井的生活环境艰苦，那么员工就会要求相对较高的工资。②在西方国家有着强大工会组织的地区大体上工资水平较高[1]。③由于家庭不是完全流动的，部分地区有着充足的劳动力供给，工资水平相对较低。就是说，在劳动力市场上存在不均衡现象。④共同劳动力供给（joint labor supply）现象：家庭搬迁到为家庭主要劳动者提供工作的地方，

[1] 在美国存在四大利益与权力群体：工会、宗教团体、高科技企业集团和军火商集团。

这样就使得次要劳动者的供给增加。在中国"三线"建设时，部分大型工矿和制造业选址在中西部，由于此类企业生产属于强劳力性工作，适合于男性劳力员工，这样在附近布置需求女性员工的纺织企业可以充分利用富余女性劳动力，从而既降低生产成本，又解决社会矛盾。

企业在选址问题上主要基于对劳动力成本的考虑，这样的例子有很多。当能源技术的改进降低了企业对当地水力的依赖时，许多纺织品企业从高工资水平的地区或国家迁往低工资水平的地区或国家。近年来，美国服装和制鞋企业纷纷迁往中国、印度等海外国家地区或者是靠近与墨西哥交界的地方，这样以充分利用当地廉价的劳动力，进而使劳动力便宜的地区得以发展。

### 三、生活环境和公共设施

一些企业被间接地吸引到能够提供舒适条件的地方，例如说这些地方有好的天气条件、教学质量高的学校、低犯罪率、清洁的环境以及文化交流的机会。如果工人们都迁移到一些能够提供这些舒适条件的地方，其结果就是充足的劳动力供给降低了工资水平，进而吸引劳动密集型企业迁往该地。在这个例子中，企业所在地的选择取决于其劳动力选择的所在地，即是企业追随着工人，而不是工人追随着企业。

提供舒适的条件已成为企业雇用高收入员工最重要的条件。由于对这些舒适条件的需求是富有收入弹性的，高收入员工就被吸引到提供舒适条件的地方。雇用这些员工的企业也随之前往。举个例子，随着个人工资的增长，研发企业雇用工程师和计算机科学家，这些员工对天气、教学质量要求越来越挑剔，美国硅谷坐落在气候宜人的加州就是一个典型例子。

## 第五节　运输成本与地方投入品的权衡

在最近的几十年中，许多企业已经从运输导向型转为投入品导向型。企业已经从靠近投入品产地和市场的地方迁往了提供廉价当地投入品的位置。选址导向所发生的变化是源于运输和生产的技术创新。

运输技术的发展降低了投入品和产成品的运输成本。例如海上巨轮和集装箱技术的发展提高了海运的效率，降低了单位运输成本。与之相类似，铁路、卡车和飞机的改进也降低了单位货运成本。对于一些企业而言，运输成本所减少的金额足以使之由运输导向型转变为当地投入品导向型。这些企业在选址问题上，更多的是考虑如何更容易获得廉价的当地投入品，而对于是否容易到达市场或获得其他投入品则考虑得较少。例如 20 世纪 90 年代以后，世界前五位汽车生产厂商将其部分组装业务陆续迁到了廉价劳动力富集的长三角地区、珠三角地区、京津唐地区、华中地区和东北地区这五大中国传统工业基地就是一个佐证。

此外，生产工艺的改进降低了投入品的物理重量。随着投入品重量的减轻，运输总成本下降，一些运输导向型企业转变为地方投入品企业。这些企业从低运输成本的地方迁到提供便宜地方投入品的地区。美国钢铁业就是其中的一个案例。在过去的几十年中，钢铁生产方式的改进，以及使用回收废钢铁（一种地方投入品）替代铁矿石（一种可运输的投入品）进行生产，使得每生产一吨钢所需的煤炭和铁矿石的数量不断下降。由于投入品的物理重量降低，运输成本相对于劳动力成本得以下降，一些企业变为以地方投入品为导向的企业。现在很多钢铁厂都位于低工资水平的国家。这些工厂既远离原材料所在地，又远离钢铁市场。

# 4

## 第四章
## 城市体系

# 第一节　市场区分析

## 一、市场区

市场是城市的主要职能之一，城市市场包括城市劳动力市场、城市住房市场、城市土地市场等等，因此研究市场区对城市乃至区域发展具有重要意义。

德国学者克里斯泰勒和廖什在中心地理论中首先明确了"市场区"的概念。克里斯泰勒中心地模型构建的基础即为市场区，它假定任何一个商业服务行业，为了获得收益，必须有周围的居民购买其生产的商品或接受其提供的服务，则这一服务点所供应或提供服务的合理范围将由以下因素决定：①周围居民到服务点的运费率 $a$ 元/(吨·公里)；②开设这一服务点所需的资金 $b$ 元/吨，包括房租、商品装卸保管、经营等费用。从图 4-1 中可以看出随服务范围的增大，费用曲线存在最低点，由该点所确定的 $R$ 值是市场的合理服务半径。以市场中心为圆心，$R$ 为半径作圆，即形成该点的市场区（图 4-2）。

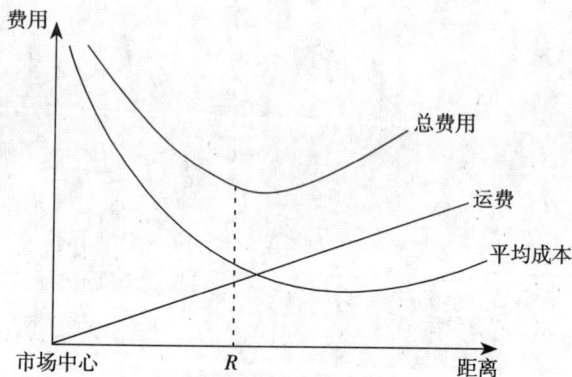

图 4-1　服务半径示意图

克氏同时认为在生产者追求利润最大化、消费者追求效用最大化的前提下，一个生产者的市场区总是被限定在一定的空间范围内，当有效价格（商品出厂价格加运输费用）在一定距离上过高时，其产品将不再有需求，克氏将这种市场边界称为"上边界"，这一边界主要由消费者的行为决定；同时克氏认为对于生产者而言，由于其生产成本固定，因此他需要一个最低限度的销售量才能维持正常生产，与这一最低销售量所对应的即为市场区的"下边界"（图4-2）。无论是"上边界"还是"下边界"，对于单一中心地来说，经济效率最高的市场区形态应该是圆形。

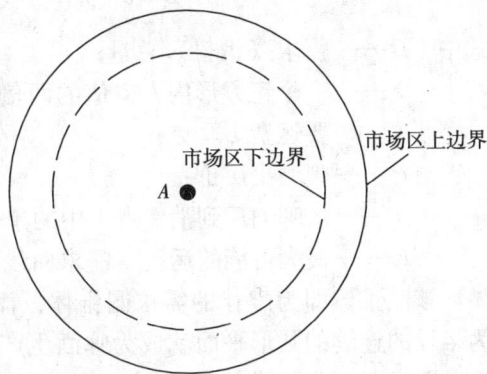

图4-2　市场区上、下边界示意图

德国经济地理学家奥古斯特·廖什发展并完善了市场区的概念。廖什认为，由于区位合理选择的结果，在一种商品的生产地和其他消费地之间会出现种种具有特征的结合，其形式是若干生产者环绕在一个消费者的周围（农业），或是若干消费者环绕在一个生产者的周围（工业）。前者形成供给区域，后者形成需求区域，两者结合在一起，廖什称之为市场区。廖什的市场区基于以下假设的基础上：①均质平原，生产所需的原料充足且均匀分布；②农业人口均匀分布；③居民都可以获得生产的机会；④只考虑经济因素，不考虑其他因素。廖什假定某一农户生产并销售啤酒，廖什利用啤酒的需求（销售）曲线建立了"需求圆锥"，图中$FT$曲线为啤酒的需求曲线，$OP$为啤酒的出厂价格，居住在$P$点的居民将购买$PQ$瓶的啤酒；离厂较远的地方，由于运费增加，啤酒的销售价格增加，销售量减少，直至运至$F$点，运费$PF$太高，相应的售价过高，以至于需求减少至零，$F$点成为啤酒生产的市场地域边界。该地内啤酒的销售总量为以$PQ$为中心轴旋转$PQF$三角形所得到的圆锥体体积（图4-4）：

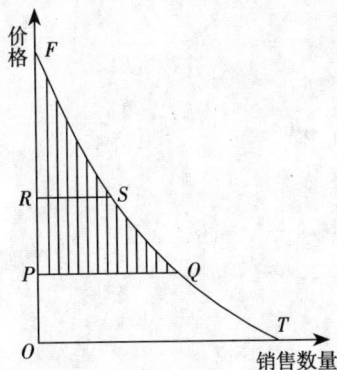

图4-3　啤酒的需求（销售）曲线

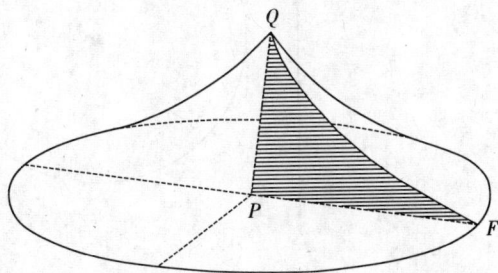

图4-4　啤酒需求（销售）圆锥体与市场区

$$D = b \cdot \pi \int_0^R f(P+t) \cdot t \cdot \mathrm{d}t$$

式中　$D$——需求（销售）总量；

　　　$b$——一个正方形内人口值的两倍，在该地区沿一个方向运输一单位需
　　　　　　要运费 1 马克；

　　　$P$——啤酒出厂价；

　　　$t$——从啤酒厂到消费者手中的单位产品的运费；

　　　$R$——最大可能的运费（需求曲线图中的 $PF$）。

　　该圆锥体即为廖什的需求圆锥体，而圆锥体的底面，以 $P$ 为圆心，以 $PF$
为半径的连续的圆形平面就成为啤酒生产的市场区。其他商品的市场区都可以
通过需求（销售）曲线得到。

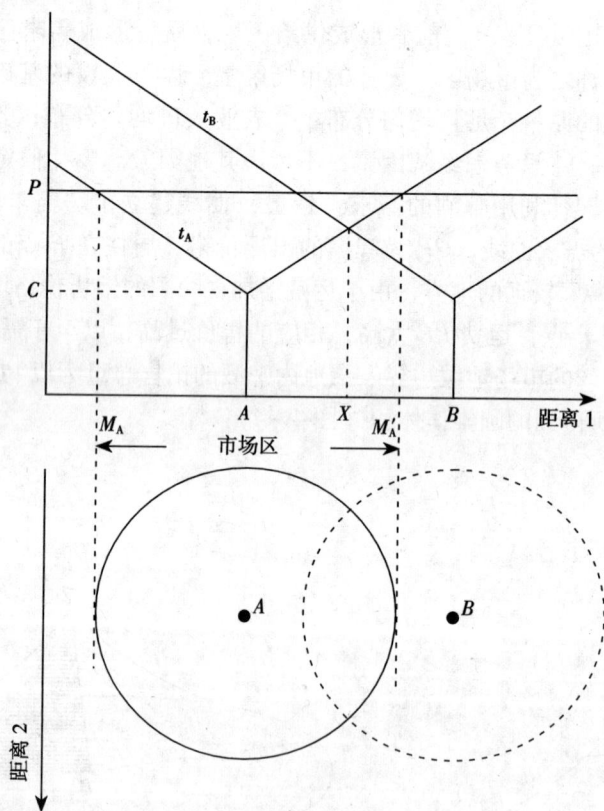

图 4-5　简单市场区模型

在克里斯泰勒和廖什之后，很多学者在考虑到单个工业组织控制其销售区与区位选择重要性的基础上，提出更为简单、合理的市场区的概念。其单个工厂的市场区的确定如下：工厂$A$位于水平轴（一维）上$A$点，$C$代表生产单位产品或给定产量的成本。商品出售给沿距离轴分布的顾客，其价格包括生产成本和运输成本（图中用$t_A$表示）。$P$是顾客购买商品愿出的最高价，并且假定这一情况在空间上是不变的。此时位于$A$点的企业的市场区范围将由$M_A$和$M'_A$界定，在该范围内，交货价正好与顾客准备支付的最高价相等。做出第二个距离轴，绕$A$点旋转市场边缘线，就产生一个圆形市场区（图4-5）。

对上述市场区的分析中，如果不考虑顾客偏好、行为、价格政策和多个商品市场区的竞争等实际情况的影响，对于单个商品的市场区而言，圆形市场区的效率最高。

## 二、市场进入与竞争

在上节对市场区的讨论中，主要考察了市场区的概念，只涉及单一、孤立、静态的市场区，在现实世界中的市场区往往非常复杂，涉及到各种市场区的进入与竞争，直至达到动态空间均衡。在本节的讨论中，将主要研究多个市场区的进入与竞争问题。

首先，从对简单的一维线性市场区的空间竞争分析入手。美国学者霍特林（Hetelling，1929）假设两个生产商为均匀分布在线性市场区内的消费者供应相同的商品，霍特林以两个冰激凌小贩向海滩上均匀分布的人群竞相销售冰激凌为例，得出结论：两个小贩最终将背靠背共同站在海滩中点，各自占有一半的市场。

霍特林关于两厂商空间竞争的过程和论断可以用图例说明。霍特林的线性空间竞争模型的前提假设为：①消费者在空间上均匀分布；②对于产品的需求是无限非弹性的（购买者无论多高的价格都会购买）；③生产费用在任一地点均相等；④产品的运费由消费者支付，生产者以生产价格销售产品。在这样的情况下，如果只存在一个企业$A$时，企业无论在任何区位布局都可以占有全部市场，如果出现第二家企业$B$，考虑到与$A$将形成竞争，企业$B$在线性市场中央靠近$A$处布局是最有利的，即可获得较大的市场。在初始状态下（图4-6），厂商$A$位于

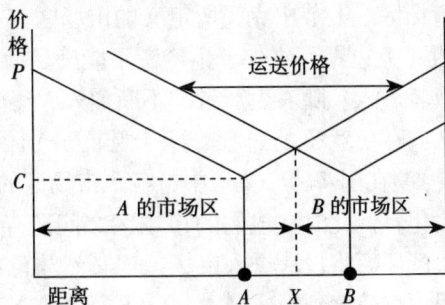

图4-6 初始状态

市场中心处，厂商 B 位于市场中心右侧某一处，两厂商的销售区域以 X 为界，在 X 点上 A、B 两企业的运送价格相等。在无限非弹性的假设条件下，每个消费者不考虑价格因素，厂商 B 左移，进入厂商 A 的市场区，尽量接近 A 且在市场中点布局是厂商 B 支配一半市场的惟一区位，而且此时无论厂商 A 或 B 都不能再从区位变动中实现销售量的增加，厂商 A、厂商 B 的市场区竞争处于平衡状态（图 4-7）。

如果考虑产品需求的弹性（即价格对销售量产生影响），由于需求水平对远距离顾客的销售将产生较大的影响，为了寻求最大销售量，厂商 A 和 B 将会向线状市场区的"四分点"处移动（图 4-8）。

将一维线状市场区进入与竞争的分析范式引入至二维空间市场区，参考图 4-5，在已有的单个市场区 A，引入位于 B 点的第二家企业，图 4-5 表明了两市场区竞争的过程和结果，在企业 A 市场区中从 $M'_A$ 到 X 这一范围内，企业 B 可以以低于企业 A 的交货价——$t_B$ 提供商品。由于消费者购买较便宜商品的假定，这一区域将成为企业 B 的市场区。随着更多的企业进入，剩余的空间将逐渐被这样的过程填满，各市场区将缩小至可赢利的最小规模。

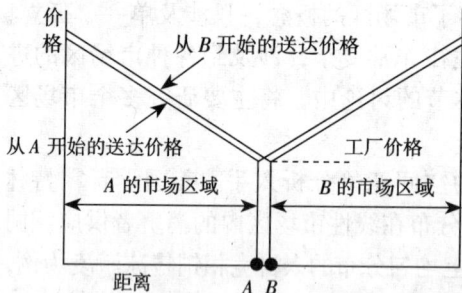

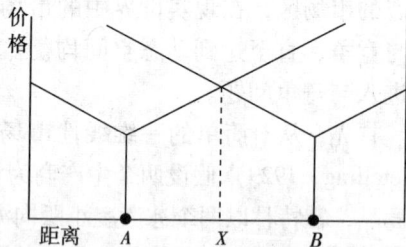

图 4-7　平衡状态　　　　图 4-8　弹性需求条件下的直线市场区竞争

当多个市场区共存、相互竞争，最终将形成克里斯泰勒和廖什"六边形"的市场区。上节中克氏所定义的市场区有"上边界"和"下边界"之分，在市场区的"上边界"之外，生产者不能满足消费者对其产品的需求，这时就会有新的生产者进入。随着生产者的不断涌入，逐渐占满整个区域。图 4-9 说明了多个市场区共存、竞争的过程，两个圆圈分别代表市场区的上、下边界（虚线圆为下边界）。在图 4-9（a）中，各个市场区的上边界相接，每一个生产商实现了利润最大化，但此时在他们的市场区之间还存在没有供给到的区域（黑色区域）。这时生产厂商将设法进入市场，这必然与已有的生产厂商的市场区相互靠近，这一过程一直持续到形成图 4-9（b）的状态为止。此时各个市场区互相交叉，这使得位于中心的生产厂商达不到维持其存在的最低需求量，因而造成亏损，最终退出市场。图 4-9（c）中各个市场区的进入与竞争达到一个稳定的均衡状态，不仅每个厂商恰好达到他的最低需求量，而且区域市场中不存在没有得到供给的区域。由此"六边形"市场区形成，在市场区内都能以最小的运输费用得到供给。

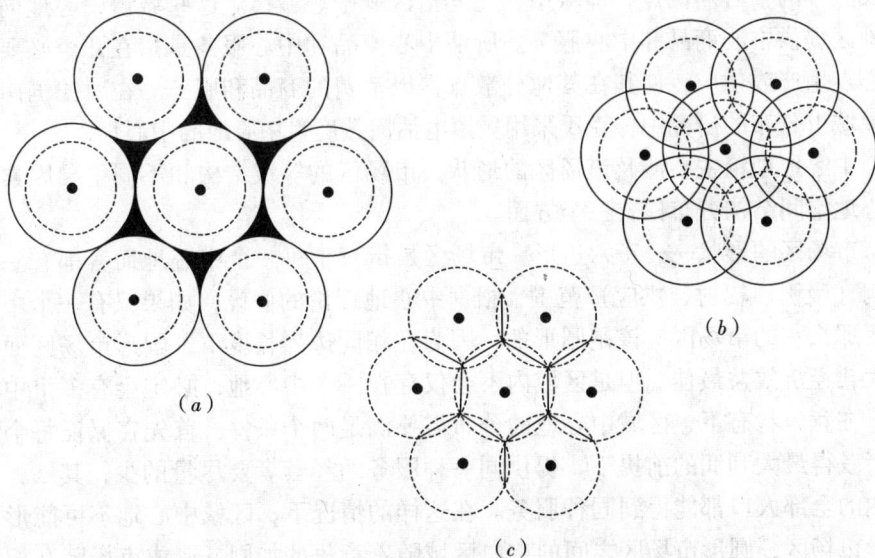

图4-9 "六边形"市场区的形成示意图

# 第二节 中心地理论

## 一、克里斯泰勒的中心地理论

德国经济经济学家克里斯泰勒（Christaller，1933）通过研究德国南部平原地区城镇分布的空间格局，建立了中心地理论。中心地理论是在韦伯工业区位论和杜能农业区位论研究的基础上，将地理学的空间观点和经济学的理论相结合，探索城市的数量、规模和分布的规律性。克里斯泰勒以当时农业用地占优势的德国南部为实证研究区域，"以抽象演绎的方法建立了主要根据城市向它周围腹地提供的服务来解释城市体系空间结构的理论。"

中心地理论的基本前提假设是：一片无边界的均质平原，其中各部分的自然条件、人口分布、居民收入和消费习惯等完全相同，区域内运输条件完全一样，全部活动通过陆路运输，距离是影响运输的惟一因素；人们的经济活动都是理性的，对于消费者而言，购物或接受服务符合距离最近原则，对于经营者而言，他们寻找最佳区位，获得最大市场，使其利润最大化。以上条件归结为均质平原假设和经济人假设。

克里斯泰勒所定义的中心地是指某一区域的中心点，是某一区域中散布的居民点中的中心居民点，即城镇，尤其指区域中心城镇。这些城镇中心地向周边地区提供中心商品和中心服务。所谓中心商品和中心服务是指在几个必要的中心点生产或供应，使其在其他分散点得以消费的商品和服务。在对德国南部平原城市分布的研究中，克氏采用城镇电话门数度量中心地的中心性。

中心地理论主要涉及市场区的形状、市场区的等级结构和不同主导因素下中心地空间结构分布模式三个方面。

市场区的形状——正六边形。市场区是指对于每一个中心地而言都有一个影响（吸引、辐射、供应）范围，根据中心地理论的假设，如果只有一个中心地，那么它的市场区应该是圆形的，因为在相同边界长度下，圆形市场区面积最大，经济效益最佳。但是区域内不会仅存在一个中心地，必定会有多个中心地，在竞争状态下，区域中心地的分布需要满足两个条件：首先在保证每个经营者获得最大利润的前提下，提供同一种服务的经营者要尽量的少；其二，区域内的全部人口都能得到同种服务。在这样的情况下，区域中心地不可能形成圆形市场区，圆形市场区之间的空白区域随着竞争的加剧，造成市场区互相重叠，重叠区域内的消费者将按照就近原则以重叠区域中线为界分别被最近的中心吸引，圆形市场区变成最具效率的正六边形（图4－10、表4－1）。

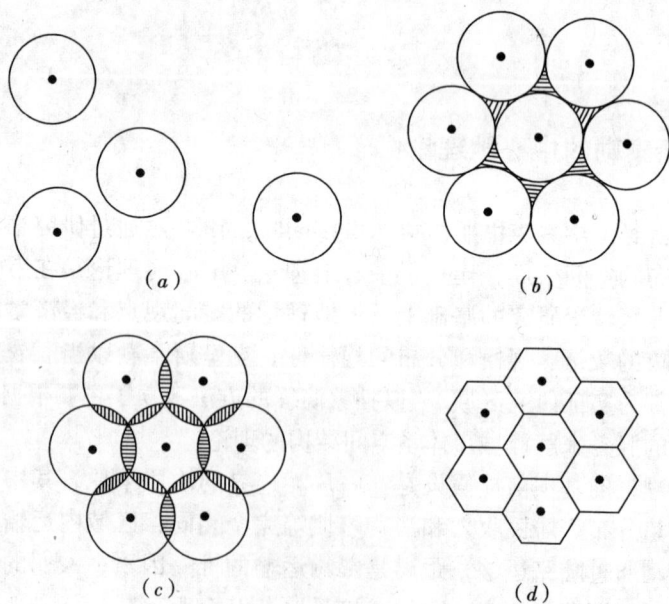

（a）　　　　　　　　　（b）

（c）　　　　　　　　　（d）

图4－10　市场区形成发展示意图

| | 面积 | 周长 | 面积/边长 | 区域弥合性 |
|---|---|---|---|---|
| 圆 | 3.14 | 6.28 | 0.50 | 否 |
| 正八边形 | 2.83 | 6.12 | 0.46 | 否 |
| 正六边形 | 2.30 | 6.00 | 0.38 | 弥合 |
| 正方形 | 2.00 | 5.66 | 0.35 | 弥合 |
| 等边三角形 | 1.30 | 4.20 | 0.31 | 弥合 |

不同几何形状的面积、周长及区域弥合性比较　　表4-1

　　市场区的门槛人口和等级结构。克里斯泰勒将商业活动区分为不同的行业，同一行业内，商业活动的规模差异很大，但同时不同的行业活动和同一行业中不同规模的活动均可在整个中心地及其嵌套的市场区等级序列中占有一定的位置。每一种服务点必须有一定的"门槛人口"（Threshold Population），即要求有相应规模的服务半径，以维护货物和服务供应所需的最少人口。不同的商业服务行业根据门槛人口的不同形成不同级别的序列，低级中心地和市场区被高一级的市场区所包括，高一级的中心地和市场区又被更高一级的市场区所包括，层层嵌套，其中高级中心地除有自身特有的职能外，还包括低级中心地的全部职能，但相同级别的中心地和市场区是彼此独立和排斥的（图4-11）。克里斯泰勒通过研究德国南部城镇的实际分布状况得出最低一级的中心地（乡镇）之间的距离约为7km，较高一级中心地的供应和服务半径是较低一级中心地之间距离的$\sqrt{3}$倍，同级中心地之间的距离从低级到高级的序列为：7km、12km、21km、36km、62km、108km、185km……

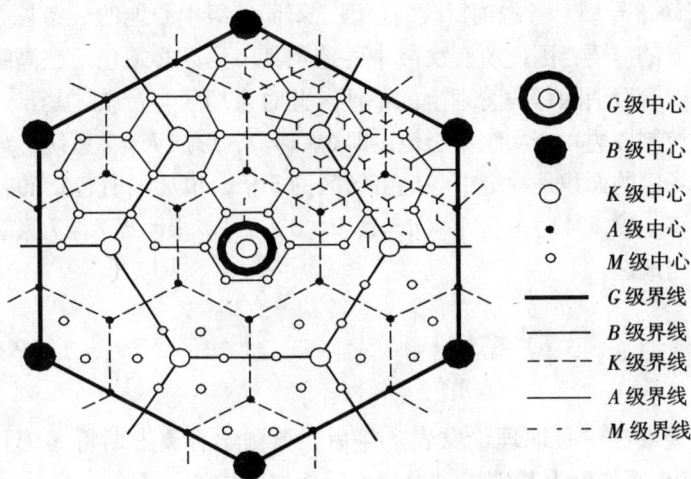

图4-11　中心地体系的理想图案

克里斯泰勒认为中心地形成的主导因素是市场、交通和行政，克氏根据三大主导因素将中心地空间结构模式划分为三种，即市场主导型（市场最优模式）、交通主导型（交通最优模式）和行政主导型（行政最优模式）。

（1）市场主导型。市场是经济发展的重要因素，克氏所研究的德国南部地区的中心地也大多遵循市场原则分布。由于克氏所构建的市场主导模式中每一个中心地的市场区范围相当于次一级中心地市场区面积的 3 倍，因此符合 $K=3$ 原则，又称为 $K=3$ 系统，即三个同级中心地市场区组成一个高一级的中心市场区，一个市场区包括的各级市场区数列（从高级到低级）为：1，3，9，27，81……$3^{n-1}$（$n=1$，2，3……）。这里需要说明市场原则的核心是保证中心地商品的服务供应范围达到最大，一个高级中心地不仅吸引自身中心地商业服务活动的需求，还支配相邻的 6 个次级中心地的活动，但由于次级中心地同时被另外两个高级中心地吸引，因此其市场区只能包含 6 个次级中心地中的1/3，高级中心地所支配的次一级中心地为 $6×1/3+1=3$，这种以市场原则 $K=3$ 拟出的中心地序列是中心地理论的核心。

（2）交通主导型。该模式是在交通线合理布置的前提下形成的中心地体系，体系中交通干线尽可能多的联系区域内中心地。在交通最优的前提下，次级中心地一般处于高级与次级中心联结线上，克氏将次级中心地置于高级中心地正六边形市场区每条边的中点，此时，高级中心地除包括自身所处的市场区外，还吸引周边 6 个次级中心地中的 1/2，即 $6×1/2+1=4$，形成 $K=4$ 系统，该系统中高级中心地市场区的面积是次级中心地市场区的 4 倍，市场区所包括的各级市场区数列为：1，4，8，16，64……$4^{n-1}$（$n=1$，2，3……）。

（3）行政主导型。考虑到行政的原因，不同等级中心地的分布首先受制于行政管理和控制的需要，因此所有次级中心地及其市场区必须包括在高级中心地的控制区域之内，以消除行政管理上的不便。此时市场区与行政区趋于一致，一个高级中心地控制周边六个次级中心地，即 $6+1=7$，形成 $K=7$ 系统。该系统中高级中心地市场区的面积是次级中心地市场区的 7 倍，市场区所包括的各级市场区数列为：1，7，49，343……$7^{n-1}$（$n=1$，2，3……）。很明显 $K=7$ 系统适用于自给自足的封闭地区。

## 二、廖什景观

在克里斯泰勒中心地理论发表 7 年后，德国学者奥古斯特·廖什（August Losch）以工业区位论为基础构建了与克氏相似的中心地系统。廖什景观也是首先建立均质平原假设条件：平原上有足够均匀分布的工业原料；有各方向相同的运输条件，普及的、可用于生产的技术知识和相同的消费需求。但廖什对平原上人口分布的假设是离散均匀分布的。廖什的中心地理论从市场区的概念入手，其定义的市场区的概念是将生产区位和市场区位相结合，居民的生产和消费都在市场区中进行，因此廖什构建的中心地的概念比克氏中心地中单纯提供服务职能的服务中心要复杂得多，中心地除了具有服务功能之外，还同时具有市场指向的制造业职能。廖什所构建的中心地体系主要是试图建立各种商品的生产中心与其联系腹地的最优空间模型。

廖什也证明六边形结构是市场区最理想的形式，并且将最低职能的门槛需要转化为满足消费者需要的空间半径，建立能够覆盖整个均质平原的最低职能的六边形市场区网格（图4-12a），该网格模式与克氏的 $K=3$ 系统在形态上类

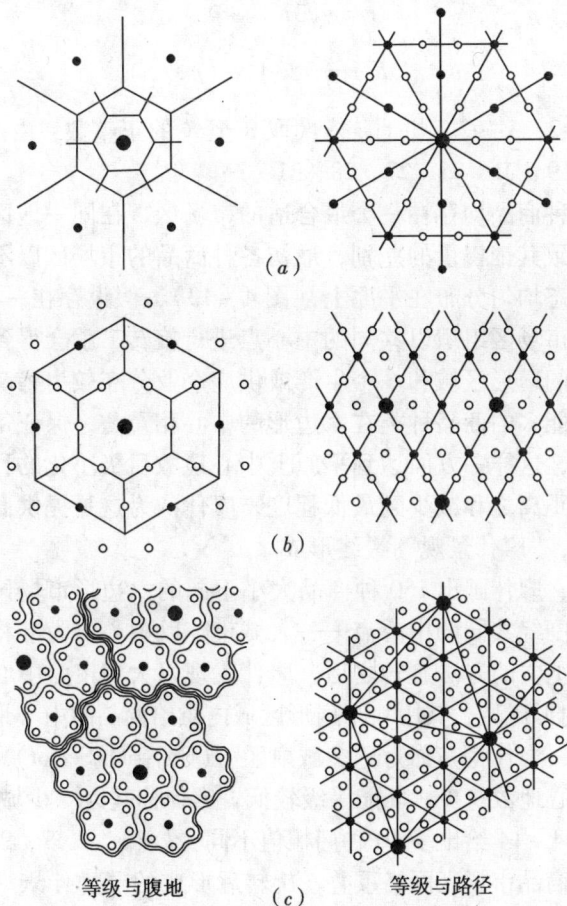

(a)

(b)

等级与腹地 (c) 等级与路径

图4-12 不同原则主导下的中心地模式
(a) 市场主导模式；(b) 交通主导模式；(c) 行政主导模式

似，克氏 $K=3$ 系统建立的基础是以商品供应者获得最大利润为前提，而廖什的网络模式主要是为了满足市场区的门槛值的需要——只满足商品生产和销售的生存需要，而不考虑超额利润。廖什的中心地理论中同样使用 $K$ 值，但与克氏中心地 $K$ 值的含义完全不同，廖什所设计的 $K$ 值代表不同的商品具有不同的门槛值，即大小不同的市场区，由此每一种商品职能都可以划定自己的六边形市场网络，廖什假设自给型商品的市场区域将满足本身居民点的需求，即市场区只有一个基本聚落，比其等级略高的商品市场区域为3，即满足3个基本聚落的需求，则供给门槛越大的商品，其市场区和拥有的基本聚落数将有规律地增加，$K$ 值也就被定义为市场区所能完全服务的基本聚落的数量值，廖什给出了两个公式来计算不同市场区所包括的基本聚落的数量：

$$n = (\sqrt{3}K)^2 + j^2$$
$$n = \left[ (K + \frac{1}{2})\sqrt{3} \right]^2 + (j + \frac{1}{2})^2$$

其中 $K=1，2，3\cdots\cdots$，并且 $j$ 依次取 0 至 $K$ 的正整数，由此 $n$ 值为 3、4、7、9、12、13、19、21、25、27、28、31$\cdots\cdots$。

廖什认为每种商品均存在一个最合适的市场区，在同一地区，各种商品运输距离的差异导致其销售量的差别，最初各种商品的市场区以不同大小的六边形网状组织的形态均匀分布在平原上（图 4－13），假设存在一共同的中心点，将最初的网络状市场区组织以共同的中心点进行旋转，就会得到 6 个生产或供应企业密集分布的扇形区域和 6 个生产或供应企业分布较为稀疏的区域，这样的安排使得尽可能多的商品种类在六边形的中心相重叠，保证每一个中心提供的商品种类最多，这样一方面达到平原上中心地数目极小化的目的，另一方面各工业区位间的距离之和减少到最低程度，廖什认为这是提供商品和服务最为经济有效的体系，"廖什景观"最终形成。

在此基础上，廖什画出 150 种商品大小不同的六边形市场区分布图，假定这些市场区网络围绕共同的中心点——大城市，以中心点为准将 150 种商品的市场区重叠，按上文的方法旋转之后，廖什发现以大城市为中心，周围存在相互交叉的 12 个扇形区域，其中 6 个扇形区域内供给商品的中心地数量多、职能等级较高的扇区，廖什将其称为"多城扇区"（City-rich Sector），另外 6 个扇区内供给商品的中心地数量少，职能等级较低，廖什称其为"少城扇区"（City-poor Sector）。图 4－14 给出了 10 种门槛值不同（$k=3，4，7，9，12，13，16，19，21，25$）的商品市场区网络重叠、旋转后形成的"廖什景观"的部分示意图，在该市场体系中，各个 $k$ 值决定基本聚落的中心地，但某些中心地会被不同

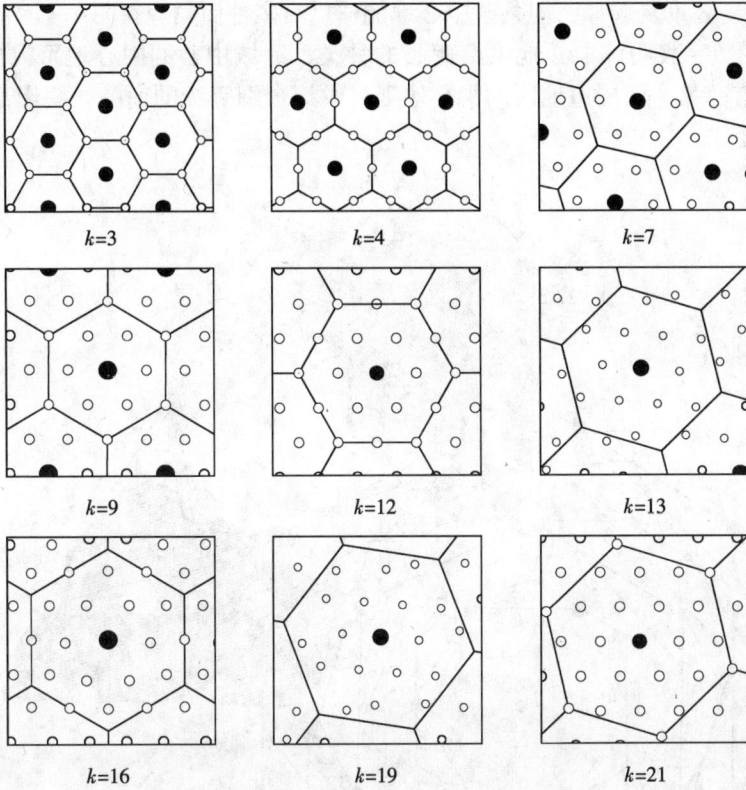

$k=3$      $k=4$      $k=7$

$k=9$      $k=12$      $k=13$

$k=16$      $k=19$      $k=21$

图 4 – 13　九种最小六边形市场区示意图

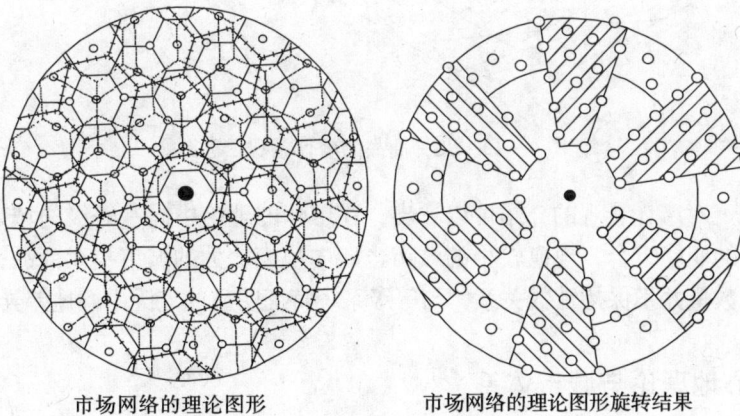

市场网络的理论图形　　　市场网络的理论图形旋转结果

图 4 – 14　廖什景观示意图

$k$ 值的市场区重复选择，即某些中心地能够供给多种商品。在图 4–15 中，空白点旁边的数字表明该中心地供给商品的种类，区域中心的中心地可以供给 1 ~ 10 的所有商品，而周边地区的中心地则只供给个别等级的商品，阴影部分表示"多城扇区"。

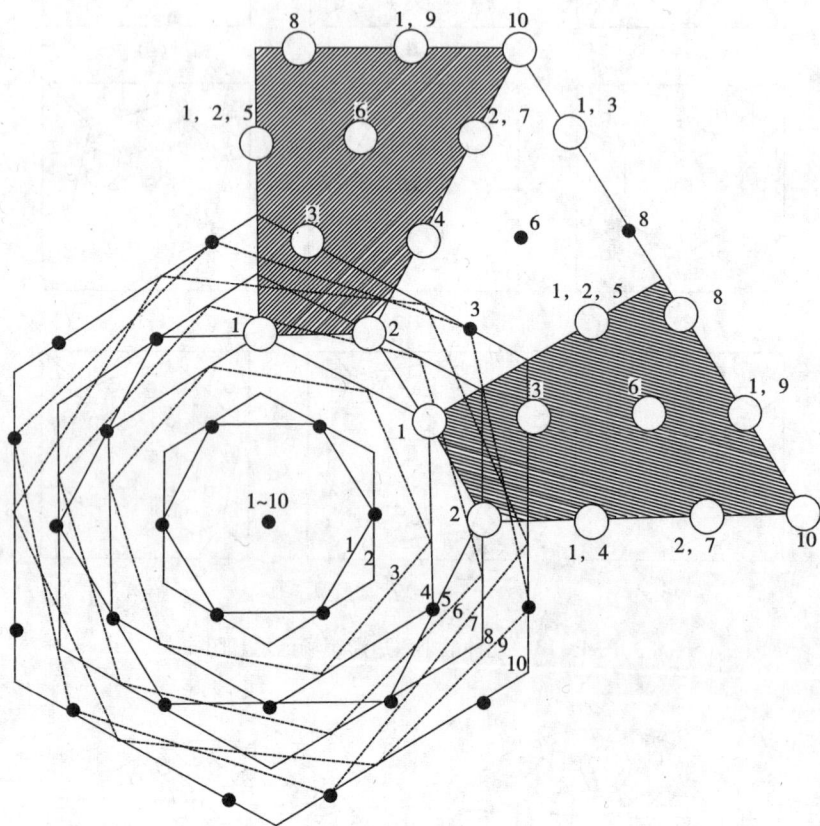

图 4–15　几种商品的廖什景观示意图

从以上对廖什景观的介绍可以看出，在廖什的理论中同一等级的城市将可能出现不同的职能组合，规模较小的城市也能向规模较大的城市提供商品；不同等级的城市数量并不保持常数关系，与等级系统特征明显的克氏中心地差异较大。

## 三、中心地理论与城市体系

城市体系（Urban System）的概念是美国学者贝里（Berry，1964）最早开始使用的，所谓城市体系，是指由一系列以城市为中心的区域（城镇、城市及其腹地）所组成的国家领土，包括全部的土地，并通过货物、服务、意识、资本和劳动力流动网络连接成的一个运行系统。对现实世界的国家和区域城市的城市体系的研究表明，分布在一定区域的城市有着不同的分工和规模，并表现出一定的规律性：国家和区域内总是存在为数不多的规模很大的城市，这些城市一般出现在人口稠密区并提供国家和区域大部分的商品生产和销售，其周围分布着人口和生产规模相对较小的城市，而这些小城市的周围往往也存在着更小的卫星城。

回顾上文，可以看出克氏的中心地理论已经初步构建起较为完整的城市体系模型，模型中的各级城市严格按照等级—规模序列分布，这一推导结果可以很好地解释现实世界城市分布的特点。本节以市场原则下所形成的中心地系统为例说明中心地系统所具有的等级性的特点。克氏首先定义商品服务范围的"门槛值"，再根据中心商品服务范围的大小分为高级中心商品和低级中心商品，高级中心商品是指商品服务范围的上下限都较大的商品，如高档消费品、珠宝等；低级中心地商品是指商品服务范围的上下限均低的商品，如日用百货等。同时将不同等级的中心地与所供应的商品级别相对应，即高级中心地提供高级商品，低级中心地只提供低级商品，低级中心地和市场区被高一级的市场区所包括，高一级的中心地和市场区又被更高一级的市场区所包括，层层嵌套。由此中心地理论的等级性体现在每个高级中心地都附属有几个中级中心地和更多的低级中心地。图 4－16 中，最高等级的 $B$ 级中心地市场区域包括一个完整的 $K$ 级市场区（以 $G$ 为中心），和周围 6 个 $K$ 级中心地市场区的 1/3 部分，则 $B$ 级中心地的市场区域包括了 1 + 1/3 ×6 ＝3 个 $K$ 级市场区，依次类推，在区域内从次级中心地开始，各级中心地的关系表现为低级中心地数量为其上一级中心地的 3 倍，而高级中心地所服务的市场区则是低一级中心地所服务的市场区的 3 倍。

市场原则基础上的中心地及其服务范围 表 4－2

| 中心地等级 | 中心地数 | 服务区数 | 服务半径（km） | 服务范围（km²） | 提供商品的种类数 | 中心地的人口数 | 服务区人口数 |
|---|---|---|---|---|---|---|---|
| $M$ | 486 | 729 | 4.0 | 44 | 40 | 1000 | 3500 |
| $A$ | 162 | 243 | 6.9 | 134 | 90 | 2000 | 11000 |
| $K$ | 54 | 81 | 12.0 | 400 | 180 | 4000 | 35000 |
| $B$ | 18 | 27 | 20.7 | 1200 | 330 | 10000 | 100000 |
| $G$ | 6 | 9 | 36.0 | 3600 | 600 | 30000 | 350000 |
| $P$ | 2 | 3 | 62.1 | 10800 | 1000 | 100000 | 1000000 |
| $L$ | 1 | 1 | 108.0 | 32400 | 2000 | 500000 | 3500000 |

综上所述，在市场原则基础上所构建的中心地系统具有以下两个主要特点：第一，中心地具有等级性，各级中心地与各自的中心地职能相对应；第二，各级中心地数量和市场区域面积呈几何级数变化。

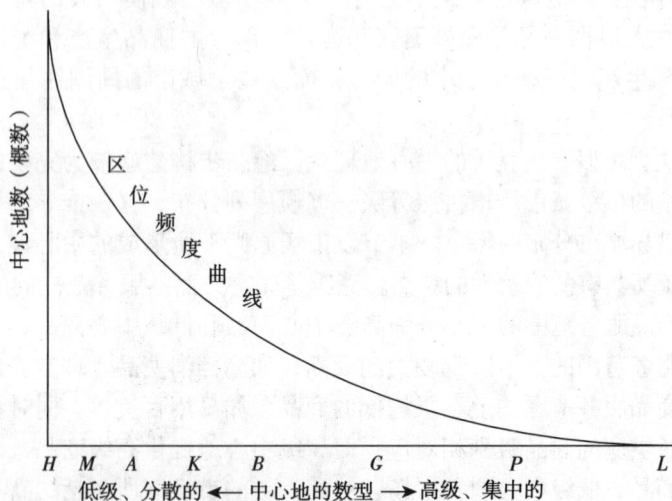

图 4-16 德国南部的中心地数量示意图

为了进一步验证中心地系统对现实的城市体系中城镇等级—规模（Rank-size Relationship）关系的合理解释，齐夫（Zipf）根据中心地理论提出等级—规模法则：对于一个城市体系来说，通常在一个特定的国家内超出某种规模的城市人口可以表达为：

$$P_r^q = P_1 / r$$

式中　$P_1$——该国最大城市或第一等级城市的人口；

　　　$P_r$——等级为 $r$ 的城市人口；

　　　$q$——常数，值随各国各地区而发生变化。地理学家贝里（Berry）和加里森对齐夫的模式作了大量的统计研究，证实了中心地等级性的存在。

# 第三节　城市体系的性质

## 一、一般均衡的性质

克里斯泰勒的中心地理论指出了城市体系中将会出现不同等级规模的城市，

但可惜的是克氏的中心地理论无法从机制上加以解释，之后很多城市经济学家着手解决这一问题。

埃文斯（1972）建立相关模型，埃文斯的模型中假设城市存在相互异质的两种产业——制造业和商业性服务业，并且商业性服务业的产出作为制造业的投入，全部销售给制造业。模型同时认为不同规模的城市所支付的通勤费用、房租以及劳动力成本是不同的；制造业的运输成本为零，而商业性服务业的运输成本是无限的且遵循规模经济，因此商业性服务业可以在任何制造业区位上（即城市）进行经营活动。不同类型的制造业企业由于其投入组合不同，则制造业企业的利润最大化区位都会随着城市规模的不同而发生变化，低工资、劳动密集型的企业（食品加工、纺织业）较少利用城市商业性服务业的产出，这一类型的产业企业的区位将集中在规模较小的城市；相比之下，大量使用高工资、高素质的劳动力和商业性服务业产出的产业企业（金融服务业、跨国公司总部等）其区位选择的余地很小，只能选择规模较大的城市。如果将城市看作相关产业和企业的综合体，则企业在城市间的区位选择将直接影响到整个城市等级系统的形成。

亨德森（1987）借鉴埃文斯模型，并采用经济学一般均衡分析的方法研究城市体系。一般均衡也被称为总均衡，是指整个经济体系的均衡。从整个经济体系的各个变量，例如各种商品的价格、供给和需求是相互影响、相互依存的前提出发，考察各种商品的价格、供给和需求同时达到均衡状态的条件的分析，可称作一般均衡分析。一般均衡分析的前提是经济体系中变量之间客观存在的相互依存关系，在此基础上分析单个变量变动的连锁反应以及整个经济体系均衡状态的变化情况。考虑到城市体系中各城市的生产、消费活动是相互影响、相互关联的经济体，因此其具备一般均衡的性质，并可以采用经济学一般均衡的分析框架，得出所设计模型中各要素之间的关系和变化情况。

亨德森的一般均衡模型的前提假设与埃文斯模型类似，城市存在制造业和商业性服务业，但是允许居民在城市间重新选择居住地，这样劳动者和投资者不仅可以获得大城市规模经济带来的高工资和高的资本回报率，同时也能避免规模不经济以获得较高的福利效用。一般均衡就是通过上述过程，实际福利在城市体系中的所有城市都达到均等的结果。如果城市过大，无法达到居民的最优福利水平，将促使人们为了获得开发收益而发展新的城市。对于以产业活动为主体的企业而言，特定产业部门的企业如果在大城市不能获得利润的最大化，也会像居民一样放弃不经济的大城市，由于外部性的假设，这些特定产业的不同企业相互集中在一起以便降低各种运行成本并得到互补经济所带来的外部经济的好处，通过这样的过程，特定产业的不同企业将集中到特定规模的城市中。

亨德森模型通过对城市体系的一般均衡分析得出城市体系的性质，包括：

（1）城市体系中的各类城市的规模存在差异。亨德森建立城市体系中城市规模方程：$N_j = \dfrac{\phi_j}{\alpha_j}\psi$，式中 $N_j$ 为城市规模，$N_j$ 是 $\phi_j/\alpha_j$ 的一个线性函数，$\psi$ 假定在所有城市中是相等的，且有 $\partial N/\partial\phi > 0$，$\partial N/\partial\alpha < 0$。该方程表明城市规模随规模经济程度的增长而增长，规模经济随着生产中资本密度的增长而增长。在一个拥有较少人口和较低生活成本的小城市，仍然可以支持一个给定的工资与资本租金比率以吸引特定产业。当 $\phi/\alpha$ 趋近于 0 时，即可以认为此时的城市商品生产主要是以小规模生产（$\phi$）的农产品为主，此时"城市"变为一个"村庄"。

（2）城市体系中的各类城市的价格存在差异。亨德森对在全国范围内的劳动、资本和产出市场建立均衡。在劳动力市场均衡方面，在任意两个城市间，如果劳动获得同样的效用，则均衡产生，因此 $U_j = U_1$（$j$ 为任意一城市），由此可分析城市体系中各类城市之间的工资和生活成本的变化差异情况，城市间工资比率 $w_j/w_1 = (N_j/N_1)^{1/\psi}$，住宅价格比率为 $p_j/p_1 = (N_j/N_1)^{1/\psi}$，若 $\psi > 0$，则如果城市体系中的某类型城市规模上升，它们的工资和住宅价格也会增加。为了使城市间的效用保持相等，在城市规模增加时，如果不考虑其他条件，规模经济利益、通勤成本和住宅成本都必须以同样的比例上升。

（3）城市体系中的各类城市的资本使用存在差异。亨德森根据全国资本市场均衡，即 $r_j = r_1$（资本回报率相等），得出当城市体系中某一城市的规模经济和出口生产中的资本密集程度增加时，它的资本使用（城市资本使用包括对住宅的资本使用和社会管理资本）就会增加。资本使用高的城市不仅具有资本密集的特征，而且其城市规模较大，因为资本密集意味着工资成本较高，从而使投入到城市住宅和公共运输上的人均资本增加。

阿卜杜勒·拉赫曼和藤田（1993）也在一般均衡的框架下，推出了有关解释专业化生产的城市与多样化生产的城市如何在城市体系中共存的模型，同时提出了均衡条件和特征。阿卜杜勒和藤田的一般均衡模型假设城市有两种产业，劳动力是惟一的生产要素，产业间的合作会带来共享基础设施等方面的利益，由此模型他们认为将会出现三种不同类型的城市体系：第一种城市体系类型为每一个城市只生产一种商品的专业化城市集合；第二种城市体系类型为体系中的城市均为生产两种产品的多样化城市；第三种类型为城市兼有专业化和多样化的特点。在该模型中，总人口已知，均衡的条件为城市体系中所有家庭和城市的劳动生产率以及效用相等，则此模型城市体系所具有的一般均衡的性质为：

（1）城市体系中均衡城市规模的扩大与产业中"劳动力经常费用"的高低有关，劳动力经常费用包括住宅费用和交通成本，由于均衡城市规模的扩大导致城市更高的地租水平和交通成本，因此劳动力经常费用随之增加。

（2）城市体系中专业化城市的数量随正常发展的产业部门支出份额的扩大而增加，但随着总人口增加而产生的劳动力成本的增加而下降。

（3）如果与产业联合生产有关的固定成本均比两种产业各自生产的固定成本低，那么所有生产将集中在多样化的城市中，因而城市体系中多样化城市和专业化城市竞争的最终结果是多样化城市的规模大于专业化城市。

（4）在均衡条件下，城市间运输费用的变化对城市体系的影响。随着运输费用的降低，将会导致完全专业化生产的城市体系的出现；相反，随着运输费用的增加，将形成多样化的城市体系模式。图4-17中曲线表示一系列效用相同的点（包括完全的城市专业化生产和完全的城市多样化生产）的集合，$\tau_i$ 和 $\tau_j$ 值越大，即运输费用较低，将会导致完全专业化生产的城市体系的产生，而 $\tau_i$ 和 $\tau_j$ 的值越小，将形成完全多样化的城市体系的出现，其经济学解释为：产品差异化所带来的收益如果能够大到足以抵消运输费用所带来的损失的话，则城市体系是专业化分工型的，相反，则城市体系内的城市将按照多样化原则发展生产。

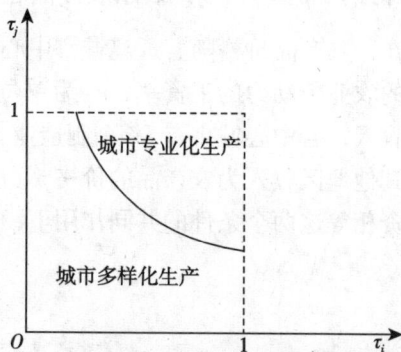

图4-17 运输费用的变化与
两类城市体系

考察亨德森、阿卜杜勒—拉赫曼和藤田的一般均衡模型，尽管两个模型所涉及的要素、前提假设和形式有较大的差别，但他们都采用一般均衡的分析框架，并且达到城市体系中城市间的均衡条件也是相同的，即所有家庭和城市劳动生产率以及效用是相等的。此外两个模型所得出的相关结论和性质基本一致，互相印证，从一个侧面说明城市体系一般均衡性质是合理的。

## 二、藤田昌久等的规模结构

### （一）城市及城市的形成

藤田昌久在不完全竞争的基础上建立城市体系模型，试图解释城市是怎样形成的？为什么城市会形成不同等级？

与一般均衡模型的构建思路相同，藤田昌久的等级体系模型的构建也是从对单个城市的分析开始的，即对单经济中心的分析入手。藤田昌久首先假设单经济中心包括两个部门——农业部门和工业部门，农业部门提供单一、同质的农产品，后者提供连续的差异化产品，经济体中的所有劳动者都是同质的，可以自由流动，即可以选择在农业或制造业部门工作，在规模经济、运输成本以及要素流动的相互作用下产生集聚的向心力，藤田昌久同时引入与离心力有关的不可自由流动的要素——用于农业生产的土地。

图 4-18 中，城市坐落在 $O$ 点处，农业区从 $-f$ 至 $f$（$f$ 表示农业部门分布界线），$p^A \equiv p^A(O)$ 表示农产品在城市中心的价格，由于农产品运输成本的存在，农产品价格随着远离市中心而降低，$p^A(r) = P^A e^{-\tau^A |r|}$。$w^A(r)$ 为地点 $r$ 的农业劳动力的工资率，$c^A$ 为单位劳动力投入，农业部门和工业部门都可获得收入，若中心城市有 $L^M$ 个制造业工人，则中心城市收入为工人的总工资 $w^M L^M$，其他地区收入为农产品的价格 $p^A(r)$。在农产品市场出清与农民和工人的实际工资相等这两个条件的共同作用下，均衡产生了（图 4-19）。

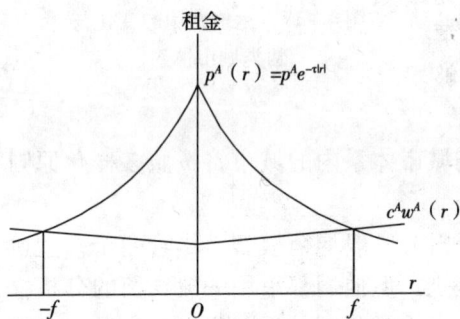

图 4-18 单中心空间结构

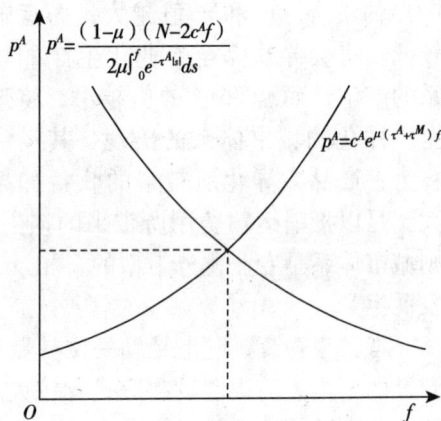

图 4-19 $p^A$ 与 $f$ 均衡值的决定

藤田从对单一中心经济体的分析中引入市场潜能函数的概念，$\Omega(r) = \dfrac{\omega^M(r)^\sigma}{\omega^A(r)^\sigma}$，其中 $\omega^A(r)$ 是各地农民的实际工资，$\omega^M(r)$ 是在任何一个区位 $r$（$-f < r < f$）上，零利润厂商能支付给工人的最大实际工资，因为 $\omega^A(r) = \omega^M(0)$，则城市中的市场潜能值为 1，$\Omega(r) \leq 1$（$-f < r < f$）是单一中心城市保持稳定的必要条件。某一地区的市场潜能可以通过制造业的价格指数和收入的空间分布计算出。藤田等学者通过假设除了人口规模外的其他所有参数保持不变，得出不同人

口规模的市场潜能。从图4-20中可以看出城市的市场潜能 $\Omega$ (0)=1, 随着与城市距离的增加,市场潜力函数曲线先降后升,这一方面是由于城市的前后向联系,制造业选址有接近城市中心的趋势;另一方面,离城市较远的地方由于距离的存在使得厂商避免了与其他厂商的激烈竞争,这驱使厂商远离中心城市。从图4-20中还可以看出,只要 $N$ (人口规模)足够小,城市外所有区位的潜能值都小于1,单中心结构能够稳定存在。但是随着人口的增加使得市场潜力曲线上移,在 $N=4.36$ 处,市场潜力曲线首次在城市以外达到1,藤田将该点称为制造业部门的临界距离(Critical Distance), $N$ 为人口的临界值(Critical Population)。此时,单中心结构被破坏,新城市开始出现。

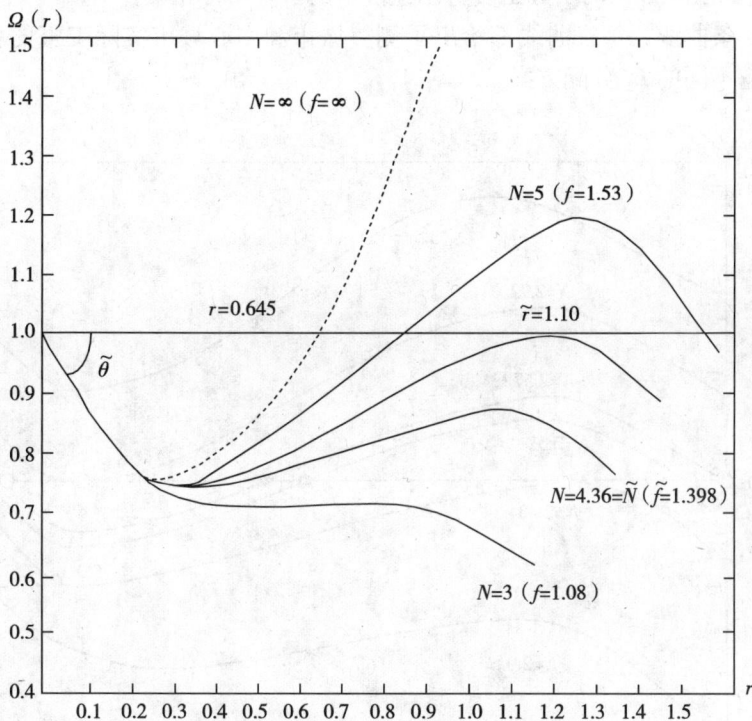

图4-20 不同 $N$ 值下的单一中心潜能曲线

当单中心结构被打破,新城市将出现在原有中心城市的两翼,而整个经济系统由单中心结构的均衡转向"三核心"结构的均衡。藤田假设如果在此过程中原有人口规模固定,则整个经济系统的稳定主要依靠城市间的劳动力动态调整来维持,设 $L_1$ 和 $w_1$ 分别为原来单中心城市的人口和实际工资, $L_2$ 和 $w_2$ 为两个侧翼城市的人口和工人的实际工资,整个经济系统中的人口规模为 $N$ ,经济系统的动态过程为:

$$L_1 = L_1\ (w_1 - \overline{w}),\ L_2 = L_2\ (w_2 - \overline{w})$$

其中：$\overline{w} = \dfrac{(L_1 w_1 + 2L_2 w_2 + L^A w^A)}{N}$，$L^A = N - L_1 - 2L_2$

藤田利用价格指数、工资方程和实际工资方程求出相关 $w_1$、$w_2$、$w^A$（农业工人实际工资），由于无法求出模型的解，藤田等学者依然对其做数值模拟分析。图 4-21 中纵轴为 $w_2 / w_1$，表示为两城市的工人实际工资比；横轴表示侧翼城市的制造业工人在整个地区中所占的份额 $\lambda_2 \equiv 2L_2 / (L_1 + 2L_2)$，图 4-21 中给出了 6 条模拟曲线，其中每条曲线所对应的 $N$ 值都不相同。该过程的数值模拟是先将一定数量的工人 $L_2$ 分配给两个侧翼城市，然后调整 $L_1$ 和农业工人的数量，直到农业部门的实际工资等于经济中的平均实际工资——$w^A = \overline{w}$。图 4-21 中的 6 条曲线，每条曲线都给出了侧翼城市和中心城市实际工资的相对值，$\lambda_2$ 则对应不同的 $L_2$ 分配方案。

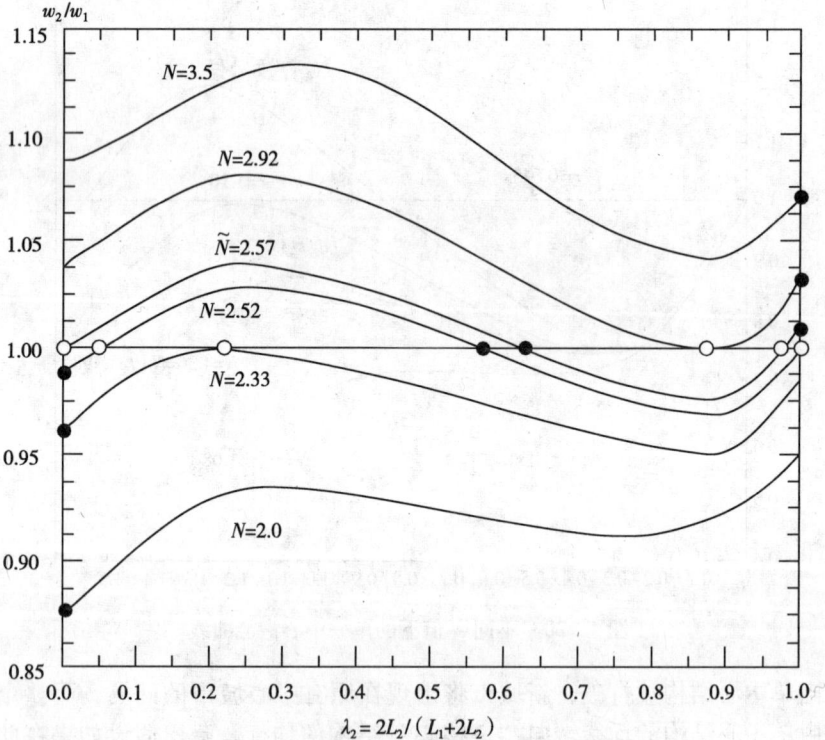

图 4-21　维持 $w^A = \overline{w}$ 的 $w_2 / w_1$ 曲线

图中可以看出，当 $w_2 / w_1 = 1$，经济体将长期处于均衡状态；

当 $w_2/w_1 > 1$，$L_2$ 和 $\lambda_2$ 均递增；

当 $w_2/w_1 < 1$，$L_2$ 和 $\lambda_2$ 均递减。

不同的人口规模产生不同的均衡状态，上图中稳定均衡用实心黑点表示，不稳定均衡用空心点表示。当人口规模参数 $N = 2.0$ 时，经济体存在惟一的均衡，侧翼城市没有制造业工人（$\lambda_2 = 0$），因为 $\lambda_2$ 和 $L_2$ 从 0 开始的增长都会导致 $w_2/w_1 < 1$，$\lambda_2$ 回归到 0，单中心结构是稳定的。当 $N = 2.33$ 时，新的均衡开始出现，侧翼城市有了工人（$\lambda_2 = 0.26$）；$N$ 的值比 2.33 略大一点时，将出现 3 个均衡点（$\lambda_2 = 0$ 以及比 0.26 略大和略小的两个 $\lambda_2$ 值），但中间的一个均衡是不稳定的，此时经济体出现三中心城市体系的雏形，但单中心结构仍保持稳定的均衡。随着人口的进一步增加，$N \geqslant 2.52$ 时，出现两个均衡点，其中一个是稳定的，此时所有的制造业都集中到侧翼城市。

当人口规模达到临界值 $N = 2.57$ 时，原有的单中心结构不再均衡，此时尽管单中心结构（$\lambda_2 = 0$）依然满足 $w_2/w_1 = 1$，但 $w_2/w_1$ 随着 $\lambda_2$ 的增长而增长，中心城市中厂商和工人向侧翼城市的迁移将有利可图，其最终结果是形成三核心结构。当人口规模参数处于 $2.57 < N < 2.92$ 时，存在三个均衡，其中有两个均衡是稳定的，一个均衡状态是三个城市并存，另一个均衡状态是只存在侧翼城市（$\lambda_2 = 1$）。当 $N > 2.92$ 时，存在惟一的均衡，整个经济体中只有两个侧翼城市，中心城市消失。

为了更好地说明不同人口规模时的均衡状态，藤田利用三城市体系的叉形图总结以上结论（图 4 – 22）。叉形图中横轴表示人口总数 $N$，纵轴表示侧翼城市的制造业工人在整个地区中所占的份额 $\lambda_2 = 2L_2 / (L_1 + 2L_2)$，实线代表稳定均衡，虚线表示不稳定均衡。当 $N$ 值较低时，单中心的结构是惟一稳定的均衡；当 $N$ 值不断增加，三城市的结构将成为稳定的均衡，在初始参数给定的基础上，当人口规模达到 $N = 2.92$ 时，三城市共存的结构无法维持，双中心的结构出现。

（二）藤田昌久的城市体系模型

以上对单核心结构演化为多核心城市结构的分析是建立在每个城市只生产一种商品基础上的，因此城市规模最终趋向一致，藤田基于上述的基本模型框架，考察了 1830 ~ 1870 年间美国城市体系演化过程，以具有不同制造业部门的经济系统如何演化为等级系统特征的城市体系为考察重点，建构相关模型。该模型的基本框架与单中心结构模型类似，将原有单一制造业拓展为 $H$ 个行业，每个行业生产隶属于本行业的差别化产品，则消费者的效用函数为：$U = A^{\mu^A} \prod\limits_{h=1}^{H} (M^h)^{\mu^h}$，$\mu^A + \sum\limits_h \mu^h = 1$。

其中 $\mu^h$ 表示行业 $h$ 在消费中所占份额，$M^h$ 表示行业 $h$ 的总产出，尽管不

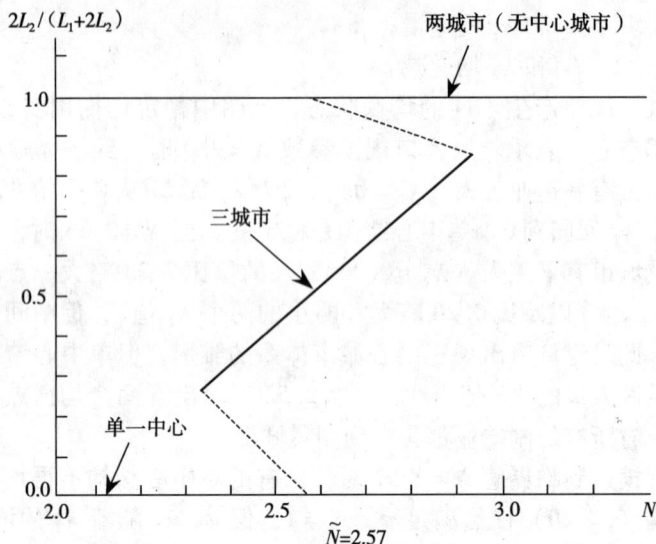

图 4 - 22　三城市体系的叉形图

同行业的函数表达形式一致，但各个行业的替代弹性、运输成本和在消费总支出中所占的份额是不同的。与上节中的模型均衡分析类似，利用价格指数方程、收入表达式、工资方程和市场潜力函数，可以建立均衡。藤田同样引入地区 $r$ 处的行业 $h$ 的市场潜力函数的概念：$\Omega^h(r) \equiv \dfrac{[w^h(r)]^{\sigma^h}}{[w^A]^{\sigma^h}}$，对于行业（$h = 1, 2, \cdots, H$），在地区 $r$ 处，如果 $\Omega^h(r) \leqslant 1$，则均衡保持稳定，如果某行业 $h$ 在新的地区 $r = \tilde{r}^h$ 处有 $\Omega^h(\tilde{r}^h) = 1$，则新的城市将出现在 $\tilde{r}^h$ 处。

对于单中心结构而言，多种产业的出现意味着必须对整个制造业和单个行业加以区分，假设 $\mu^M$ 为总的制造业消费份额，$\tilde{\tau}^M$ 为根据消费额加权的平均工业品的交易成本：$\mu^M = \sum\limits_{h=1}^{H} \mu^h = 1 - \mu^A$，$\tilde{\tau}^M = \dfrac{1}{\mu^M} \sum\limits_{h} \mu^h \tau^h$。在单中心结构中，所有制造业生产都集中在中心城市，该区位的收入占经济体总收入的比例为 $\mu^M$；如果不同行业的运输成本存在差异，由于农产品的运输成本和不同制成品的贸易成本的差异，地区 $r$ 处的生活费用指数与城市生活费用指数会有不同。每一种产业的市场潜力函数为：$\Omega^h(r) = e^{\sigma^h[(1-\mu^M)\tau^A - \mu^M \tilde{\tau}^M]r} \left[ \left(\dfrac{1+\mu^M}{2}\right) e^{-(\sigma^h-1)\tau^h_r} + \psi^h(r,f) \left(\dfrac{1+\mu^M}{2}\right) e^{(\sigma^h-1)\tau^h_r} \right]$，

其中 $\psi^h(r, f) = 1 - \dfrac{\int_0^r e^{-\tau^A_s}[1 - e^{-2(\sigma^h-1)\tau^h(r-s)}]ds}{\int_0^f e^{-\tau^A_s}ds}$，由于产业间存在差异，因此产品的替代弹性和运输成本分别表示为 $\sigma^h$ 和 $\tau^h$，因为支出份额 $\mu^M$ 没有具体至

某一行业，因此不存在区别。为了考察不同行业的市场潜力，藤田又建立了单个行业的极限市场潜力函数（the limiting potential function）：$\overline{\Omega}^h(r) = K^h e^{\sigma^h[\rho^h(\tau^A+\tau^h)-\mu^M(\tau^A+\widetilde{\tau}^M)]r} + (1-K^h)e^{-\sigma^h[(1-\mu^M)\rho^h\tau^h-\Omega_*^h(0)/\sigma^h]r}$。极限市场潜力函数的变化趋势是由表达式的前半部分的指数项所决定的，如果第一项中的指数为负，当 $r>0$ 时，$\overline{\Omega}^h(r)$ 随 $r$ 的增加而减少，若所有的行业均满足该条件，则单中心结构是稳定的。但如果某一行业的指数为正，当 $N$ 值增加到一定程度时，单中心体系必然被打破。藤田认为当某一产业的潜能曲线在一个新的区位（$r\neq0$）达到 1 时，新的城市就会产生。一般认为，如果行业拥有较高的替代弹性或较高的运输成本，则最先从原有城市迁出。藤田、克鲁格曼等证明，假设产业按等级排序，随着单一核心经济体人口规模的不断增加，等级较低的产业潜能函数曲线可能会比较高等级产业的潜能曲线先达到 1，即首先迁出城市。图 4 – 23 显示了 $\rho^h$ 对"临界市场潜力曲线"即 $\Omega^h(r, \widetilde{N}^h)$ 形状的影响（藤田认为 $\tau^h$ 的影响在本质上与 $\rho^h$ 是一致的）。图中三条假想曲线：（$\rho^1=0.9$）>（$\rho^2=0.75$）>（$\rho^3=0.2$），这表明行业 3 是等级最高的行业，而行业 1 的等级最低。其他参数值分别为：$\mu^A=0.5$，$\mu^1=\mu^2=0.1$，$\mu^3=0.3$，$\tau^A=0.8$，$\tau^h=1$，对于所有的 $h$ 成立，$c^A=0.5$。由此描绘出三条临界曲线，并得出相关临界值：

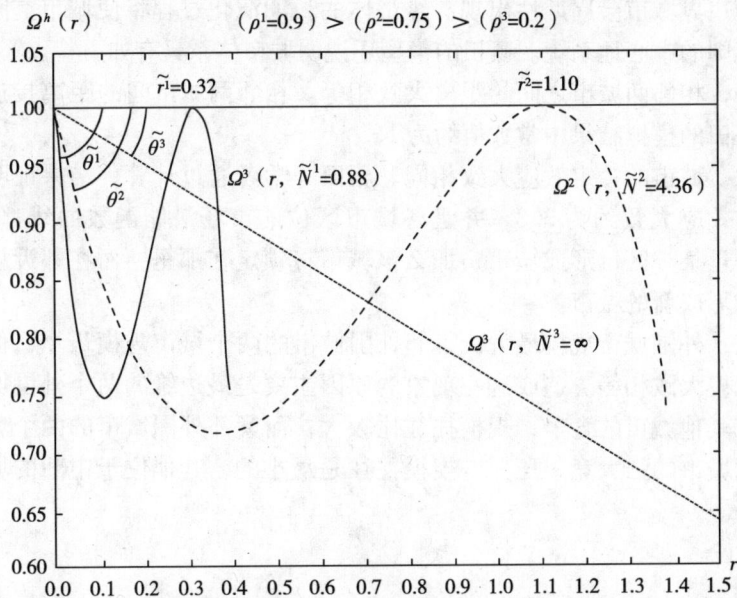

图 4 – 23　单中心体系中的临界市场潜力曲线

$$\widetilde{N}^1 = 0.88 < \widetilde{N}^2 = 4.36, \ \widetilde{f}^1 = 0.4 < \widetilde{f}^2 = 1.4$$

$$\widetilde{r}^1 = 0.32 < \widetilde{r}^2 = 1.1, \ \text{且} \ \widetilde{\theta}_1 = 5.5 > \widetilde{\theta}_2 = 1.9 > \widetilde{\theta}_3 = 0.25$$

模拟结果表明，在经济体中人口达到最小的临界值（$\widetilde{N}^1 = 0.88$）时，行业
1 的临界市场潜力曲线会在最小的临界点 $\widetilde{r}^1 = 0.32$ 处率先达到 1。

正是由于包含许多不同等级行业的经济体的增长，才直接导致了城市体系
的形成。基于上述分析，藤田假设经济体中有三个制造行业（$h = 1, 2, 3$），
如前所述行业 3 等级最高、行业 2 次之、行业 1 等级最低，其他参数值不变，
经济体人口规模 $N(t)$ 随时间的推移逐渐增加，模拟了人口 $N(t)$ 从 $\widetilde{N}^1 =$
0.88 增长到 9.79 时所形成城市等级体系演化的过程（图 4 - 24）。

从图 4 - 24 可以看出，整个城市体系有三种可能的城市类型：最高等级的
城市包括三个行业，中间等级的城市包括行业 1 和行业 2，最低等级城市只包括
行业 1（参数值的选取将使得行业 3 决不会离开最初的中心城市）。对于给定的
人口数值 $N(t)$，藤田模拟了相应的空间结构（注意：由于结构对称，图 4 - 24
只给出右边的结构）。当人口 $N(t) = 5.38$ 时，均衡的空间体系包括：一个坐
落在 $r = 0$ 处的惟一最高等级的中心城市；一个坐落于 $r = 1.37$ 处的中级城市以
及四个分别坐落于 $r = 0.49$，$r = 0.65$，$r = 0.98$ 以及 $r = 1.70$ 的最低等级城市。

模拟的演化过程表明，随着人口规模的不断增长，在现有的城市体系中，
成对的新边界城市会周期性出现。经济体的长期演化过程将使城市空间趋向一
个高度规则的中心地系统。藤田的模型还说明城市体系具有如下特点：

第一，相邻两城市之间的距离大致相等。相邻两城市间的距离接近某一常
数，在藤田的模拟结果中常数值约为 1。

第二，城市的锁定效应大致相同。藤田等学者通过计算，结果证明每个城
市的锁定效应大致约为 3.8，并且各城市区位的市场潜能函数曲线都很陡峭，
这说明一旦某一区位形成城市，那么该城市将锁定在那里，而在邻近该城市的
区位不能形成新的城市。

第三，外围城市规模最大，紧邻外围城市的两个城市规模最小，位于中间
的城市规模大致相等。造成这一现象的原因主要是最边缘的两个外围城市由于
外侧没有其他城市的竞争，规模往往比较大；而紧邻外围城市的两个城市由于
受到周围城市的强大竞争压力，规模往往是最小的，其他位于中间的城市规模
大体相等。

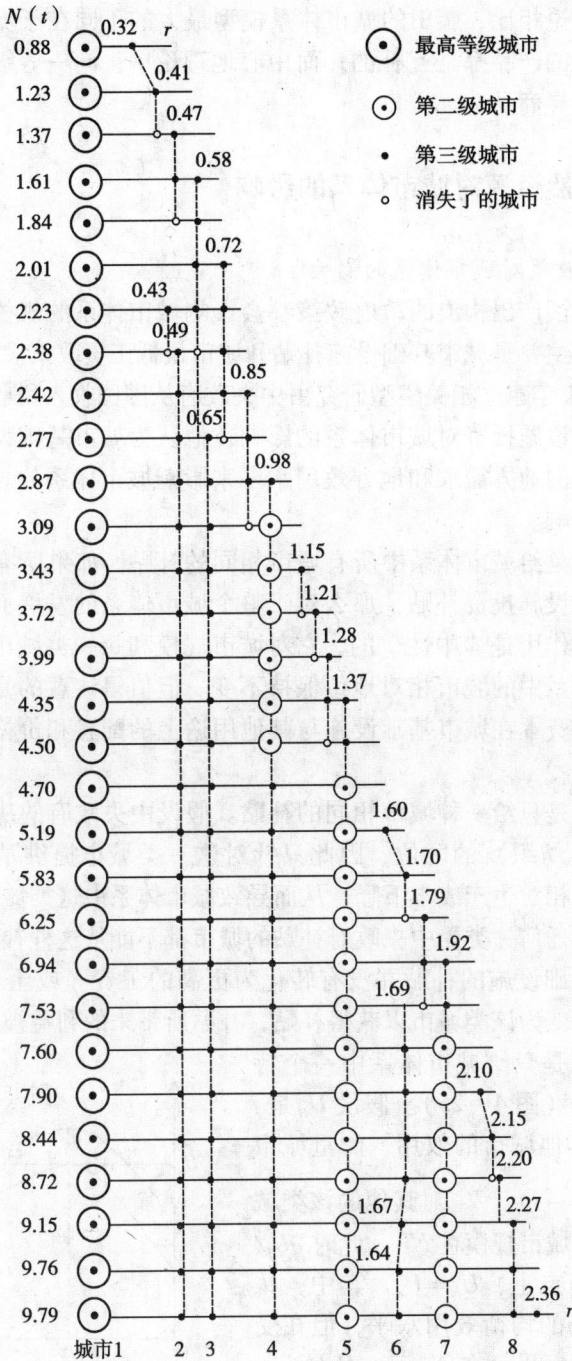

图 4-24 藤田城市体系模型的演化过程

与中心地理论相比，藤田的城市体系模型最大的不同在于城市体系中的每一个城市所生产的产品都是互补的；而中心地理论中，同一等级的城市生产的都是同一种无差异商品。

## 三、政府或自然资源对城市体系的影响

### （一）政府政策对城市体系的影响

任何影响全国产出构成的政府政策都会影响城市体系的规模分布，其中影响力最大的政策主要是城市基础设施补贴和城市最低工资政策。

亨德森1982年建立相关模型研究由中央政府从国民收入税收中得来的收益来补贴城市基础设施投资对城市体系的影响，他认为城市基础设施补贴是通过对基础设施投资的地方需求和地方效用水平来影响城市体系的。亨德森分三种情况讨论了其影响。

第一种情况是给城市体系中所有城市相同的补贴。如果所有的城市都获得相同比率的基础设施投资补贴，那么对于整个城市体系的发展而言，该补贴在系统中所起到的作用是"中性"的，它对城市规模和每一类城市的相对数量没有影响，城市体系中的城市相对地位保持不变。但值得注意的是，如果城市类别发生变化，则资本在城市基础设施与其他用途上的配置和价格会受到完全不同的影响。

第二种情况是只给一种城市相同的补贴。假设中央政府的决策侧重于某类产品（如钢铁、纺织）的区位，因此只针对这一类城市提供基础设施投资补贴，这类城市的相对生产成本下降，从而导致城市体系中这类城市的数量增加。模型同时指出：任何一类受中央政府补贴的城市都不能从这种补贴中长期获益，因为对于城市基础设施的补贴并没有转化为更高的工资（或土地租金），由于其他城市竞相转变为该类城市以获得补贴，补贴所带来的利益被抵消了。

第三种情况是只给城市体系中一个特定的城市以补贴（图4-25）。假设 $U_j$ 是 $j$ 类城市中任意其他城市的效用，侧重城市的效用 $\hat{U}_j = U_j(1-s)^{-\gamma\beta b}$，对其他的该类城市而言，均衡的城市规模在 $N_j^*$，此时 $\partial U_j/\partial N_j = 0$。在均衡点上，$U_j = U_e$，其中，$U_e$ 是全国劳动市场的均衡效用水平，但在受到重视的城市中，尽管在 $N_j^*$ 上 $\partial U_j/\partial N_j = 0$，但 $N_j^*$ 点上的 $\hat{U}_j$ 曲线在 $U_j$ 曲线之上。

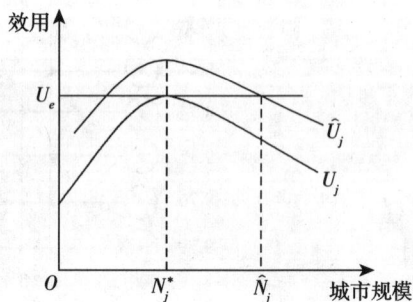

图4-25 城市规模与效用的关系

在没有准入限制的情况下，受到侧重的城市将会城市规模扩展至 $\hat{N}_j$，使得 $\hat{U}_j$ 下降到 $U_e$，此时补贴的影响是将城市体系中的人口吸引到该城市，但同时相应的生活成本增加，城市从补贴中获得的潜在利益随着移民的迁入而抵消。

（二）自然资源对城市体系的影响

由于自然资源对城市体系的影响研究还处于起步阶段，目前研究主要是涉及城市位置的适宜度对城市体系的影响方面。城市位置的适宜度与城市本身的自然资源密切相关，例如宜人的气候条件、海拔高度、淡水资源以及是否为天然港口等等，城市位置一方面对居住在城市的消费者和生产者的生活效用产生潜在影响，另一方面对城市体系中具有极佳区位条件的港口、交通枢纽城市的发展产生极大的影响。

不同的城市地理区位具有影响消费者和生产者的不同适宜禀赋，厄普顿（1981）假设消费者的适宜度可由一个属性向量表示，经由函数关系，这些属性决定了效用函数中流动项 $E$ 的值。$E$ 值会随城市位置所拥有的气候、户外消遣的机会等条件的差异而变化。与此同时，生产者的适宜度也会影响每一类城市的流动项 $A_j$ 的值，生产者的适宜度影响因素包括天然港口、气候、海拔等等，这些因素对流动项 $A_j$ 值的影响会随生产出的商品 $X_j$ 种类的不同而发生相应的变化。厄普顿将自然资源对城市体系的影响分析纳入均衡分析的框架下，假设所有可能的城市位置都具有不同的适宜度向量，适宜度向量提高了 $E$ 和 $A_j$ 的值，而 $E$ 和 $A_j$ 值提高了对一个给定的城市规模的潜在效用。因此，城市体系中的城市由于处在不同自然条件的位置上，则它们将具有不同的效用轨迹（图4–26），处于自然条件较好区位的城市会有较高的效用轨迹，所以当没有进入限制的政策时，城市体系中具备较好适宜度向量和较高效用曲线的城市，即具备较好自然资源的城市的规模将会比较大。可是由于处于较好位置的城市将不断扩张，从而使城市生活成本不断提高，这些城市的效用水平将逐渐降低，此时较好适宜度所带来的好处消失殆尽。

藤田考察了许多城市体系中的城市分布区位，尽管城市分布具有较大的随机性，但现实世界中大城市都得益于特殊的自然条件，如优良的海港、便捷的水路条件等，他由此建立了较为简单的模型来分析港口和交通中心城市的成长过程。模型的假设线状的经济体，如图4–26所示在 $O$ 点有一城市，$b$ 点是一分支点，在经济体的北部和东部支线上有延伸至 $S$ 的潜在农业区，从 $S$ 到 $O$ 点的距离都相等（$2b > S$）。在这样的假设条件下，如果有一工厂从当前城市中迁出，向东移动，此时产品运输到西侧农民处的运输成本逐渐上升，而运送至东侧农民处（包括两条支线）的运输成本逐渐降低。但如果该工厂越过 $b$ 点后沿着任意两条支线布局，则将产品运至另一支线农民处的运输成本将增加，因此，

在分支点 $b$ 的运输成本最低。假定 $s$ 不与 $b$ 重合，则总运输成本可以表示为：$TC = \tau d\left[\dfrac{s^2}{4} + \dfrac{(S-s)^2}{2} + (S-b)\left(\,|\,b-s\,|\, + \dfrac{S-b}{2}\right)\right]$，式中 $\tau$ 为单位产品的单位距离运输成本，$d$ 为分布密度，从 $S$ 到分支点的平均距离为 $(S-b)/2$，工厂离分支点的距离为 $|\,b-s\,|$（$s$ 所表示的是新工厂的区位）。对上式求导得：

当 $s < b$ 时，$\qquad \dfrac{\partial TC}{\partial s} = \tau d\left(\dfrac{3s}{2} + b - 2S\right)$ ①

当 $s > b$ 时，$\qquad \dfrac{\partial TC}{\partial s} = \tau d\left(\dfrac{3s}{2} - b\right)$ ②

考察求导结果，第一，①式的值小于②式，因此分支点是在线状经济体中运输成本最小化的点；第二，②式的值为正，表明若将工厂建立在分支点的右侧，不能获得最小化运输成本。由此可以看出在分支点上易形成城市。在现实的城市体系中，许多城市区位往往处于河流、道路的分支点和交汇点上，因此这些区位的城市往往形成较早，规模也较大。

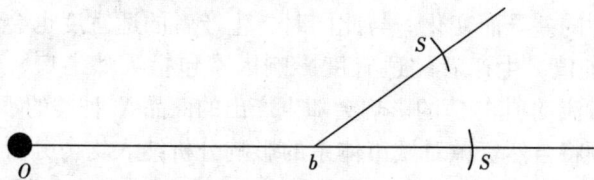

图 4-26　港口和枢纽城市区位

# 5

## 第五章
## 城市的增长

本章主要探讨城市增长的相关内容，首先从城市增长的概念出发，随着人类社会的发展，城市增长已经不再局限于经济增长，其内涵与外延极大丰富。而后着重从城市劳动力和城市公共政策两大方面考察了其对城市增长的影响，最后回顾并评述了相关城市增长的理论。

# 第一节　城市经济增长的概念及其发展

## 一、城市经济增长

在中国古代"城"与"市"的概念是相互独立的。"城"最初是一种大规模永久性的防御设施，主要用于战争中的防御的据点。"市"是商品交易的场所。随着经济、社会的不断发展，"城"与"市"的功能逐渐统一，"城市"的概念出现。尽管目前世界各个国家划分城市的标准各不相同，但城市作为一定地域空间中经济、社会和生态的统一体的地位和所发挥的作用是一致的。城市作为现代社会中的一个经济实体，经济增长不仅是其发展中的主要内容，同时也是理解和把握城市经济的最佳切入点，正如 J·雅各布斯（J. Jacobs）所言"城市是从自身的经济系统内持续产生经济增长的聚居地。"

城市经济增长是城市经济动态演化的过程，是城市经济作为一个系统的整体规模、数量的扩张与质量的提高。城市经济增长的主要内容包括城市创造价值的不断增长——城市经济部门所创造生产总值和人均生产总值持续增长；城市物质财富的不断增长——城市生产的最终产品、劳务以及城市积累的各种有形、无形资产持续增长；城市人口的增长——城市人口数量和质量提高。

由于城市经济增长隶属于一般经济增长，因此城市经济增长的本质与一般经济增长一致，即追求发展城市生产力。城市生产力的提高是城市经济增长的基础，城市经济规模的扩张、城市产业结构的升级与提高、城市经济功能的强化直接依赖于城市生产力的提高。城市经济增长同时也促进城市生产力的提高。

研究考察城市经济增长主要采用国民收入（尤其是人均国民收入）和就业量这两个主要指标。国民收入作为一般经济增长中最基本的测度指标，同样适用于城市经济研究，只不过国民收入被限定为某一特定城市的国民收入状况，国民收入总额（Total Income）与人均国民收入（Per Capita Income）均适合测度城市经济增长，但人均国民收入能够更为准确、客观地揭示城市经济增长。就业量（Employment）指标的选取是用一个城市经济系统中的就业量来代表该城市的经济规模，城市就业量指标实际上是一系列的指标，总就业量是城市各部门就业量的总和。之所以将城市就业量作为城市经济增长的测度指标是因为城市就业量与城市人口和城市经济规模之间存在稳定的对应关系。

## 二、增长与发展

随着社会经济的进一步发展，20世纪中期很多国家使用人均国内生产总值（GDP）的增长作为经济发展的单一评价标准，这使得这些国家出现"有增长而无发展"的现象。西方发展经济学家开始重新审视增长与发展的关系，认为经济的增长不能完全代替经济的发展，这里需要指出，经济增长是指国民生产总值或国民收入的增长；经济发展是包括经济增长在内的，社会其他各种因素的提高。正如斯特里登（Streeten，1994）所言"我们决不应迷失经济发展的最终目的，那就是以人为本，提高他们的生活条件，扩大他们的选择余地……如果在经济增长（通过人均收入来度量）与人类发展（以人的寿命、文化或者成功比如自尊来反映，但不易度量）之间存在着紧密的联系，那么这两者之间的统一是有益的。"

由于城市经济理论源于一般经济理论，因此经济发展的含义同样适用于城市经济发展。城市经济发展的新内涵主要包括以下三个方面：

（1）城市经济发展是城市经济、社会的总体变化，包含经济、非经济两方面的内容。美国经济学家迈克尔·P·托达罗（M. P. Todaro）认为发展应当被视为涉及整个经济和社会制度重新组合和重新定向的多维过程，除了收入和产出的增加，还应包括体制的、社会的和管理上的结构的急剧变化，公民意识以及习惯和信仰的急剧变化。现代城市经济的发展也不是单单停留在追求单纯的经济增长，而是要涵盖城市经济、社会、政治的各个方面，成为城市发展多种因素相互作用共同发展的结果。

（2）城市经济发展主要表现为城市居民人均收入的增加和城市经济结构的变化。西方发展经济学家吉利斯（Gillis M.）和帕金斯（Perkins D. H.）指出："经济发展除了人均收入的上升，还意味着经济结构的变化。最重要的两个结构变化是工业在国民产值中所占份额的上升（农业份额下降）和生活在城市（而不是在乡村）的人口比率的增加。"钱纳里也认为经济发展可以视为维持经济持续增长所需要的经济结构的一系列相互关系的变化。城市经济的发展同样由这两方面所表现，尤其是城市经济结构的不断更新提高是城市居民收入持续增加的源泉和动力。

（3）城市经济发展的首要任务是消除贫困。西方众多经济学者普遍认为消除贫困是经济发展的首要目标，这与城市经济增长所追求的目标大相径庭。城市经济增长往往强调"效率"而不是"公平"，而城市经济发展恰恰弥补了城市经济增长的不足，使得更多的城市居民可支配收入大幅度提高，以获得公平发展的机会。

城市经济增长和城市经济发展是不同的概念，首先，城市经济增长与城市经济发展所提出的阶段不同，最初发展经济学将经济增长看作是经济发展的首要目标，城市经济增长同样片面追求高经济增长率，从而导致了诸多城市问题的产生，如失业、贫困加剧、社会极化等现象，之后经济学家们重新定位经济增长与经济发展的关系，城市经济发展成为当今城市发展的主题。第二，城市经济增长是城市经济发展的前提条件，只有在城市经济持续健康增长的基础上，城市经济发展才能顺利得以展开，城市经济发展也通过一定幅度的城市经济增长得以体现。第三，由于城市经济发展是多种因素相互作用的结果，因此城市经济发展的具体形式和道路在各个国家和地区会因为政治经济、自然资源等因素的差异而出现较大的差异，但其内在本质是相同的，而各国、各地区城市的经济增长往往可以度量，具有可比性。

## 三、精明增长

精明增长（Smart Growth）源于西方国家 20 世纪六七十年代较盛行的增长管理（Growth Management）的概念，是近些年来美国各城市与社区针对城市"蔓延增长"问题所采取的各种城市土地管理和发展引导措施。精明增长产生的背景是美国现有的城市尤其是大城市"蔓延增长"的状况产生许多经济、文化、环境和社会的问题，诸如中心城区或有较长发展历史的郊区因缺少公共投入而导致基础设施破旧、教育设施落后、教学质量差；而新建的城郊社区则面临交通堵塞，空气、水资源污染，公共空间减少的问题。上述问题的出现是相互关联的，为了终结城市郊区的无限蔓延，寻找城市、郊区、小城镇今后发展的最佳模式，精明增长的理念得以提出。

目前对精明增长还没有一个公认的定义，美国明尼苏达州奥斯汀市、得克萨斯州等认为精明增长是有效控制城市和郊区增长形态的手段，在此基础上增进社区凝聚力，促进经济发展，保护生态环境；美国国家郡县联合会、马里兰州和美国国家历史保护基金会认为精明增长是适合大都市区发展的一种方式，它符合经济、社会和环境的要求；美国国家资源保护委员会指出精明增长的特点是"紧凑、适于步行、交通便捷"，它是解决城市郊区蔓延的良药。上述不同机构对精明增长概念的定义有诸多相似性，首先精明增长是一种协调性规划，其内容包括公共投入，提供多种交通运输方式和住房选择，修建绿地以增强城市社区的吸引力，采用混合式开发和填充式相结合的开发模式（填充式开发，即一种在城市或郊区中心地区再开发的模式）。其次，精明增长主张街道和高速公路应服务于行人和自行车，住宅、工作地和商业中心这些交通发生"点"之间位置的选择应以步行距离为原则。

精明增长概念自20世纪90年代提出至今，目标和内涵不断发展完善。从最初的只考虑经济和环境因素，针对城市郊区的无序蔓延制定政策措施，经过逐步发展，其目标扩展到如何建设更好的社区模式，怎样提高社区的生活质量等方面。目前，精明增长更是被扩展应用到整个社会领域，研究如何提高社区的社会公平度，创造更加安全、富有活力和适宜居住的社区等方面。精明增长的实质是通过强调发展"适宜居住城镇"最终解决城市蔓延所带来的各种问题，为了解决放弃原有建成城市的基础设施而在更远的城市郊区重建社区这样的发展模式所带来的巨大浪费，精明增长所提倡的"适宜居住"城镇建设首先强调加大对中心城区或比较旧的郊区的资金建设投入以恢复这些地区的活力；对于新开发的社区，精明增长提倡的开发模式是平衡多种土地使用功能的混合，并配以多种模式的交通系统来为步行、自行车、公共交通等各种出行方式服务。精明增长的具体目标主要有以下6个方面：

（1）邻里可居性：即实现邻里居住的高质量，在满足安全、方便的社区居住条件下，住房和消费并不昂贵。

（2）城市可达性高，机动交通量少：城市蔓延的主要根源在交通，精明增长强调不同功能土地的混合利用，采用集中式的发展并提供多种交通方式以减少交通拥堵、尾气排放污染和利于节能。换言之，精明增长希望通过对工作地、居住地和其他生活服务设施的重新规划发展，使其布局紧凑，以达到根本上减少交通发生量的目的。

（3）城镇和郊区共同繁荣：精明增长首先考虑现有社区的要求，通过对已建成区的引导开发，在交通、学校及其他公共服务设施上投资，使现有居民受益。在精明增长原则指导下原有城镇和新建郊区共同发展。

（4）利益共享：传统的蔓延式增长导致两极分化。收入的分化和种族的隔离必然带来一部分社区繁荣，同时导致另一部分社区衰落，这些居住在衰落社区中的居民缺少就业机会、教育和其他各种公共服务，精明增长所强调的是所有城市居民共同受益。

（5）低费用，低税率：蔓延式增长增加费用。新建郊区社区会增加各种相关费用，包括新建学校、城市基础设施等等，这些费用导致城市居民税收成本增加；蔓延式增长还会使城市居民的出行距离和花费大大增长。精明增长有助于减少上述开支，首先对现有社区的再开发可以充分利用原有的城市基础设施，使开发成本大幅度降低，此外城市便利的公共交通服务的提供，减少了居民对汽车的依赖性，有助于节省交通方面的开支。

（6）维护开敞空间的开敞性：精明增长旨在保护日益减少的自然资源。对已建成区的再开发可以尽量减少对自然环境的进一步破坏，城市居民对公园、森林、绿地的需求越来越多，因此在保护开发的同时还应本着有利于使用的原则，使保护的开敞空间得到充分的利用。

结合美国各州、各地区和相关部门所开展的精明增长运动，精明增长发展的基本原则是以城市交通和土地利用规划为指导，高效地利用城市土地资源和基础设施，倡导可持续、平衡的发展模式，具体原则有：①混合的土地使用，支持城市中心区的发展；②充分利用现有社区资源（设施和资产），通过公共、私人机构的有效合作，最大限度地服务于社区；③在居民工作地点附近提供多种住宅选择，培育以步行为主导的紧凑性社区；④建设具有强烈地方感和吸引力的特色社区，修复和利用历史传统建筑；⑤在城市和边缘地区保护开敞空间、农田、重点环境区；⑥鼓励和倡导现有社区的增长，充分利用现有设施；⑦为居民提供多样化的交通服务，如步行、自行车、公共交通、自驾车等；⑧地区开发决策具有一定的预见性，强调社区发展的公平性；⑨鼓励市民和投资人参与社区开发决策，培育公开、广泛的对话机制更好地满足社区发展的需要；⑩与周边地区的相关规划相协调，更好地解决地区性发展问题；⑪支持新办高质量的教育设施和学校，创造宜居性的社区。

目前对精明增长的实践主要集中在政策制定、资金使用和宣传教育三个方面，三者并不排斥，而是相互联系，相互渗透。政策是各种规定和激励机制的混合体（图 5 - 1）。举例来说，如果房地产开发商获得高密度住宅的开发许可，那么他必须满足一些精明增长的附加条件。每一个地区开展精明增长计划都必须有额外的资金运作支持，资金将运用到城市居民、商人和各种协会上。美国马里兰州（Maryland State）开展一项"就近居住计划"，该计划由雇主、地方政府和州政府共同出资 1000 美金补贴给那些愿意购买、居住靠近其工作地点的住房并居住满 3 年的员工。华盛顿州（Washington State）以立法的形式规定新建城市住宅区必须交纳城市交通发展金。宣传教育的目标主要是社团、个人和各种协会。马里兰州城市发展协会的主要目标人群就是商人、规划从业者、政府公务员和其他方面的专家，协会的宗旨是增强州内传统商业区的活力。在加利福利亚州蒙罗国家公园（Menlo Park）和蒙大拿州海伦娜国家公园（Helena Park）开发中所采用的"远景（Visioning）计划"即恳请当地居民提出自己对地区未来发展的展望和建设性意见。此外，宣传教育还包括改变公众的传统认识，美国国家住房建设从业者协会（The National Association of Home Builders）

呼吁公众为了获得更高效率的土地利用模式，而改变原有的住房消费模式——单个家庭的房屋必须修建在独立的大地块上。

精明增长

```
政策制定        资金利用        宣传教育
```

| 增加相关政策 | 减少相关政策 | 公共服务资金 | 私人服务资金 | 扩大宣传面 | 倡导交通和土地利用协调发展 |
|---|---|---|---|---|---|
| 建筑物、邻里社区建设标准具有宜居性 | 综合土地利用许可制度 | 修建自行车、步行便利设施 | 为选择居住在工作地附近的城市居民提供补贴 | 引导开展社区会议 | 建立专家顾问团针对有争议的问题作出解释 |
| 要求道路具有行人友好的特点 | 撤销停车场站修建的限制性规定 | 提高交通服务和信息化水平 | 提高市区商业中心和旅游中心的吸引力 | 利用网络发布有关精明增长的图示和相关信息 | 建立地方和州层面的代理机构之间的联系 |
| 保持最低密度的要求 | 鼓励人性化设计 | 加强新住宅区与交通站点间的联络 | 减少开发商符合精明增长原则的项目开发费用 | 扩大培育支持精明增长的人群 | 建立区域管理机构行使土地利用和交通发展的权利 |
| 划定城市发展边界 | 允许增加地区保留绿地空间 | 提高高密度区的交通服务水平 | 为房地产商、资本运营商提供良好的舆论环境 | 重新定义美国梦 | |
| 高密度发展区必须紧邻交通站点 | 允许新开发地区街道有不同宽度标准 | | 为市区再开发提供保证 | 增加各种竞争利益团体的对话机会 | |
| | 废除最低土地使用面积的要求 | | | | |
| | 减少开发商对棕色地块开发的限制性政策 | | | | |

图 5－1　精明增长开展的主要方面

由于精明增长提出的时间不久，因此对精明增长还存在诸多的争议，争议主要集中在具体的细节方面。具体争议包括五个方面：①精明增长建立的基础。尽管控制城市蔓延是其主要目标，但诸如为消费者提供更多的选择机会、提供宜居性住宅、减少机动车出行率、减低交通拥堵、提高土地利用和交通规划质量等等目标同时也被提出，这些目标与控制城市蔓延的最初目标之间的关系模糊，造成各地区展开精明增长规划时目标各异。②需要具体的计划落实精明增长。美国很多州都通过相关具体法案和政策推进精明增长的开展，但这些具体规定往往与目前的法律、法规相冲突。③明确各级政府对精明增长的控制权。精明增长的问题涉及到地方、州和联邦各级政策的制定，对管辖权范围的控制主要是为了减少各级政府的冲突和矛盾。④出行和土地利用具体政策发生冲突。首先，高密度发展是否将减少机动车的出行量，很多现有研究表明，高密度区的机动车出行量并没有减少。另一个棘手的问题是：是否具备充足的道路交通容量就会导致额外交通量的发生，美国交通研究机构发现减少出行时间将增加额外出行，但对充足的道路交通容量将导致额外出行的增加之间的关联并不明确。⑤很多精明增长的数据和观点被割裂开来，用于有选择的支持某些特定观点。由于上述做法，使得对精明增长的研究更加混乱，支持精明增长的人一方面运用传统的观点认为城市发展边界制定将有利于政府对城市发展的干预力度，而另一方面又使用新的观念——增进城市交通与土地利用的协调性，用以说明精明增长将会给资本投资者带来好处。

# 第二节　城市劳动力与经济增长

## 一、劳动力需求

在经济学中，常用的生产函数 $Q = f(L, K)$ 表明在技术不变的条件下，企业生产一定量的产品必须有资金和劳动的投入，这充分说明劳动对生产的重要作用，而提供劳动的是人，即劳动力，本节将讨论城市劳动力的需求。

劳动经济学认为劳动力需求与一般的产品需求不同，劳动力需求是一种派生需求，所谓派生需求是指由参与生产的产品需求所引起的需求。如雇主之所以需要雇佣工人，是为了生产、销售产品或提供服务以获得收益，从这点上说，雇主对劳动的需求不是直接需求而是间接需求。由于劳动力需求的派生性，因此对劳动力需求的分析都必须联系生产过程。劳动经济学对劳动力的需求分析主要是针对城市中的企业短期或长期对劳动力需求的研究，正是由于城市是各类企业的集聚地区，因此城市对劳动力的需求建立在众多企业对劳动力的需求之上，城市劳动力需求的分析也将以此为基础。

作为社会经济发展的重点地区，随着经济总量增长和产业结构的不断升级，城市相应地成为现代社会就业机会最集中的区域。城市规模的扩张和城市经济的日益专业化，使得城市对劳动力的需求不断增加；城市内部和城市之间的经济分工，也创造出更多的就业岗位。

根据统计资料，1964～1982年，全国从业人员增长近1.8亿人，其中城镇从业人员增长占37.5%；1982～1990年，全国从业人员增长中，城镇从业人员增长所占比重降至28.0%；进入20世纪90年代以后，这一比重又转为上升，1990～1993年为40.0%，1993～1998年竟陡升至86.1%（表5-1）。

中国从业人员增长的城乡构成变化                           表5-1

| | 1964～1982 | | 1982～1990 | | 1990～1993 | | 1993～1998 | |
|---|---|---|---|---|---|---|---|---|
| | 千万人 | % | 千万人 | % | 千万人 | % | 千万人 | % |
| 净增合计 | 17.6 | 100 | 18.6 | 100 | 2.5 | 100 | 3.6 | 100 |
| 城镇 | 6.6 | 37.5 | 5.2 | 28.0 | 1.0 | 40.0 | 3.1 | 86.1 |
| 农村 | 11.0 | 62.5 | 13.4 | 72.0 | 1.5 | 60.0 | 0.5 | 13.9 |

表5-2中，城镇劳动力需求的增长明显高于农村，而且2001年至2005年是中国经济发展最为迅速的时期，作为经济发展中的重点地区——城市，劳动力的需求增幅显著，由此可见，城市日益成为劳动力需求的热点地区。

2001～2005年中国劳动力供需增长的城乡构成            表5-2

| | 供给增长 | | 需求增长 | |
|---|---|---|---|---|
| | 万人 | % | 万人 | % |
| 净增合计 | 3424 | 100 | 2663 | 100 |
| 城镇 | 4278 | 124.9 | 3925 | 147.4 |
| 农村 | -854 | -24.9 | -1262 | -47.4 |

资料来源：根据国家计委宏观经济研究院课题组《"十五"时期就业形势分析及对策》有关数据整理。

(一) 城市劳动力需求的影响因素

影响城市劳动力需求的因素比较复杂，主要可以归纳为以下几个方面：

（1）城市经济生产规模的大小。城市经济生产规模的大小决定了能够吸收劳动力的多少，即决定了对劳动力需求的数量。显然，城市经济生产规模越大，能够吸收和容纳的劳动力就越多，反之则越小。城市经济生产规模与城市的规模和级别密切相关，比较表5-3和表5-4将会发现，县级市的平均就业人口规模在30余万人，低于地级市的就业人口规模，并且城市的规模与城市劳动力的需求具有较强的正相关性。

中国县级市就业人口规模　　　　　　　　　　表5-3

| | | 1994 | 1995 | 1996 |
|---|---|---|---|---|
| 10万人以下 | 平均就业规模（万人） | 6.2 | 6.2 | 6.4 |
| 10万至50万人 | 平均就业规模（万人） | 27.9 | 28.2 | 28.5 |
| 50万人以上 | 平均就业规模（万人） | 63.9 | 64.1 | 64.6 |
| 全部县级市 | 城市个数（个） | 413 | 427 | 445 |
| | 平均就业规模（万人） | 33.3 | 33.6 | 34.0 |

中国县级以上城市就业人口规模　　　　　　　　表5-4

| | | 1994 | 1995 | 1996 | 1997 | 1998 | 1999 | 2000 |
|---|---|---|---|---|---|---|---|---|
| 10万人以下 | 平均就业规模（万人） | 7.0 | 6.9 | 7.27 | 7.76 | 6.75 | 7.35 | 7.45 |
| 10万至50万人 | 平均就业规模（万人） | 29.3 | 30.0 | 29.4 | 30.2 | 21.8 | 22.3 | 22.1 |
| 50万人以上 | 平均就业规模（万人） | 71.6 | 71.1 | 72.0 | 74.3 | 71.2 | 67.1 | 63.0 |
| 100万人以上 | 平均就业规模（万人） | 189.1 | 188.6 | 193.4 | 205.4 | 208.0 | 203.8 | 198.9 |
| 全部地级以上市 | 城市个数（个） | 622 | 640 | 666 | 668 | 668 | | |
| | 平均就业规模（万人） | 59.8 | 62.1 | 63.1 | 65.3 | 38.1 | 38.7 | 35.6 |

（2）政策制度对城市劳动力需求的影响。在中国传统的计划经济体制下，政府通过计划安排劳动者就业，确定城市企业的招工人数、招工对象、就业岗位等等，整个社会的劳动力资源配置是按行政配置规则进行的，并通过相应的制度保障其实施。城市中的企业只能接受和服从国家劳动计划安排，无法根据企业自身发展的情况决定劳动力需求，也无法根据外部经济环境的变动按效率原则裁减员工，此外我国还一直实行严格的城乡户籍制度及其相关政策，这些制度性因素造成城乡之间、地区之间的劳动力市场分割，就业缺乏竞争机制，限制了劳动力的合理流动，损害了劳动者平等自由的就业权利的实现，破坏了公平的就业环境，阻碍了城市劳动力就业规模的扩大。

在市场经济条件下，城市企业需要何种劳动力、需要多少劳动力都成为企业实现利润最大化目标的自主行为。劳动力需求曲线是一条向右下方倾斜的曲线，工资率越高，劳动力需求量越小，城市企业将按照边际劳动收益与边际劳动成本相等的原则决定企业劳动力的最佳需求。与计划经济体制相比，市场经济体制对城市企业劳动力的配置更为合理高效，从一定程度上促进了城市劳动力需求规模的扩大，推动了城市经济的增长。

（3）城市自身产业结构与所有制构成对劳动力需求的影响。产业结构对城市劳动力需求的影响主要表现在不同的产业将会形成不同的生产技术构成。在社会固定资产总投资不变的情况下，如果城市经济在各产业间投资的分配不同，对劳动力的需求也会产生差异。在投资固定的情况下，劳动密集型产业投资劳动力吸收系数较大，而资产密集型产业投资劳动力吸收系数较小，如重工业部门其生产技术构成比轻工业部门高，比服务性行业更高，因此在相同资金投入的情况下，重工业所能安排的劳动力比轻工业少得多，比服务性行业更少。因此城市自身产业结构的差异将导致城市劳动力需求的差异。

城市企业所有制结构对劳动力需求的影响本质上也是由于生产的技术构成不同而造成的，一般情况下，国有企业吸收一个劳动力所需要的资金要比集体企业多，在我国多种所有制并存的情况下，集体所有制企业可以通过较为灵活的企业运作制度，雇佣成本较低的劳动力，因此集体所有制结构企业吸纳的劳动者较多。城市间由于地区发展和政策差异，导致城市所有制构成产生差异，对城市劳动力的需求产生影响。此外在多种所有制并存的城市中，由于非公有制经济的繁荣发展，开拓了生产资金的供给渠道，资金积累形式多元化，从而扩大了城市吸收和容纳劳动力的能力。

上海 2003 年本地劳动力和外来劳动力就业单位分布（％）　　　表 5-5

| 企业所有制性质 | 国有 | 集体 | 外资 | 私营 | 个体 |
| --- | --- | --- | --- | --- | --- |
| 本地劳动力 | 20.1 | 29.5 | 10 | 19.8 | 2.6 |
| 外来劳动力 |  | 14.3 | 8.9 | 44.2 | 19.5 |

资料来源：根据《2003 年上海外来流动人口调查数据手册》、《上海统计年鉴》有关数据整理。

（4）技术进步对城市劳动力需求的影响。技术进步对城市劳动力需求的影响通过两个方面表现出来：一方面，技术进步引起劳动生产率提高和资本有机构成的提高，这使得安置新增就业人口所需的资金增加，城市企业所能提供的就业岗位呈现减少的趋势。当由科学技术进步所决定的生产技术构成的提高速度等于或大于生产资料积累的提高速度时，扩大再生产就不会产生扩大劳动力的需求。

另一方面，科学技术进步又能促进城市劳动力需求的增加。科学技术的进步使得劳动生产率大幅度提高，等量的劳动可以生产出更多的物质产品，从而为城市扩大再生产提供更多的资金，为扩大劳动力需求奠定雄厚的物质基础。科学技术的进步将促生更多的新型产业，城市社会劳动的领域日益广泛，城市对劳动力的需求随之增长。

事实表明，科技进步、劳动生产率提高所创造出的就业岗位比其所减少的就业岗位要多，在一些部门行业劳动力需求相对或绝对减少的情况下，全社会的劳动力需求呈增加的趋势。城市劳动力需求也将伴随着技术进步而扩大。

(二) 城市劳动力需求的数量与质量

通过上文的分析表明，城市经济的增长极大地依赖于城市劳动力的数量和质量。在城市劳动力数量需求得到充分保证后，城市劳动力的素质就成为城市经济增长不可或缺的重要因素和条件。

英国经济学家 A·P·瑟尔瓦尔通过引入劳动力平均质量系数说明了劳动力素质提高对经济增长的推动作用。该模型将提高后的劳动质量记为 $zL$（其中 $z$ 表示劳动生产率的提高，劳动力素质的提高反映在劳动质量的提高上），此时改进后的柯布道格拉斯生产函数变为：

$$G = TK^{\alpha}(zL)^{\beta}$$

式中 $G$ 为产出水平，$T$ 为总生产率指数，$K$ 为以不变价格计算的资本存量指数，$L$ 为劳动投入指数，$z$ 为劳动力平均质量系数（$z$ 在总量生产函数中，既表示劳动平均质量的提高，也表示由教育和训练所导致的工人的生产率的提高）。由于假定初始劳动力平均质量系数 $z$ 为 1，并且假设 $z$ 是递增的，因此，如果就业劳动力不变，随着劳动力素质的提高，平均劳动生产率提高，投入生产的实际劳动供给将增加；如果投入生产的劳动力数量增加，在劳动力素质提高的同时，实际劳动供给的增长要比劳动力数量增长快得多。那么随着劳动力素质的提高，产出中劳动的贡献份额越来越大，图 5-2(b) 抽象了技术进步的因素，表明了这一过程。

图 5-2(a) 中 $OK$ 为资本投入量，$OL$ 为劳动力平均质量系数，$z$ 为 1 的人力投入，产出水平为等产量线 $G$，资本和人力在等产量线 $G$ 的 $A$ 点的组合比进行生产。假设没有劳动力数量投入的增加，当只有劳动力素质提高($z>1$) 时，实际劳动的投入量为 $OL_1$，产量从 $G$ 增加到 $G_1$。从这一变化过程可以看出，生产中投入的劳动力数量并没有增加，名义劳动力投入仍然为 $OL$，只是因为劳动力素质提高导致了产出水平从 $G$ 上升至 $G_1$；与此同时，劳动力素质的提高也使

得实际劳动与资本的配合比从 $L/K$ 变为 $L_1/K$。

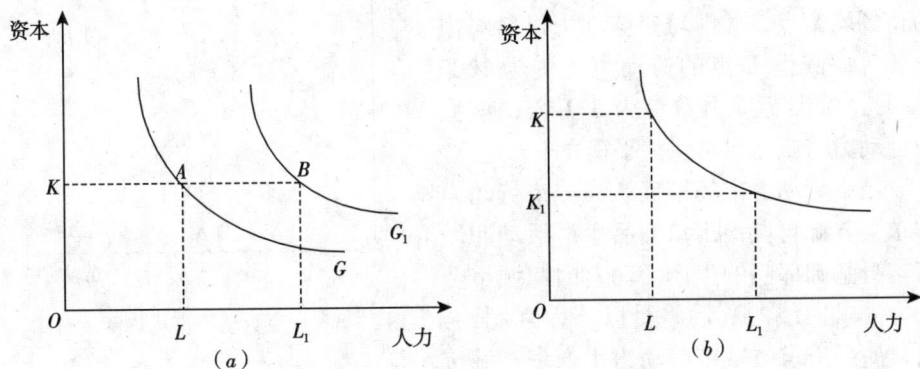

图5-2　人力资本的价值示意图

将 $G = TK^{\alpha}(zL)^{\beta}$ 等式两边分别取对数求导得：$dG/G = dT/T + \alpha (dK/K) + z\beta(dL/L)$，令 $dT/T = t$，$dK/K = k$，$dL/L = l$，则包含劳动力平均质量系数得经济增长模型为：$g = t + \alpha k + z\beta l$。该模型充分说明由于劳动力素质的提高，劳动生产率随之提高，劳动对经济增长的推动作用明显。这种经济增长是劳动力素质提高所导致的，因此称之为劳动力素质主导型经济增长。

综上所述，解决城市劳动力需求的问题可以通过两种基本途径，其一是为城市提供较为充分的自然劳动力投入，其二是加大对城市劳动力资本投资，提高城市劳动力的素质。很明显，在两种基本途径中，后者意味着劳动生产率的提高，如果一味地增加物质资本和劳动力数量上的投入而没有劳动者素质上的保证，城市经济将很难实现经济的有效增长。

## 二、劳动力供需均衡及其变动

从上节的分析可以看出，城市经济的增长与城市劳动力市场密不可分。城市经济的正常运行和持续增长需要完善的城市劳动力市场，城市劳动力市场的供需均衡及其变动影响着城市经济的发展。

一般来说，城市劳动力需求与工资密切相关。当城市劳动力工资上升时，城市对劳动力的需求将下降；反之将上升。城市劳动力需求与工资呈负相关的原因主要是源于替代效应与产出效应。替代效应表现为当城市劳动力工资上升时，资本较之劳动力成本便宜，于是企业将使用资本替代劳动投入，从而对劳动力需求降低。产出效应表现为当城市劳动力工资上升时，城市中各部门企业都因此造成其产品的生产成本上升，从而导致城市商品价格提高，城市部门企

业对产品的需求下降，最终导致对劳动力
需求的下降。图 5-3 中 $E$ 点为城市劳动
力市场均衡点，此时城市劳动力供给与需
求相等，假设 $E$ 点的劳动力工资为 1000
元/月，城市劳动力数量为 5 万人，该城
市劳动力需求与供给保持平衡。

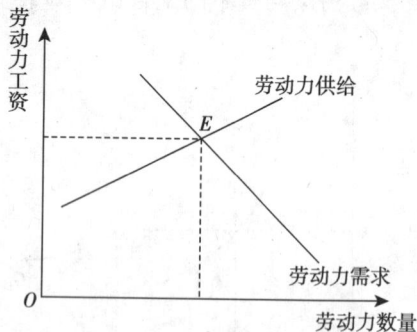

图 5-3　城市劳动力市场均衡示意图

城市劳动力市场模型认为城市劳动力
需求主要源自城市出口商品生产活动和城
市本身基础部门的生产活动，因此城市劳
动力需求曲线的移动将受以下因素制约：
出口商品需求、城市劳动力生产率、城市
税收和公共服务。当出口商品需求增加，城市基础部门为增加产出将提高对城
市劳动力的需求，该直接需求增长通过乘数作用影响到城市的非基础部门，对
非基础部门产品需求的增加直接导致对劳动力的需求；劳动生产率的提高一方
面会降低城市出口商品的价格并导致产品需求量增加，但同时会造成城市企业
减少对劳动力的需求，劳动生产率的影响将最终取决于产品的需求价格弹性，
在弹性足够大时，劳动生产率的提高导致产品价格下降带来的需求增长超过因
劳动生产率提高而减少的劳动力需求时，城市劳动力需求曲线向右移动；城市
税收和公共服务对城市劳动力需求的影响是间接的，城市税收和公共服务直接
影响的是城市企业的生产成本，如果城市税收和公共服务的价格较高，城市企
业的产品成本相应升高，这使得城市出口商品需求降低，从而导致城市劳动力
需求减少，反之当城市税收和公共服务改善时，企业生产成本降低、需求上升，
推动城市劳动力市场曲线右移。

图 5-4 中，$S$ 表示劳动力供给曲线，劳动力需求曲线有 $D_1$、$D_2$、$D_3$ 三
条，$D_1$ 向 $D_2$ 移动表示城市基础部门因出口商品需求的增加而导致的城市劳
动力需求的增加；$D_2$ 向 $D_3$ 的移动则表示由于城市基础部门劳动力需求增长
通过乘数作用影响到城市非基础部门对劳动力需求的增加。在城市劳动力工
资保持不变的情况下，城市的劳动力需求量由 $S_1$ 增长至 $S_3$。实际上，城市对
劳动力的需求增加将导致劳动力工资的上升，城市劳动力实际供需均衡点由
$A$ 移至 $B$ 点，劳动力工资也由 $P_1$ 上升至 $P^*$，实际城市劳动力需求量的增长
为 $S^*$ 与 $S_1$ 的差值。

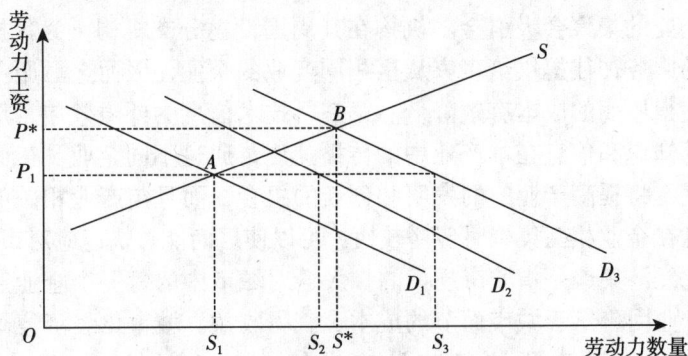

图 5-4 城市劳动力市场均衡及其变动

## 三、城市增长与集聚经济

西方众多城市经济理论均表明，城市发展的主要动力源自城市经济的集聚效应（Agglomeration），而城市空间集聚效应的重要内容之一便是城市劳动力市场的规模与整合。具有一定规模和数量的城市劳动力市场不仅对城市企业有利，而且有利于就业者本身。对企业而言，具有一定规模的城市劳动力市场有利于企业雇佣到企业生产所需的劳动力；对于就业者而言，在较大规模的城市劳动力市场中他们更容易找到适合的工作。城市集聚导致较高的就业密度，由此人与人面对面交往的机会大大增加，这样的交往方式是使得商业、科学技术、文化等领域的交流与合作成为可能，而且大大增加了发明创造的机会，有利于新技术、新发明的推广传播。城市发展的经验说明，规模较大的城市在拥有有效的统一的劳动力市场时，其城市的劳动生产率高于小城市，这主要是由城市劳动力市场规模递增导致的，即每增加一个劳动力所带来的边际效应是递增的。

集聚经济的形式主要有地方化经济集聚（Localization Agglomeration）和城市化经济集聚（Urbanization Agglomeration）。

地方化经济集聚是指同一产业的厂商由于"集聚"造成企业生产成本降低，从而集聚在一起的现象。产生地方化经济集聚的原因主要有以下三点：第一，劳动力市场共享。当一个地区某个产业的厂商都雇佣类似技能的工人时，就会出现一个较为熟练的劳动力市场，这提高了劳动力市场的效率。对于集聚的厂商来说，不仅降低了寻找合适劳动力的搜寻成本，而且由于企业空间集聚所产生的劳动力需求避免了单个企业劳动力需求的波动。第二，中间投入品产生的规模经济。对于一般企业而言，除了基本的原材料投入外，企业经营时所需的其他中间品（如商业服务等）的提供往往也具有规模经济的特点。例如：一定数量企业的集聚会吸引金融机构在其周围设立分支机构，为其提供金融服务，这样的服务往往提供给多家从事相同产业的企业，因而金融服务的价格较低，由此使得厂商的成本有效降低。第三，技术信息的外溢效应。厂商集聚在一起加快了知识和信息在本产业中的传播速度，通过不同企业员工间的正式和非正式交流，将提高产业中的发明和创新的机会，而且与产业相关的经营理念和市场信息在企业相互集聚时传播较快，可以使厂商能够快速应对市场变化。

城市化经济集聚是指城市规模的扩大会对城市中的每一个企业产生正外部性，使得企业因坐落于城市而节约成本，获得收益。城市化经济集聚产生的原因有：首先，在城市公共基础设施供给上，克拉克（C. Clark）和西什（W. Z. Hirsch）的研究显示，在城市规模扩大时，城市为居民提供服务设施所花费的成本先下降，而后上升，呈 U 形，该曲线达到最低点时的居民数量即为最佳的城市规模（图 5-5）。如果兼顾城市社会成本和收益两方面因素，则最佳城市规模将位于收益与成本之间差额的最大处，此时边际成本等于边际收益（图 5-6）。上述对最佳城市规模的研究表明，最佳城市规模通常是在有较大居民数量的条件下才能实现的，这恰好从一个方面解释了城市化经济集聚的原因。集聚规模经济使城市经济活动的每单位产出分担较低的基础设施费用，这方面的成本节约将最终使消费者收益。第二，规模较大的城市与小城市相比具备广泛而多样的专门化服务，这些提供专门化服务的企业将为需要此类服务的各类厂商提供该服务，从而降低生产成本。例如：城市机场、港口、铁路等交通设施为城市各类产业提供运输服务，随着城市规模的扩大，交通服务的门类和质量不断提高，对城市内厂商的外部性也越大。第三，城市规模的扩大、城市经济的集聚将提供更多的就业机会、更好的公共基础设施和更为丰富的文化生活，由此吸引大量各类人才迁入城市，人与人之间的交流使得创新活动成为可能，城市范围内的知识外溢对城市厂商生产和经营活动的推动作用明显。

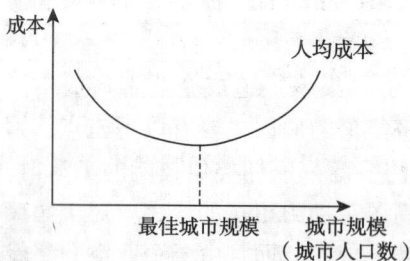

图 5-5　只考虑成本的城市最佳规模

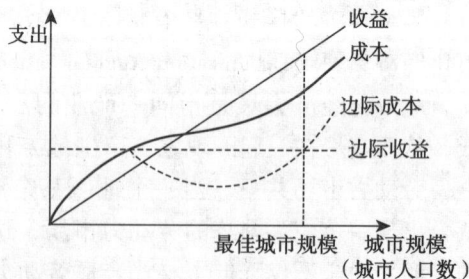

图 5-6　考虑收益的城市最佳规模

# 第三节　城市公共政策与经济增长

随着城市经济的日益发展，仅仅依靠市场机制自身的调节促进城市经济的增长将导致市场失灵，市场失灵是指由于内在功能和外部条件的缺陷所引起的市场机制在资源配置的某些领域运作的低效率或无效率，因此恰当的城市公共政策的制定和实施将有助于解决市场失灵，促进城市经济的健康发展。

引发市场失灵的因素主要有以下几点：①不完善市场的缺陷。福利经济学认为福利的标准是帕累托最优状态，而达到帕累托最优的基本条件是，经济处于完全竞争的条件下，存在系列完整的市场，存在完备的信息。现实世界中这些条件不可能完全满足，因此产生市场失灵，从而产生政府政策干预的需求。不完善市场在城市经济中的表现为商品价格信号呆滞，交易不规范，市场结构不合理等等，由此将很难真实反映商品供求变化，误导企业和消费者；抑制城市分工与经济合作，造成资源空间配置的不合理；降低市场交易的效率，增加交易成本，抑制城市经济的进一步发展。②市场很难提供所有需要的城市公共产品。公共产品是指政府为社会提供集体利益的物品和劳务，与私有产品相区别，它们被集体消费时具有非排他性和非竞争性两个显著特点。非排他性是指无法排除他人从公共物品中获益，非竞争性是指消费者的增加并不引起生产成本的增加，如果对公共物品的消费按市场价格分配则管理成本过大，而且很难避免"免费搭车"现象的产生，导致市场不可能自发有效地提供公共产品，因此需要城市政府介入城市公共物品的供应过程。③城市行业垄断。垄断扼杀竞争，使市场机制无法在配置资源的过程中发挥应有的作用，从而阻碍经济要素的流动和配置效率的提高。在城市中，由于建立多个相互竞争的水、电、气企业是不经济的，因此造成这些行业成为自然垄断行业，为了维护城市居民的利益，降低甚至消除自然垄断所产生的垄断利益，城市政府必须借助政策手段对其进行必要的干预和规范。④城市外部效应的产生。城市是各种行业企业的集聚地区，在相互作用的经济单位中，一个经济单位的活动会对其他经济单位产生影响。外部效应有正负之分，外部正效应也称为外部经济，外部负效应称为外部不经济。不论受到正外部性或负外部性影响，企业都没有依据这些影响从其他单位中获得报酬或向其他单位支付赔偿，企业外部收益或损耗都不纳入生产者私人成本，因此造成私人成本和社会成本不一致。在外部不经济的情况下，经济单位为实现自身利益的最大化，往往会采取损害城市社会利益的行为，从而使整个社会利益蒙受损失，如城市企业为节省成本进行污染排放、违反经济合同等现象。这是仅靠市场调节很难克服的。针对市场失灵，城市公共政策所涉及的领域主要有社会经济政策和环境政策两大方面。

# 一、社会经济政策

城市社会经济政策涉及城市社会经济运行的方方面面，很难完全涉及，本节只针对重点方面进行介绍。

## （一）城市社会福利相关政策

社会福利是指为促进人类幸福、疗救社会病态的慈善活动或政府行为。在当今社会，城市政府作为社会福利制度的实施主体，制定相关的城市福利政策保障城市居民生活，意义重大。考察世界各国城市社会福利政策制定和实施的现状发现，大多数城市社会福利政策制定的对象范围日益扩大，发达国家城市社会福利政策的保障范围已达到城市就业人口的90%以上；城市福利政策实施的财政支出在城市政府预算和国民生产总值中的比重日益上升；发达国家城市福利政策完备，形成比较完善的社会福利体系。城市社会福利相关政策涉及城市贫困人口生活保障，城市居民的就业、医疗、养老等方面。以保障城市贫困人口基本生活为目的的城市最低收入政策是较为典型的城市社会福利政策之一，该政策向收入水平低于政府规定的最低收入标准的家庭和个人发放现金或实物，以保障这些城市居民的最基本生活。城市最低收入标准有的国家城市按基本生活必需品的最低需要折算，如美国、英国等国家；有的国家则以法定最低工资为标准确定，如荷兰等国；我国各地城市的最低生活保障标准一般采用城市居民基本生活需求确定。城市最低收入政策的受益人群是城市中长期失业者、从未就业者、养老金过低又无其他收入来源的退休者。我国目前城市最低保障制度的救助对象主要分为无工作单位的对象和有工作单位的对象，有工作单位的对象包括下岗人员中的低收入家庭、企业中的低收入职工家庭和离退休人员家庭，据《1997年社会蓝皮书》统计，无工作单位的对象占中国城市贫困家庭的13%，有工作单位的对象占城市贫困家庭的87%。城市最低保障政策的出台主要是为建立完善的城市保障体系，确保城市社会的稳定，促进社会公平，改善城市居民的心理预期，扩大城市消费需求，促进城市经济持续、快速、健康发展。但是在制定城市福利政策时需要注意以下几点：首先，城市社会福利保障制度水平要与城市经济发展水平相适应，如果城市社会福利政策的制定和实施超过了城市自身经济的承受能力，将不利于城市经济的发展，因此城市社会福利政策的制定和实施要兼顾社会公平和经济效益的原则。第二，城市社会福利保障制度的制定和实施需要有相对统一的管理部门。统一的城市社会福利管理部门有助于具体政策的实施。第三，城市政府应处理好社会保障政策与其他转移支付之间的关系。如在为城市居民提供适度社会保障的同时，为暂时失业的职工提供就业岗位也十分必要，因此城市政府可以根据自身财政状况，加大转移支付的力度，将资金用于对基础性和技能性的教育投入，增强失业职工的市场竞争力，使其尽快就业。

（二）城市经济相关政策

随着城市经济总量的不断增长以及城市在国民经济中的地位不断加强，以城市为主体的经济相关政策的制定和实施将对城市经济的持续增长和宏观经济稳定运行起到了至关重要的作用。在城市经济公共政策中最为主要的内容是城市财政政策。城市财政政策是指城市政府为实现其职能需要而进行的资金筹集与使用所采取的政策措施。

城市财政政策所起到的作用主要表现为以下几个方面：①提高资源的有效配置。合理的城市财政政策将使城市政府通过筹集资金、调节资金的分配方式，引导城市范围内各种资源的流向，促进城市范围内公共和私人领域的合理配置，通过公共物品和服务的适度有效供给，使城市社会福利得以发挥最大化的作用和功能，促进城市经济的持续增长。②有效调节城市分配状况。城市政府通过财产税、个人所得税、奢侈行为税等税收，调节城市居民的收入水平，同时城市政府还通过教育、公共福利等支出手段保障城市低收入阶层居民收入水平。③稳定宏观经济。城市政府应采取积极稳妥的财政政策，通过对城市财政收支规模、财政支出结构的调整，配合中央政府的财政政策，实现国民经济的稳定发展。

城市财政政策主要包括收入政策和支出政策两大方面。

城市财政收入政策由城市税收政策、城市公债制度和城市公共服务收费制度所组成。城市税收是城市财政收入的最主要来源，因此它也成为政府实现经济政策目标的有效手段。根据不同的城市经济发展目标采取不同的税收手段，从而对城市经济发展产生不同影响。例如城市政府为了实现经济增长以及充分就业的城市经济发展目标，在税收上可以实施减税，城市投资者与消费者的利益由于政府的减税而增加，城市投资和消费相应增加，投资带来大量的就业机会，就业率的提高使人们的收入水平大幅度提高，消费能力增强又会进一步刺激城市经济的增长。而城市政府以城市物价稳定为目标，则可以适当提高税收，从而抑制社会的总需求，抑制通货膨胀。城市税收的种类各不相同，美国城市主体税种为财产税，其征收对象为各类财产——动产（有形、无形动产）和不动产（土地和建筑）；英国城市政府的税种只有财产税；澳大利亚城市政府的主要税收来源是财产税和规费；而目前我国城市主体税种有增值税、营业税、城市维护建设税、地方国有企业所得税和房产税等税种。

城市公债是指城市政府依据借贷原则，从社会吸收资金来满足城市公共支出需要的一种收入。城市公债制度所发挥的作用有：①促进城市基础设施建设，为城市经济发展创造必要的条件。城市公债制度的主要目的是为了私人资本无力或不愿兴办的基础设施建设筹集资金，如修建公路、港口等各项工业基础设施，建设学校、社会福利和其他社会公用设施等等。②弥补城市政府财政缺口和赤字。城市政府在合理有效地分配、使用资金，促进城市经济、社会协调发展的同时，不可避免的会遇到资金问题，从发达国家的城市发展经验看，城市财政赤字的主要弥补手段是实施城市政府公债制度。③是对城市经济实施调控的手段之一。城市公债主要是通过对城市区域供求关系的影响，进而影响更大范围的供求关系。由于城市政府举债而快速增加的公共品供给使城市经济运行环境改善，吸引了投资者，增加了总需求。

城市公共服务收费是城市政府向市民提供行政事业性、服务性公共品，并以此向服务对象和使用者收取一定费用的行为。城市公共服务收费主要有以下几类：①行政性收费。以法律为依据，以政府权利为基础的收费形式，如罚款和特许权收费。②规费。城市政府为城市居民提供某种特定服务或实施行政管理所收取的手续费和工本费，如户籍管理费、护照办理费、商标注册费等等。③事业性服务收费。城市在向居民提供教育、卫生、环保、文化设施等城市基础公共品时，向使用者收取较少的费用。由于这些公共品具有明显的外部效应，对其使用适当收费将有助于这些公共品使用效率的提高。

城市财政支出政策的目标既需要保证城市经济的健康增长，同时还需要考虑到整个城市社会福利的最大化，因此城市财政支出政策涉及的领域颇为广泛，从城市基础设施、城市科技事业发展到城市教育以及社会福利和保障。

城市基础设施支出所占比重越来越大，据世界银行的调查，发展中国家基础设施投资占公共投资比重的 40%～60%。合理的城市基础设施支出将起到鼓励城市经济发展的效果，城市基础设施是形成城市集聚的物质基础，城市经济增长是建立在城市物质形态基础上的，通过城市基础设施建设可以调整城市的产业结构配置，对城市经济产生积极影响。城市政府对城市基础设施的支出需要遵循以下原则：首先，城市基础设施配置应与城市自身功能和特点相协调，选择适宜城市发展的基础设施供给模式和布局，如在旅游资源丰富的城市就不需要兴建大量工业性基础设施。其次，合理控制城市基础设施存量与增量的关系，对城市基础设施的投资要以城市长远规划为依据，充分发掘现有基础设施的利用潜力，避免不必要的过度投资。

城市科技的发展对城市及其经济的引领作用越发显著，城市财政支出要将科技和教育支出放到首要位置优先考虑。在加大对城市科技活动资金投入力度的同时，需要注意到以下问题：应科学合理地界定城市政府在科学事业领域的职能范围，城市财政支出的范围应限定在基础性科学研究和应用型研究中的公益性研究事业领域，对于其他的科研活动，应将其推向市场，实现科研成果的商品化，调整城市科研财政支出的结构，加大对基础研究的投入力度。

城市教育功能是城市的主要职能之一，投资教育、培养人才是城市的责任，城市政府对教育的财政支出必然成为城市财政支出的重要组成部分。从教育的产品性质上看，除了基础教育属于纯粹公共品外，大部分教育事业具有准公共品甚至是私人产品的性质，因此城市财政对城市教育的支出应有所选择，城市教育投资的范围应当主要集中在具有公共品和准公共品性质的教育领域，加大对基础教育的投资力度。此外城市政府应该树立教育投资资源化的观念，城市政府的教育投资必然会形成地方性经济资源，较高素质的人力和人才资源对城市经济的发展具有推动作用。

## 二、环境政策

环境是人类赖以生存的载体，是城市发展的前提和基础，但是随着现代城市经济的迅速发展和人口的急速增加，工业化水平不断提高，城市经济的发展和城市环境之间的矛盾日益突出。城市集聚效应有利于人们生产和交往的发展，有利于各种资金、商品和信息的汇集；而同时由于人口的过度集中，城市环境污染日趋严重，严重影响到城市生态环境，制约未来城市的经济发展。为了协调城市经济发展与城市环境的关系，城市政府有必要出台相关政策法规缓解两者之间的矛盾，为城市经济发展和居民生活创造良好的城市环境。

（一）城市环境的定义和基本特点

城市环境是相对城市中企业和居民而言，影响城市生活和生产活动的各种自然和人工的外部条件。城市环境一般包括自然环境和人工环境两部分，城市自然环境有地质、地貌、水文、气候、生物等要素；城市人工环境是由人工建造或因人类活动而形成的物质环境，由生产设施（如厂房、仓储等）、市场设施（如商店、娱乐场所等）、生活设施（如住房、生活服务配套设施等）和基础设施（如城市道路交通设施、供电供水设施等）组成。

由于城市环境既是城市居民生产生活的基础，同时又受到人类活动的影响，因此城市环境有其自身的特点：①城市环境是一种自然—人工复合环境。自然环境和人工环境高度融合体现了城市环境最显著的特征，因此城市环境的发展受到自然规律和社会发展规律的双重制约。②城市环境是以人为主体的环境。城市的主体城市居民不仅创造人工环境，而且不断改造原有的自然环境。③城市环境极度脆弱。由于城市环境的高度人工性，导致其自身的调节能力较差，人类活动细小的变化也会对城市环境造成很大影响。④城市环境具有高度的开放性。城市环境与城市社会、经济、生态各系统联系紧密，每个城市都不断地与周边地区和城市进行大量的物质、信息交流，在输入原材料、能源的同时输出产品和废弃物。

（二）城市环境问题产生的主要原因

由于城市环境的自身特点，造成城市环境问题极易产生。城市环境问题不仅仅是技术问题，更是一个社会经济问题。城市环境问题产生的主要原因有：

首先，城市环境问题本身的外部性导致城市污染问题的产生。这里所指的外部性主要是负外部性（外部不经济），如某企业在进行商品生产时将生产污水排入河流，对城市其他企业、居民造成危害。当存在外部不经济时，私人无效配置与社会有效配置将呈现如下关系，图 5 - 7 中 $D$ 表示私人边际收益线，$S_1$ 代表私人在不考虑外部成本下的边际成本线，$S_2$ 代表考虑了外部成本下的边际成本线，即为社会边际成本线。在竞争的市场条件下，利润最大化将导致 $Y_1$ 产出水平，在这个产量下私人边际成本与私人边际收益相等，$Y$ 商品的竞争市场价格为 $P_1$，该价格不包括 $Y$ 对 $X$ 的影响。而在考虑了 $Y$ 对 $X$ 的影响后，社会有效产量水平为 $Y_2$，$Y$ 的价格为 $P_2$，它等于 $Y$ 商品的边际收益及其社会边际成本。由于包含了外部效应，社会成本将大于私人成本，社会有效价格 $P_2$ 大于竞争市场价格 $P_1$，这是由外部效应造成的结果，此时，个人的最优配置与全社会的有效配置产生偏离，造成市场机制的无效率。市场机制的无效率主要表现为市场由于无法将外部效应合理地反映在商品的成本和价格中，因此对私人企业环境污染、资源过度开发、城市生态破坏等相关负外部效应没有起到惩罚的作用，同时对城市环境保护有关的正外部效应的企业行为

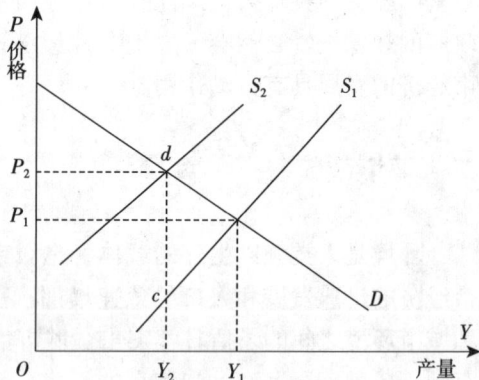

图 5 - 7　具有负外部效应商品的私人
利润最大化产量与社会有效产量

没有起到鼓励的作用。在现行的城市市场框架内，多数自然环境资源既无明确的所有权也没有价格，城市企业和个人可以不通过有效地利用资源以及科技创新增加利润，而是通过过度利用环境资源，将本应支付的成本转嫁给整个社会经济以增加私人的利润。

第二，城市环境的公共物品性质导致难以明确其产权。美国经济学家科斯给出了解决外部不经济的理论——科斯定理，即在产权明确、交易成本为零的前提下，通过市场交易可以消除外部性。科斯定理为分析外部效应问题的制度根源提供了一条重要思路，并为利用制度解决外部性带来的城市污染问题构建了理论基础。但是，由于城市环境本身的特殊属性——消费不可分性和非专有性的特点，在现实生活中很难界定其产权关系。

第三，城市经济的发展必然带来对环境的负面影响。阿罗和康斯坦热（Arrow and Costanza，1996）研究了随时间变化工业化进程中人口和经济增长对环境的影响，提出了著名的环境库兹尼茨曲线（图 5 - 8）：①在经济发展的初期阶段或重工业化阶段（人均 GDP 低于 4000 美元），由于人口增多从而消费增长以及采取粗放的生产方式，导致经济发展对环境的影响由小增大，呈快速增长的趋势。②在经济发展的中后期阶段（人均 GDP 在 4000 ~ 10000 美元之间），由于人口增长速度减缓，消费均衡加之生产集约化，经济发展对环境的影响日趋减缓。③在经济发展的高级阶段或后工业化阶段（人均 GDP 大于 10000 美元），由于人口出现负增长、产业技术非物质化，经济发展对环境的影响基本达到零增长，可持续发展的能力得以增强。

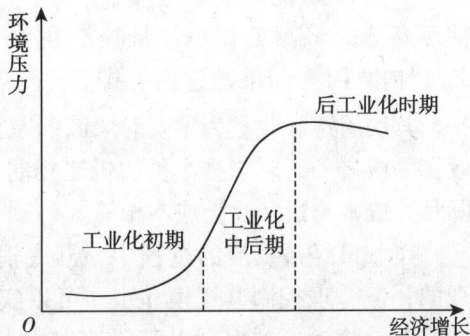

图 5 - 8　环境压力随经济发展变化示意图

第四，城市居民公众环境意识薄弱。许多发展中国家对环境保护和参与的宣传力度不够，导致城市居民没有树立较强的环境保护和公共参与的意识，这也加剧了城市环境的进一步恶化。

（三）城市环境政策

针对城市环境问题产生的原因，城市环境政策的具体方法有：

第一，通过罚款、补贴等经济政策手段进行干预。解决外部性的一般方法是城市政府的经济干预，著名经济学家庇古提出修正税，即运用罚款机制以税收弥补私人成本与社会成本的差值，促使私人成本与社会成本相一致。图 5 - 9

中使用的是整个经济总体的边际效益和边际成本的函数，假设厂商不考虑其所排放的污染，则排放水平将达到排放的边际效益为零为止，即达到不加控制的排放量 $M_1$；如果引入污染税机制，不同污染水平下的税率与污染所造成的边际损害一致，在这一条件下，税后边际收益与税前边际收益之差为边际损害的数值，$\lambda$ 为有效污染水平所对应的税率。只要污染税得以有效实施，将使厂商选择将污染物排放量控制在 $M_2$ 以内，因为如果超过这一排放水

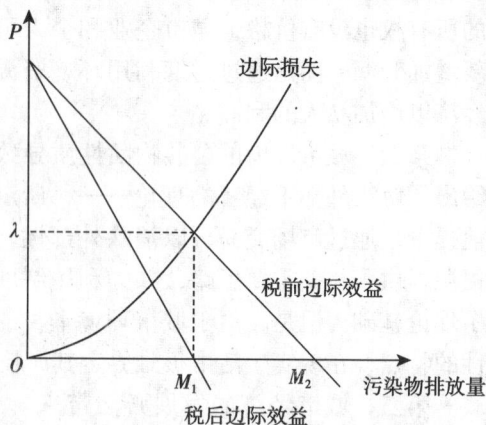

图 5-9　排污税的作用原理

平，其税后边际收益为零。对厂商削减污染排放进行补贴也是控制城市污染的政策手段之一，它与排污税的机制相同，所起到的作用也相似，都是试图使边际私人成本与边际社会成本相等。

在城市经济发展的过程中，彻底消除对于环境负外部性的影响是很难实现的，但合理控制其规模和水平可以实现。1968 年戴维斯提出在环境允许的情况下，将污染的权利以股票的方式卖给竞价最高的投标者，政府可以出售排放一定量污染物的权力，该权利以污染配额、排污许可证的形式表现，该污染权可以买卖。如某企业将其污染物的排放减少了一半的量，它就可以将剩余的污染物排放量卖给其他扩张生产（增加污染排放）的企业。排污交易制度实际上创造了一个排污产权市场，让市场自发调节从而达到最优配置的状态。

第二，通过城市政府相关政策指令和法律法规手段进行干预。目前世界大多数国家的城市政府均采取政府控制型的环境政策对城市环境加以管理，城市政府相关指令和法律法规与市场政策相比具有更强的强制力和约束力，是解决城市环境问题的有效补充手段。

相关资料显示，美国的城市政府可以起草和制定地方性自治宪章，有些城市的自治条款规定城市政府对一般性事务具有立法权。日本城市地方政府制定了《公害损害健康赔偿法》，规定在发生公害损害居民健康的事件中，由都道府县主管认定和支付受害者的赔偿费用、安排恢复健康等事宜。原联邦德国鲁尔工业区成立多家协会，它们拥有部分司法权限，可以向排污企业征收税金和直接收费。

目前城市政府制定并实施的环境政策法令主要集中在以下几个方面：①有利于城市环境管理的政策法规。城市环境管理主要包括环境保护、执法监督和城市环境服务等方面。②规定城市企业最低污染物排放标准。城市政府在充分调查的基础上，结合城市自身的环境特点，对城市企业的污染排放进行数量控制。③制定城市企业生产最低技术标准。对城市企业中达不到最低生产技术标准的，予以关停，以减少潜在的污染企业和污染源。④强制规定企业选址。城市政府从政策上规定某些重污染企业的选址，避免对城市环境造成严重影响。

第三，城市政府可以通过宣传教育提高城市居民的环境参与意识。城市政府应该充分发挥其优势，通过教育、培训、宣传等形式培养城市居民的环境意识，以此间接影响企业和个人的环境行为。城市公众环境意识已经在城市环境管理中起到明显的作用，在西方发达国家，城市居民一旦受到环境污染的影响，都会采取法律手段维护自身的权利，无形中对城市污染行为的监管力度大为增加。相比西方国家，我国城市的情况有很大差距，因此我国城市政府理应采取政策措施扩大社会公众的环境意识，调动城市居民对环境损害行为进行监督制约的积极性。

# 第四节　城市经济增长的理论

## 一、经济基础理论与增长乘数效应

经济基础理论又称经济基础模型（The Economic Base Model），是一种从宏观角度分析城市经济增长的经济学方法。该理论假设一个城市或地区的经济由基础部门和非基础部门所组成，基础部门是指向城市外"出口"产品和劳务，从而为城市带来收入的部门，因此这些部门往往具有外部市场导向性质；非基础生产部门则是指那些只为满足城市内的市场需求而生产的部门，这些部门为城市当地居民提供服务，诸如零售业、餐饮业等等。

如果存在一个简单的城市经济，以城市部门产业就业人数作为替代变量，则整个城市经济的就业结构为：

$$T = B + O \qquad\qquad ①$$

其中 $T$ 为城市总的就业人数，$B$ 和 $O$ 分别为基础部门就业人数、非基础部门就业人数。由于城市不可能完全自给自足，因此城市基础部门的"出口"产品的收入用以支付城市的"进口"，显然城市基础部门决定了城市经济的规模，也决定了城市非基础部门的经济规模，由此得到：

$$O = nT \qquad ②$$

$0 < n < 1$，其含义表示非基础部门就业人数与整个城市就业人数之间的关联，将②带入①得：

$$\frac{T}{B} = \frac{1}{1-n} \qquad ③$$

此时 $\frac{T}{B}$ 值即为经济基础乘数（Multiplier），由表达式可以看出，经济基础乘数是基础部门规模增长所带来的城市经济整体规模增长的倍数，在数值上表示为城市整体部门（基础部门与非基础部门之和）与城市基础部门之比，它可以代表城市基础部门就业人口的变动对整个城市就业人口变动的影响，③式进一步变形为：

$$\Delta T = \frac{1}{1-n} \Delta B \qquad ④$$

这说明只要城市基础部门就业人口发生 $\Delta B$ 的变化，整个城市就业总人口就会发生 $\Delta T$ 的变化，并且乘数越大，$\frac{T}{B}$ 值越大，这种变化幅度也越大。④式同时还表明，由于城市基础部门的生产需要城市非基础部门提供保障，因此城市基础部门就业人数的变化会间接影响非基础部门对劳动力的需求，从而影响城市总就业劳动力发生变化，此时②式中的系数 $n$ 可以看成是城市基础部门和非基础部门之间的关联系数，在产业关联度较大的城市，即 $n$ 值较大的城市，其主导产业的发展将会带来本城市其他产业部门（尤其是要素投入部门）的快速增长。

上述经济基础模型的分析还只停留在比较静态分析的阶段，因为 $T/B$ 乘数还只是一个常数，在实际的城市经济增长过程中，乘数值是不断变动的，一般情况下乘数与城市经济规模密切相关，并且随着城市经济的增长，城市经济增长对基础部门规模变动的敏感性将进一步增大。

经济基础理论尽管与 20 世纪 30 年代出现的凯恩斯宏观经济乘数模型十分契合，并一直成为区域和城市经济学中分析区域和经济增长的主要模型之一，但本身存在诸多缺陷。首先，城市经济两分法的做法过于理想化，现实世界中城市完全的基础部门和完全的非基础部门基本不会存在，这使得模型的应用范围和作用大大弱化。其次，经济基础理论是建立在城市出口商品需求基础上的，即城市外需求的增长导致乘数作用而最终决定了城市经济的增长速度，这与之后所产生的发展经济学的许多观点相左，例如：著名的索罗模型认为经济的增长源于技术进步导致的劳动生产率的提高和人均收入的增加，尽管城市经济的发展有其自身的特点，但最终还是与经济学的一般理论相一致。

## 二、投入产出分析

投入产出分析方法于20世纪30年代产生于美国，美国经济学家莱昂惕夫（W. Leontief）1936年在《经济统计评论》上发表了"美国经济系统中的投入和产出的数量关系"一文，并且利用美国经济统计资料，编制了美国经济1919年、1929年、1939年的投入产出表。

投入产出分析模型按照分析时期的不同可以分为静态模型和动态模型两类，静态模型分析即研究某一个时期的再生产过程，动态模型分析的对象为若干时期的再生产过程。投入产出分析模型按照范围的不同，可分为世界模型、全国模型、地区模型、地区间模型、部门投入产出模型和企业投入产出模型等。对城市的投入产出分析多采用静态地区、地区间模型，其城市投入产出表如表5-6所示。

城市投入产出表　　　　　　　　　　　　　表5-6

| 投入来源＼投入去向 | | 城市生产部门 | 最终产品 | | | | 总产出 |
|---|---|---|---|---|---|---|---|
| | | $1 \quad 2 \cdots\cdots n$ | 居民消费 | 公共消费 | 输出 | 投资 | |
| 城市生产部门 | 1 | $X_{11} \ X_{12} \cdots\cdots X_{1n}$ | | | | | $X_1$ |
| | 2 | | | | | | $X_2$ |
| | …… | | | | | | …… |
| | n | $X_{n1} \ X_{n2} \cdots\cdots X_{nn}$ | | | | | $X_n$ |
| | 合计 | | | | | | |
| 城市外输入产品 | 1 | | | | | | |
| | 2 | | | | | | |
| | …… | | | | | | |
| | m | | | | | | |
| | 合计 | | | | | | |
| 最初供给部门 | 居民（劳务） | | | | | | |
| | 政府（公共事业） | | | | | | |
| | 资本消耗 | | | | | | |
| 总投入 | | | | | | | |

为了更好地说明城市投入产出分析，本书假设一个最为简单的城市投入产出表，对城市投入产出分析过程和方法作一简单介绍（表5-7）。

假设出的最简单的城市投入产出表　　　　　　表 5 - 7

| 投入 | 产出品（单位：元） | | | | | 总产出 |
|---|---|---|---|---|---|---|
| | 中间需求 | | | 最终需求 | | |
| | 制造业 | 服务业 | 贸易部门 | 居民 | 出口产品 | |
| 制造业 | 12 | 8 | 20 | 0 | 40 | 80 |
| 服务业 | 10 | 16 | 4 | 50 | 20 | 100 |
| 贸易部门 | 0 | 0 | 0 | 60 | 0 | 60 |
| 劳动、资本、土地 | 28 | 66 | 16 | 0 | 0 | 110 |
| 进口产品 | 30 | 10 | 20 | 0 | 0 | 60 |
| 投入合计 | 80 | 100 | 60 | 110 | 60 | |

　　表 5 - 7 假设城市经济的最终产品由制造业、服务业、贸易部门、居民以及出口至其他城市五部分所组成，表的左边第一列列出城市经济投入的供给部门，除包括城市自身的制造业、服务业、贸易部门外，还包括城市所提供的劳动、资本和土地要素，以及部分进口产品（为了简化分析，假设城市劳动力、资本和土地被该城市的居民完全支配）。表 5 - 7 中"中间需求"一栏即表示"城市生产部门"的情况，如制造业需要 12 元制造业本身的投入，以及服务业 10 元，劳动、资本、土地投入 28 元，进口产品投入 30 元，城市制造业的总投入为 80元。居民和出口商品是隶属于"最终需求"的，因此对于居民而言，他们需要购买 50 元的服务以及向贸易部门支付 60 元，居民总支出为 110 元。表 5 - 7 的最后一列为城市各部门的总产出。

　　由表 5 - 7 可以得出城市各部门的投入系数：$a_i = x_{ij}/X_j$，即各个部门所使用的某个投入品数量与该投入品总价值的比例。以表 5 - 7 为例，制造业生产 80元产出，需要 12 元的自身投入，则相应的投入系数为 0.15，制造业对其他投入品生产部门的投入系数为 0.125（服务业）、0.35（劳动、资本、土地）、0.375（进口产品），如表 5 - 8 所示。

表 5 - 7 中城市各部门投入系数　　　　　　表 5 - 8

| 投入 | 制造业 | 服务业 | 贸易部门 | 居民 |
|---|---|---|---|---|
| 制造业 | 0.15 | 0.08 | 0.333 | 0 |
| 服务业 | 0.125 | 0.16 | 0.067 | 0.455 |
| 贸易部门 | 0 | 0 | 0 | 0.545 |

| 投入 | 制造业 | 服务业 | 贸易部门 | 居民 |
|---|---|---|---|---|
| 劳动、资本、土地 | 0.35 | 0.66 | 0.267 | 0 |
| 进口产品 | 0.375 | 0.1 | 0.333 | 0 |
| 总投入 | 1 | 1 | 1 | 1 |

从城市各部门投入系数表中可以看出，制造业的总产出由 0.15 倍的制造业自身消费，0.08 倍服务业和 0.333 倍的贸易部门以及出口所组成，则各部门的产出状况为：

$$M = 0.15M + 0.08S + 0.333T + E_m \qquad ①$$
$$S = 0.125M + 0.16S + 0.067T + 0.455I + E_s \qquad ②$$
$$T = 0.545I \qquad ③$$
$$I = 0.35M + 0.66S + 0.267T \qquad ④$$

其中 $M$ 表示城市制造业的总产出水平，$S$ 为城市服务业总产出，$T$ 表示城市贸易部门总产出，$E_m$、$E_s$ 分别表示城市制造业和服务业的出口数量，$I$ 表示整个城市经济的总收入。将以上方程组用矩阵的形式表示，通过简单的矩阵运算，可以得出：

$$M = 1.61E_m + 0.722E_s \qquad ⑤$$
$$S = 1.14\,E_m + 3.24E_s \qquad ⑥$$
$$T = 0.545I \qquad ⑦$$
$$I = 1.54\,E_m + 2.41E_s \qquad ⑧$$

从以上的函数关系可以看出城市内部厂商对外贸易的变化对城市内不同产业的影响有较为明显的差异。上例表明：该城市制造业产出出口如果增加 1 元，会使城市制造业总产出增加 1.61 元，给服务业的总产出带来 1.14 元的增加值，城市总收入增加 1.54 元，从而使城市贸易部门总产出增加 0.84 元。

城市经济增长的投入产出分析是一种非常有效的经济分析工具，用它可以评估某一外生的投资项目或经济活动对城市总需求的影响，并且城市投入产出系数表可以定量的表示出城市相关行业的需求供给状况，有利于城市政府制定相关产业发展政策。但是，由于生产要素之间没有替代关系，并且投入产出分析所需的数据量大，因此对城市经济进行该分析时务必谨慎。

## 三、相关经济增长理论及评述

相关的城市经济增长理论还有城市增长极理论、城市经济内生增长理论。

城市经济增长极理论源于法国经济学家弗朗索瓦·佩鲁（Francois Perroux，1955）所提出"发展极"（Poles of Development）的概念，发展极概念构建的基础是抽象的经济空间，而非地理空间。佩鲁指出"所谓经济空间是指存在于经济元素之间的经济关系"。佩鲁还指出"增长并非同时出现在所有地方。它以不同的强度首先出现于一些增长点或增长极上，然后通过不同的渠道向外扩散，并对整个经济产生不同的最终影响。"20世纪60年代，法国经济学家布代维尔（J. R. Bouderville，1966）将佩鲁的增长极理论由抽象的经济部门推广至空间区域范畴。布代维尔所提出的增长极的概念至少包括两种内涵：其一，在经济角度指推进型产业或公司；其二，在空间角度是指某个区域或空间单元。布代维尔认为关联性很强的推进型产业由于与其他产业产生前向、后向联系，导致推进型产业的发展能够通过列昂惕夫投入产出关联而对其他部门产生波及和"乘数"效应，将其他经济活动不断向增长极集聚。经济上的极化引起地理上的极化，增长极地区一方面不断通过一系列联动机制向周围地区发散，同时由于规模效益所产生的极化效应加速增长极的发展，极化效应和扩散效应共存。

城市增长极理论的核心主要有以下两个方面：一方面，在城市经济中，增长的势头往往会集中于某些主导部门和具有创新能力的行业中，这些部门行业会形成资金、技术、人才的高度集中。另一方面，城市往往成为区域发展中的增长极，促进城市周边地区的经济发展。在区域经济发展的过程中，并非所有的城市都可以成为增长极，可以成为增长极的城市必须具备以下条件：首先，城市中存在一定具有创新能力和充满活力的企业群体或企业家群体，城市经济发展的原动力来自于城市中企业的发展。第二，城市需要具备较高的规模经济效益，城市中起推动作用的主要产业和与之相互联系的产业应有足够的增长，以促进有利的外部经济和理想的聚集效果，这样城市的经济极化程度才能得以提高。第三，城市要具备良好的经济运行环境，建立公平竞争、资源要素流动畅通的完善的城市市场体系是城市经济要素聚集并形成有效配置的重要保证。

城市内生经济增长理论来源于1992年大卫·罗默（David Romer）等发展经济学家所提出的"新增长理论"，该理论的主要观点是：①"非竞争"性的创意产业和技术进步是保证经济持续增长并解决资本积累过程中收益递减问题的关键。②知识的内生作用表现为开发新技术、生产制度和方式的创新等等，并促进知识积累和更新。③人力资本将决定地区经济增长率，创意能够改进生产技术，而好的创意来源于具有较高知识水平的人（图5-10）。城市作为人口密集的地区，聚集了大量的优秀人才，他们作为知识转化的主体通过相互学习和交流，将知识变为技术、创意和商品，从而通过创新的溢出效应促进城市经济的不断增长。

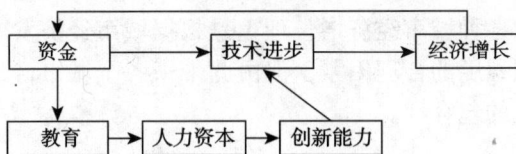

图 5 – 10　内生经济增长过程

　　城市内生经济增长理论强调人力资本的投资对城市经济发展的决定性作用，城市对人力资本的投资将提高城市劳动生产率，进而影响城市的生产成本、要素生产率、产品结构和质量等相关因素，增强城市经济发展的活力和竞争力。城市人力资本的形成和提高主要通过两种方式得以实现，由城市本身的学校教育、职业技能培训所培养的人力资本；由城市外移入的人力资本（图 5 – 11）。由城市人力资本提高的途径可以看出，城市一方面要长期加大对城市本身教育的投入，另一方面要通过建立开放人才流动的相关机制，以全面提高城市的人力资本。值得注意的是人力资本对城市经济增长的作用不是"立竿见影"的，而是存在一定时间段的滞后，只有长期不间断地加大对基础教育的投入，才会带来人力资本对城市经济增长持续不断的促进。

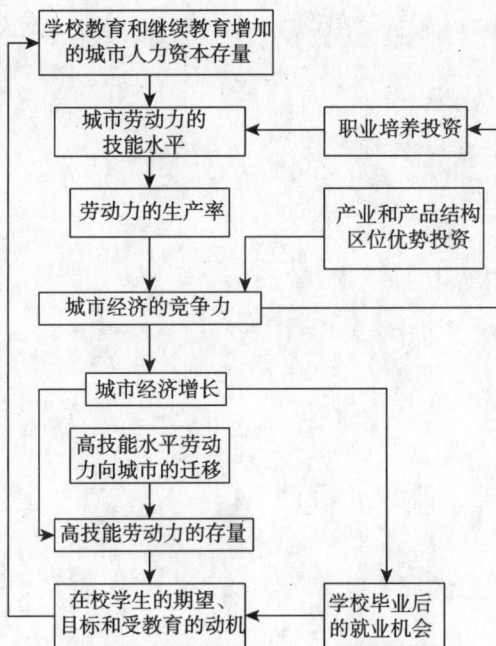

图 5 – 11　城市人力资本形成与提高过程框架图

　　以上所介绍的各种城市经济增长理论是根据城市经济发展的不同视角建立的，因此具有不同程度的合理因素，但由此带来各个城市增长理论的综合性不够完善，缺乏一定的包容性。

# 6

## 第六章
## 郊区化与城市的区域化

# 第一节　郊区化的事实

## 一、世界郊区化的规模与速度

郊区（"Suburbs"、"Outskirts"）的原意是指城市外围地区。前者以为郊区是一种次生的、附属的、亚性的城区；后者则以为郊区是城市中心区外围的、边缘的区域。鲍恩（Bourn）将郊区看作是"城市边缘的新社会空间"。我们一般认为郊区化是城市化过程中的一个特殊阶段，它是由于在市中心区地租昂贵、人口稠密、内城交通拥挤、环境恶化、空间局促、产业转移和私人交通等因素的共同作用下，形成一种巨大的推动力，促使市区人口、产业外迁，所形成的相对于中心区而言的城市离心化现象。其作为一种概念，在《中国大百科全书》的定义是：郊区化就是郊的城市化，主要发生在特大城市周围，郊区化使城乡交错地带的土地利用性质发生了变化，一般经历作物的商品化、劳动力的商品化和土地的商品化三个阶段，有时可形成卫星城镇。周一星认为（参见图 6 - 1）城市在总体上聚集、扩张的同时，城市的人口、工业、商业先后从城市由内向外作离心运动，这样一个过程叫作郊区化过程（周一星，1999）。

如果说城市化是一个不断发展的过程，那么郊区化就是这个过程的一个阶段性特征。郊区化相对于城市化是一个阶段，但其本身也是一个不断发展的过程，因此也才会有不同时段郊区化的差异和表现形式。

郊区化的强度和表现形式在不同的国家是有差别的，这与各国的国情和相应区域条件有很大的关系。现代郊区化始于 19 世纪中叶的欧洲，首先发生在欧洲南部和英国大城市的近郊，随着工业化、城市化的快速发展，城市化区域不断扩大，而农村地域在不断的缩小。其后，郊区化浪潮席卷美国，并且更为突出，郊区化生活成为美国城市文化的基本特征。20 世纪 70 年代以后，这样的现象在日本出现。从比较发达国家的郊区化特征可以看出，美国的郊区化与其他发达国家相比，规模大而人口密度低；日本、加拿大、德国的郊区化程度相对较低；英国则在一定程度上表现出与美国相似的中心市区人口密度的变化。近年来，第三世界国家也出现了明显的郊区化现象。在中国，自改革开放以来，城乡经济发展迅猛，促进了城市和郊区经济的发展，郊区化随之出现。

严格地将世界郊区化的过程划分为不同的阶段是困难的，一方面因为它在各国具有不太相似的表现特征，另一方面，同一时期内不同的国家也可能正在经历郊区化不同的发展时期。周一星等学者以美国为参照，将西方发达国家的郊区化划分为 5 个阶段，分别是：①郊区化前的外迁现象；②1920～1950 年汽车郊区化时期；③1950～1980 年普遍郊区化时期；④20 世纪 80 年代的郊区化——城市功能逐步完善；⑤20 世纪 90 年代的郊区化——边缘新城形成。这里对英国、美国、加拿大等代表性国家的郊区化作一介绍。

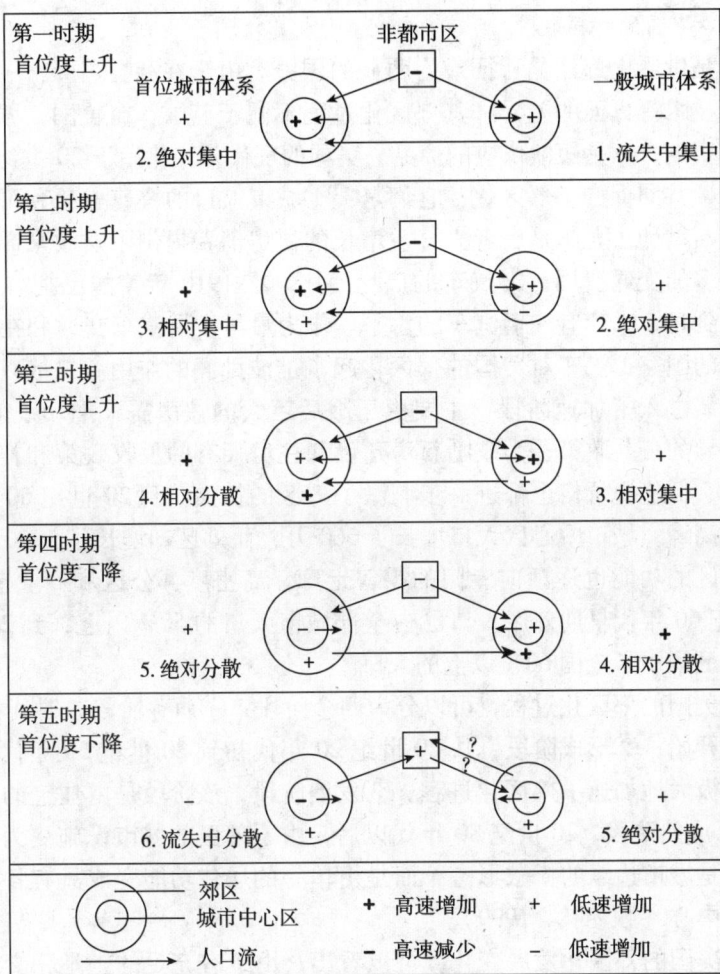

图 6-1　霍尔的城市演变模型图

（一）英国的郊区化

英国经历了一个自上而下的郊区化过程。除了战争破坏区重建和住房重建以外，基本的城市规划战略是控制城市和准城市向农村地区的扩展。由于对郊区零售设施、市外购物中心和超市的控制式消费型商业活动的扩展也被限制，其结果是更加均质型城市景观的出现。而战后的新城计划，通过提供高质量的出租住房，将居住在过分拥挤和破败内城的工人阶级迁移到郊区边缘，从而保护了大郊区范围内郊区农村和半乡村的生活方式。所以英国的这种郊区化表现为均质性社区、较高的郊区密度、房地产价格不菲，最终导致家庭住房拥有率较低的结果。

（二）美国的郊区化

美国是世界上郊区化特征最为明显的国家。由于在社会、经济、政治、意识形态和技术等方面的差异，其郊区化过程不同于英国。在美国，城市土地被看成是次要的，不是短缺供应的商品。美国的现代郊区化始于20世纪20年代，有两个因素共同促进了郊区化，它们是：①城市人口的快速增长和可用于置业收入的不断增加，尤其是后者为日益增长的住房消费提供了财政来源，而且能够支付更多的交通费用；②汽车的广泛使用。在1910年美国已拥有汽车2700万辆，达到每5人拥有一辆汽车的水平。作为最早发展汽车交通和在郊区建设购物中心的国家，汽车对美国的郊区化起了推波助澜的作用。二战以后，美国郊区化发展进入了加速阶段，主要由于战后巨大的住房需求推动了郊区增长。此外，误导的公共政策、为鼓励新房建设和住房拥有的税收政策和补贴、高速公路建设、低能源价格也都进一步刺激了郊区的扩展。到20世纪50年代，郊区化进入高峰，城市中心区人口增长了660万，而郊区却增长了1900万。从此以后，郊区的功能也逐渐向专门的零售走廊、高密度办公区和商业节点转化。到20世纪60年代早期郊区人口已占全部城市人口的50%以上，到20世纪90年代郊区已集中了全国60%以上的人口。

概括美国的郊区化过程，可以分为四个阶段：①萌芽阶段，时间大概从19世纪后期开始；②形成阶段，从20世纪20年代初到20世纪50年代，交通工具的革新极大地加速了郊区化进程；③发展阶段，该阶段是由住宅的郊区化引起的；④成熟阶段，20世纪80年代以后，由于郊区的城市设施更为完善，使郊区不再是城市边缘的松散形态，而是由单一的居住功能变成具有各种城市功能的就业中心（顾朝林，1999）。

概括美国的郊区化发展变化，可以看出，由于有充足的土地，交通以私人汽车为主，高速公路网发达，并且郊区财政独立，最终造成中心市犯罪率高，种族和社会问题错综复杂，郊区化发展条件非常充分。

（三）加拿大的郊区化

在加拿大，20世纪40年代到20世纪50年代之间的郊区发展基本上处于一种无序和缺乏规划的状态。一方面，一些较小的建筑商倾向于在一些小地块或组团中建筑独门独院的住房，这自然而然地与原有的城市建成区向脱离。另一方面，大量的住区开发沿高速公路向外分散，其间有农田分隔，住房本身也趋于小型化。城市不能迅速适应这种郊区增长方式，致使许多服务设施不能与之配套，给排水等市政设施也不适应，包括学校、社区服务、商店和就业岗位的提供也都滞后，但地价和房产税都维持在较低水平。

加拿大的规划师和政治家对于这种城市景观的演变一开始都持否定态度。然而，随着联邦按揭制度的建立，对基础设施建设的补贴，公众对社区规划的参与，以及后来大都市区政府的出现及编制统一的区域规划，在20世纪60~70年代，这些郊区一个个演变为郊区社区，成为城市繁荣所在。

到20世纪70年代，郊区发展进一步加速，既有经过规划建设的巨型社区，也有传统的小型社区，它们都在发展，郊区的范围不断扩大，景观也日趋多样。包括住房质量、基础设施和社会服务等都有明显的提高。环境和配套设施的改善自然地引起郊区边缘地价的抬升，住房密度也加大。但在20世纪80~90年代，持续的郊区房价上扬致使郊区发展举步维艰，原因主要在于：①由于地价太贵，大部分人对郊区新房缺乏购买能力；②日益提高的建筑标准和服务设施加大了开发成本；③增加了太多复杂的、没有弹性的规划法规，使得一些开发商难以开发甚至破产。对于美国大都市区向郊区迅速蔓延和内城衰落的城市发展模式，加拿大行内人士是嗤之以鼻的，且尽力避免这种现象的出现。

（四）日本的郊区化

日本是一个人多地少的海岛国家，与美国相比，内部种族单一、社会均质，土地贫乏，城市交通以公共交通为主。日本人有向往城市生活的传统，其郊区化发展的一个重要原因是源于1923年的大地震（Palen，1987），另外一个重要的原因就是人口的过度稠密。

根据对1948年和1990年西方国家中心城市和城郊的人口与就业分布的研究发现，中心城市的城市人口百分比从1948年的64%下降到1990年的39%，制造业就业百分比从67%下降到45%，贸易与服务业则下降更大：中心城市的批发业就业百分比从92%下降到49%，零售业就业百分比从75%下降到48%，服务业就业百分比从85%下降到52%（阿瑟·奥沙利文，2003）。

## 二、中国的郊区化

城市郊区化是指城市人口、工商业向郊区城镇迁移的过程，是城市发展离心扩散力大于向心集聚力的结果。相比发达国家而言，中国的郊区化的发生时期是远远滞后的，并且其发生的动力机制也具有很大的不同。根据西方国家的经验，城市发展到一定阶段以后，必然由集聚式发展模式向扩散式发展模式转化，即开始郊区化的过程。对中国的郊区化而言，分为两个阶段，即改革开放以前和改革开放以后，这两个不同的阶段，其郊区化的机制是具有很大的差别。

我国建国以来城市化速度发展较快，尤其是 20 世纪 50 年代和 20 世纪 80 年代以来，因为人口过度增长，工业的迅速发展，经济的繁荣以及农村剩余劳力大量涌进城市，我国城市化速度明显快于同期的西方发达国家。在改革开放以前出现的郊区化现象并不能反映城市化发展的正常演变规律，因为那时更多是出于宏观政策调整的需要。改革开放以前的郊区化更多的提法是称之为"反城市化"过程。1964 ~ 1977 年之间，一是为了备战需要将大量城市企业移到"三线"的边远山区与农村地区；二是"文化大革命"期间 1750 万城市青年上山下乡，接受贫下中农再教育。到"文化大革命"结束时，城市化水平甚至低于"文革"以前。1978 年恢复"以经济建设为中心"和实行经济改革及对外开放，各种新型的经济和城市成为城市发展的动力，城市的经济结构和空间结构发生了显著变化。

事实上，在 20 世纪 80 年代以前中国城市还都处于向心集聚的阶段，尽管郊区在各城市尤其是大城市都获得很快的发展，但这种发展并不主要是由中心区的外迁而实现的。进入 20 世纪 80 年代以来，中国经济在改革开放的促动下飞速发展，城市化规模不断扩大，水平大为提高，我国的城市郊区化已初露端倪。一方面是大量引进外资，发展非公有制经济，外资企业在具体选址上因为市中心的地价过高，一般多选择在靠近市区、交通便利、配套基础设施比较齐全的郊区的"经济开发区"。这种情况在沿海地区表现得特别明显，尤其是珠江三角洲地区。20 世纪 90 年代以来，我国高速公路建设以每年 800 ~ 900km 的速度惊人增长，新兴出口加工企业多半以高速公路为动脉呈串珠状分布，在高速公路出入口呈星状分布，大大促进了郊区工业化的进程。这种情况以位于广州和深圳之间的东莞市最为典型。第二个重要因素是改革了国有福利性质的住房分配制度，建立了城市土地有偿使用制度，促进了城市近郊"房地产热"，使得一批在开放与改革中先富起来的高收入群体到近郊购买单户住宅"别墅"，一些高收入的工薪阶层也开始在远郊购置周末度假用房，各类开发区竞相在郊区设立，郊区化扩散力量初步形成，人口和产业向郊区迁移的现象开始显现，在未来将成为这些城市发展的主流。部分则是因为市中心房价过高，促使了一批中等收入阶层包括公职人员、商人把购房的眼光投向了近郊所建的"住宅小区"。第三是由于乡镇企业的发展和城区企业的外迁。市区日益严重的环境污染，促使政府决定将污染严重的工厂企业调整与外迁。企业外迁可以利用城郊级差地租，获得可观的企业再发展资金，并利用搬迁的机会进行技术改造和产业结构的调整。

中国的城市郊区化是在计划经济向市场经济过渡，经济迅速发展，城市化进程空前加速的过程中出现的。它是城市发展的一个必然阶段。但是，由于我国城市郊区化比西方国家晚了半个多世纪，我国经济的总体水平不够强，并且中国农村人口多，城市化潜力大，城乡差别巨大，又实行了多年的计划经济体制，因此，郊区化推动力较弱，郊区化的发展过程相对缓和。

由于我国经济的总体水平还不高，郊区化过程出现了不少未曾预见的问题，如耕地的荒弃和占用，"房地产热"的过度与"烂尾楼"的积累，城市区域的郊区化扩展成了一项城市化发展的政绩工程。

1990年的第四次人口普查，为人们提供了1982年第三次普查以来人口变动的资料，为中国城市郊区化研究提供了良好的机遇。1991年7月由周一星执笔起草的国家自然科学基金人文地理学重点项目"沿海城镇密集地区人口、经济的集聚与扩散的机制和调控研究"的建议书中，郊区化问题作为大中城市集聚与扩散层次中的核心问题被提了出来，该课题可以作为中国城市郊区化研究启动的标志（周一星、孟延春，2000）。

国外城市郊区化现象的最大问题在于其松散的建筑和大量的基础设施投入，造成土地资源的极大浪费。这种模式对于中国，特别是发达地区，是必须坚决防止的。为此，我们要及时吸取教训，通过区域规划和城市规划，合理引导城镇布局，避免旧城中心出现空心化和新区出现松散化建设，避免形成单功能的居住区或大型郊区购物区。

顾朝林等（1999）认为我国的郊区化主要有三种表现形式：①被动式郊区化。在改革开放以前的计划经济时代，在"严格控制大城市"方针的指导下，大城市外围地区建设了若干以工业为主体的卫星城镇。当时，企业的外迁都是依照行政命令，一些没有发展用地或污染大的企业被责令从城区迁往郊区，还有一些新成立的机构和增加的人员由于挤不进城区而只有先落脚郊区。现阶段在土地有偿使用和市场化的条件下，旧城改造过程中的居民和企业因没有足够的财力回迁原址或土地用途已经发生了改变。因此，在一定程度而言，中国的郊区化带有明显的被动色彩。②居住区郊区化略迟于工业郊区化。这与西方国家的经验正好相反，美国是最为明显的，由于交通的方便，有钱的工薪阶层为了逃避内城区的种种不适，首先迁往郊区，但其就业还在城区。我国则是企业的外迁早于人口的外迁，这主要是因为我国长期以来实行企业的"全包"制度，企业职工的住房由企业提供。企业外迁的初期，相应的配套设施还没有到位，职工不满意郊区的生活条件而不愿同步外迁。③圈层扩展式郊区化。西方国家城市郊区化的促动因素主要是住房、交通条件和私人汽车的普及等，城市拓展从空间结构来看是呈放射状的。而在我国，私人汽车的普及率还相当的低，并且公共交通系统不太完善，缺乏捷运系统，无法满足快速出行的要求。其次，由于低工资制度，私人购房还不是非常的普遍。无论企业还是居民都尽可能的选择距城中心最近的地点，因此，也造成我国城市空间结构比较普遍的"摊大饼"式的圈层扩展，这种现象尤以北京为甚。

# 第二节　产业的郊区化

## 一、产业郊区化的原因

产业向郊区的发展，其激励机制是复杂的，原因是多方面的。一方面是来自自身发展的需要，如企业随着经济效益的提高，需要扩大规模以满足更大的市场需求，但是由于在城区土地的占用受到空间的限制。另外，就是来自于社会的诸多因素的影响，如城区高昂的土地支付成本，交通运输条件的改善，政府的低税优惠政策以及郊区相对较低的工资支付等。自从 1982 年以来，土地的使用制度开始发生变化，主要包括：①征收土地使用税，根据土地的等级划分，在不同的地段，征收相应标准的土地使用税。②土地批租，这种方式让用地者通过竞价方式获得土地使用权，这一举措为建立中国的地产市场打下了基础。1988 年 4 月，七届人大第一次会议修改了《宪法》有关条款，规定"土地使用权可以依照法律的规定转让"。1990 年 5 月国务院又发布了《城镇国有土地使用权出让和转让暂行条例》和《外商投资开发经营成片土地暂行管理办法》，大大推动了中国城市土地使用权的出让和转让。1992 年 3 月 13 日原国家土地管理局又发布了《划拨土地使用权暂行办法》，规范和指导城市土地划拨工作。城市土地使用制度的改革促进了城市用地的自我约束机制，促进了节约用地；同时土地使用制度的改革也成为产业发展过程当中郊区化的一个重要的外在因素。因为根据级差地租的分布规律，在城市中心区商业金融支付地租的能力超过住宅，而住宅又高于工业。鉴于工业在市中心无力支付高昂的地租和地价，必然要转向地价相对低廉的郊区。经济杠杆已经在事实上成为推动城市中心区工业外迁的一大动力。当然，不同的产业对地租和土地使用税的承受能力是各不相同的，以工厂为例，在城市扩展的话，其基本的土地税就成为制约其规模拓展的关键因子。也有部分产业的郊区化是来自政府、城市规划以及环境治理及发展的要求，如一些有轻微污染、噪声等给居民生活带来直接或间接负面影响的行业，需要在市区以外的地方布局和发展。目前城市土地利用基本政策当中的"退二进三"指导方针就直接影响许多产业的外迁，也有部分产业的郊区化是根源于城市发展的郊区化。

现以企业的郊区化为例，来分析可能的激励因素。对于想要离开CBD的企业来说，其实是面临着一个均衡的问题，因为迁移会在降低某些成本的同时也伴随着增加另外一些投入。如果企业的迁移能够缩短劳动者的通勤距离，对劳动者来说可以节约通勤成本，而企业以支付较低工资的形式，可以占有这一通勤成本的节约部分；其次，根据距离CBD的远近，土地价格按照一定的递减率下降。因此，迁出CBD的企业得益于更低的土地支付成本，企业可以以资本来换回土地，也就是企业以水平的低矮建筑来取代垂直的高层建筑；第三，由于这种迁移可以避免在CBD出现的经常性交通堵塞，因而可以降低货物周转和流通中的运输成本；第四，损失了CBD的集聚经济效益，可能在一定程度上降低企业的劳动生产率（切希尔、米尔斯，2003）。但是，目前在城市近郊区新建高新开发区等以实现企业的集聚性和规模化建设，是可以在一定程度上减少劳动生长率降低的。这里分析的企业的主动性郊区化选择的原因所在，除了主动的郊区化过程，也自然具有被动型的郊区化的情况，早到建国初期的三线建设，当时的"山、散、洞"的选址方针并不是出于经济效益的考虑，而是以安全和国防建设作为企业选址的出发点。还有就是改革开放以后，随着人们生活质量的提高，人们对城市居住和工作环境的要求日益提高，这就要求原来对城市生活造成一定污染和影响的企业向郊区进行迁移，以减少对城市环境和人们生活质量的影响。

概括起来，产业的郊区化主要源于以下动因：其一，日益升高的城市商务成本。城市土地租金的升高，使传统产业在市场机制的作用下逐步实现生产郊区化。其二，国家产业结构调整需要。通过对某些夕阳产业的外移，寻找更具比较优势的生产区域，完成产业重新布局及产业重振。其三，伴随国外直接投资与国内开发区、工业园区的建立，对处于产业链中的相关企业重新布局（郑时、金霞，2005）。其四，出于城市建设和规划的总体要求，对产业发展布局的调整。其五，某些产业本身不适合在城市的发展或者对城市环境和人们生活具有较大的负面影响。

随着土地使用制度的改革和完善，土地的使用实行市场化运作以后，传统产业在城市商务成本日趋增加的情况下，生产成本上升，基本丧失了比较优势。如果移往商务成本较低的郊区，就可能通过降低劳动用工成本和土地成本带来价值增值，从而获得发展的新机遇。产业的郊区化或者说区域性转移不是一个孤立的过程，它是由于区位优势和竞争优势的变化驱使某些产业从某一地区或国家转移到另一地区或国家的一种经济过程。城镇化的发展会促进产业在区域范围内转移，同时，产业的区域转移也会推动城镇化进程（陈甬军、陈爱贞，2004）。并且，产业的郊区化与城市的郊区化及人口的郊区化都有互相影响、相互促进的关系。

## 二、产业郊区化的过程与趋势

产业的郊区化其实就是各产业相对城市市中心的一个外迁的过程。前面已经对于产业郊区化的动因进行了分析。产业的郊区化或者说区域性转移是城市化发展过程中的一个必然的现象。城镇化与产业区域转移是个不断互动、强化的发展过程。城镇化的发展会推动产业在区域范围内梯度转移。当城镇化达到一定高度后，一方面，地价的上升提高了区位成本从而使企业运营成本上升；另一方面，交通、运输、通信的发达，又使产业的区域转移成为可能。因此，在比较成本利益的驱动下，土地利用效率低的工业开始了产业转移过程。当服务业发展成为城市的主导产业，城市聚集了一定规模的服务功能，就会吸引更多的金融、保险、文教等现代服务业向其转移聚集，并排挤工业向外转移。这样，第三产业聚集在高度发达的中心城市，第二产业向周边低地价地区转移聚集，从而形成了具有一定层次性的城市圈、城市群。

产业的郊区化其实也是城市土地利用结构的一个调整过程。在西方，城市的土地利用一般划分为：①商业用地；②工业用地；③政府机关用地；④住宅用地；⑤休憩及绿化用地；⑥交通及其他公用事业用地；⑦农业用地及水面。在我国，产业的郊区化主要还是体现在工业、交通和住宅以及商业向郊区的扩散过程。随着城市化和城市生活质量的提高和发展，对城市的环境质量提出了更高的要求，需要首先将污染扰民的企业外迁，减少对城市环境质量的影响。这类企业的郊区化的动因基本上是源自城市环境的压力。迁往的地点有时是政府指定，总体来说，都是尽量的远离市区和居住区。

工业的郊区化过程中，首先向郊区扩散的是对人居环境影响较大的产业，如：化工厂、电厂、造纸厂、金属冶炼厂等。接着向郊区迁移的是地租承载能力较差的产业类型，如占地、投入较大且产出不高的工厂、小型加工厂、家具厂等。这是由于城市经济的发展使得市中心的地价越来越高，这些企业为了减轻在土地租金投入上的压力选择了向郊区进行迁移。也有部分行业的迁移是源于旧城改造之后，在市中心无法再找到适合的发展空间而向郊区发展。有些与城市的关联性不高的行业，也会为了节约成本而主动地迁往郊区，如：电子元件厂。而与城市关联度很高的产业一般不会主动地向郊区扩展，除非是因为城市化发展过程中城市建成区的扩展，为了进一步拓展市场而向郊区拓展，但这时的郊区已不再是完全意义上的郊区，严格说来，它应该是城市的外圈，即城市拓展的活力地带。

随着城市规模的不断发展以及城市中心土地开发的政策等限制，直接影响到房地产业向郊区的拓展，这就带动了城市住宅郊区化发展，也体现了城市空间扩张的要求。房地产业向郊区发展，这在许多城市已经成为一个普遍的现象，分析其原因，主要有：①经济因素。我国大多数城市的中心城区一直是城市的经济中心，但长期以来，受到城市发展建设方针和资金短缺的影响，多数旧城区的基础设施等因素比较落后，影响城市综合效益的发挥，为了恢复旧城区在城市经济中的活力，在政府的宏观引导和城市产业结构升级换代的推动下，在市中心建房的成本过高，于是只有向郊区迁移，这就带动了房地产业的郊区化。②自然环境因素。在市中心，居住的空间非常有限，并且一般绿化率低，还伴随着噪声等影响，于是居民宁愿选择城市的近郊作为居住的地点，那里会有很好的空气质量，安静的环境，优美的风光，开阔的视野以及宽敞的居住空间。③技术因素。主要是交通运输条件的相对改善，提高了中心区和郊区之间的可达性。当然现代通讯技术的发展也起到了不小的作用，随着网络的普及，SOHO的办公模式正在成为都市生活和工作的一种方式。④土地制度和住房政策的变化。随着土地使用制度的改革，土地不再是无偿地使用，通过竞价以获取土地的使用权促进了土地使用效益的提高，住房与商业相比，其对地租的承载能力更为有限，因此市中心土地主要发展为商业等用地类型。另外，我国的住房改革促进了自主选房买房的潮流，居住形式不再是过去那种单位组团式居住模式，而是根据购房者的经济承受能力，房价成了人们不得不考虑的因素。对于普通市民来说，对于市中心的房子，只能是望楼兴叹，而郊区的房价具有很大的价格优势，因此成了普通市民的一个重要的选择。

## 三、产业郊区化的结果

从产业结构变化和调整与城市经济的关系上来说，经济的发展与产业结构之间存在着十分密切的相互关联和互动的制约关系。一方面，经济发展水平的高低决定着一个国家、地区和城市的产业结构总体状况，反过来，产业结构的调整和优化又可以为经济的发展注入活力，提高经济增长的速度和效益。在不同的经济发展阶段，第一、第二、第三产业的结构比例关系呈现不同的特征。以美国经济学家库兹涅茨（S. Kuznets）、钱纳里（H. Chenery）等为代表的发展经济学家，根据第一、第二、第三产业在国民生产总值构成中的比例序位关系，结合人均国民生产总值的高低，将经济成长阶段划分为农业时期、工业化时期和后工业化时期三大阶段，其中工业化时期又具体分为初期、中期和后期三个阶段。对于不同的地区来说，相应的城市处于不同的发展阶段，其产业郊区化的具体形式是有差别的。

产业郊区化的直接结果，一方面造成城市发展的多中心化，进而形成围绕主要中心城市的都市圈、都市群等区域城市形态。它缓解了中心城区的人口和产业发展的压力，使城市的发展朝向均衡化方向。另一方面，实现了城市土地利用的集约化和产出效益的优化。产业的郊区化既是城市化发展的结果，也带动了城市化的发展。

# 第三节　人口的郊区化

## 一、人口郊区化的原因分析

人口郊区化所指的人口是城市人口。城市人口是居住在城市和在城市中从事各项职业活动的人口及被抚养的人口。人口的郊区化是城市人口由市中心或者老城区向郊区特别是城市近郊区迁移的过程。要分析人口郊区化的原因，首先应该了解人口迁移或流动的原因，对此而言，历来有各家之说：马克思学说认为人口流动的根本原因在于社会分工和生产社会化；而西方学者 E·S·李（Everett S. Lee）在其《人口迁移理论》（A Theory of Migration）中认为决定人口迁移的因素有四：第一是迁出地因素，第二是迁入地因素，第三是中间障碍因素，第四是迁移者介入因素；库兹涅茨认为人口流动是为适应技术进步而导致的经济机会变化的结果，舒而茨等人认为人口流动是人力投资的五个主要方面之一，是一种投资行为，由成本与收益所决定；托达罗的预期收入理论认为欠发达国家的人口流动取决于城乡实际收入差距和城镇就业概率（蒋达强，2002）。概括而言，经济因素是人口迁移的基本动因。而对工作和生活的喜好倾向影响个人迁移的内在因素。就人口的郊区化来说，它也是人口流动的一种形式，前面所分析的原因能够在一定程度上解释人口郊区化的动因，但不是全部。

城市人口的郊区化的前提之一，是居住空间的扩展和向郊区的延伸。经济的因素是住房郊区化的基本原因。1990 年以来，随着城市土地有偿使用制度的不断完善，在市场经济的杠杆下，城市中心区的用地模式不断进行调整，许多建筑容积率低、土地收益不高的工业、居住用地让位于商业、金融、写字楼等土地收益较高的第三产业用地。同时，住房改革制度的深入实施，使福利性分房转变为货币购房方式，居民对居住地有了更大的选择机会但同时房价因素成了不得不考虑的重要因素。普通市民为了获得较宽敞的住房，只好作出郊区买房的选择，这无疑推动了居住的郊区化。另外，旧城改造、交通等基础设施的逐步完善和城市建设中的郊区开发和新城区建设等都是人口郊区化的动力因素。随着城市经济的发展，需要产业结构进行相应的调整，"退二进三"政策的实施，使得工业的布局自然地由市区转向郊区。这种产业布局的转变也必然会影响到人口的分布格局。

## 二、人口郊区化的政策分析

在改革开发以前，我国的城市土地实行行政划拨、无偿使用的制度，由于城市中心区优越的区位和配套设施等条件，出现工业、商业、办公、住宅等竞相向市中心集聚和混杂的局面，也导致城市中心区的人口密度过高、环境质量较差、土地的使用效益低下的情况。

从人口郊区化与城市化的关系来说，人口郊区化是城市化发展过程中必然要经历的阶段，一方面城市化的发展促进了人口的郊区化，另一方面，人口的郊区化也是城市化的一个伴生的结果。因为从城市的发展阶段而言，在经历最初的集聚发展阶段以后，城市化就会进入集聚与分散相结合的发展阶段，在集聚中伴随着分散的过程，在分散的过程中也有集聚。总体而言，我国还处于城市发展的集聚阶段，但部分大城市已经进入了集聚与分散相结合的综合发展时期。

从总体上来说，城市人口的郊区化是自然环境因素和社会经济因素以及个人的主观喜好等综合因子共同作用的结果。从人的基本需求来说，其郊区化过程既有来自工作方面的原因，也有来自住房需求方面的原因；既有来自主观的需求可能，也有来自客观因素的制约性。人口郊区化的迁移过程受到城市经济发展和城市建设开发程度的制约，城市经济越发达，城市建设和城市旧城改造速度越快，人口的郊区化进度也就越快。

## 三、人口郊区化的过程和发展趋势

就人口郊区化的过程来说，我国与国外是不太一致的。在国外，就人口的郊区化而言，首先是与居住的郊区化密切联系起来的，也正是居住的郊区化带动了人口的郊区化。而在我国，首先是产业发展的郊区化，这也与我国的国情有很大的关系。由于城市经济的发展，带动了产业结构和布局的调整。从产业结构自身的发展规律来看，随着经济的发展，产业结构的重心逐渐地由第一产业转向第二产业，再由第二产业过渡到第三产业。我国从总体上看，已经迈过了第一产业占主导的经济发展阶段，第二产业得到了快速的发展，部分地区的城市，第三产业的比重上升很快，已经逐渐赶上并开始超越第二产业。从经济效益来说，城市单位土地面积上第三产业的投入高于第二产业，在市场经济规律的作用下，第二产业只有向郊区过渡以获取发展的空间。这种产业置换的过程也带动了人口就业向郊区的转移。就业向郊区转移时，为了方便生活，人们会考虑就近购买住房，这使居住的郊区化成为必然。因此，在一定程度上可以说，我国的人口郊区化是一种就业带动型的郊区化。

以上所谈的是一种就业带动型的人口郊区化过程，但事实上，人口郊区化并不仅限于这种模式。随着城市经济的发展和交通等基础设施的完善，从市中心到近郊区已不再是一件费时的事情。同时，由于市中心可以开发的用地越来越少，并且开发的成本也越来越高，房地产开发商为了拓展发展的空间，将城市的近郊作为一个新的发展领域。对于居民来说，为了改善居住环境或者降低购房的成本，越来越多的市民倾向于在近郊区购房。另外，由于旧城改造和用地功能调整引起的住房郊区化也是一大因素。

人口的郊区化过程首先出现在大城市当中，我国的北京、上海、沈阳、大连、杭州、苏州等大城市在 20 世纪 80 年代就已经开始进入了人口居住郊区化的过程。城市中心区人口下降主要是迁往近郊区。1990~2000 年期间，各城市中心区人口仍在下降，并且下降幅度均超过 1982~1990 年各城市中心区人口的下降幅度，这说明人口居住的郊区化在进一步发展，强度还在提高之中（张文新，2003）。

## 四、人口郊区化的结果

人口是城市发展进程中最为活跃的因素，城市人口作为生产者，直接决定城市劳动力资料的数量、质量及生产成本；城市人口作为消费者，其消费水平、消费结构和消费能力是影响和决定市场形式变化的重要参数。人口的空间变化作为城市空间结构变化的指示器，其郊区化的直接结果，就是改变了城市空间的集聚发展模式。就人口郊区化与城市发展的关系来说，人口郊区化过程有利于城市用地结构、产业结构的优化和城市发展潜力的拓展。从人口郊区化与经济发展的关系来看，人口的郊区化有利于城市总体经济效益的提高，通过产业向郊区的扩散，也在一定程度上带动了郊区乡镇的经济发展。

从国家经济社会发展的角度讲，城市人口在全社会经济发展中起到了重要的、主导的作用。以我国 1995 年的统计数据分析，全国 640 个城市以占总人口

16%的城市人口创造了全国77%的非农业产值和工业利税，完成了全国72%的社会商品零售总额。由此看来，城市人口的经济主导性是显而易见的，城市人口的郊区化对于带动郊区经济的发展也必然起到重要的作用，从这个角度而言，城市人口的郊区化是有利于城乡经济协调发展和全社会共同进步的。

但是，郊区化带来的不一定都是好的结果，以国外为例，郊区化的过度发展，增大了基础设施的投入和用地的浪费现象。对于我国特殊的国情而言，合理节约和集约地利用每一块土地是一项必须长期坚持的任务。人口郊区化的发展，要与当地的城市化水平、经济发展状况和用地现状结合起来，起到相互带动的作用。如果人口的郊区化过程过于缓慢，也会影响城市经济的健康发展，因为作为市中心而言，其人口和产业的承载力是有限的，人口在市区的过度集中，不利于产业的发展和人们居住环境的改善。另一方面，如果人口的郊区化发展过快，城市基础设施和其他配套设施的发展跟不上，起不到促进经济发展的效果，也不利于改善人们的居住生活条件。

# 第四节　区域城市化

## 一、城市郊区化的空间形式——多核化过程

城市的郊区化其实就是城市功能区由单中心向多中心，以及由人口和产业等的空间集聚为主逐步向空间的扩散为主的演变过程。客观而言，集聚与扩散的过程其实是伴随着城市化发展的整个过程的，只是在城市化的不同发展阶段，集聚和扩散的主次有着明显的差异。工业化时期的城市化经常表现为集中型的城市化，而信息化时期的城市却表现为分散型的城市化，因为信息时代，由于通信技术和交通事业的惊人发展，使居民的工作地点和居住地点可以远距离的分离。城市空间结构在自组织力作用下经历集聚——拥挤——分散——新的集聚。在这一过程中经济结构及产业内部结构的变化，交通及通信技术的发展，重大投资项目的推动，自然生态因素等具有最为显著的影响。另一方面城市建设中一直存在着有意识的人为干预，即政府加以规划调控及政策引导。通过法律、经济、技术、规划决策及实施等方面的作用，使城市空间结构演化尽可能符合人类发展的愿望和要求，这就是空间的被组织机制。城市空间结构的成型就是通过城市空间内部自组织过程及空间被组织过程相互交替逐步朝着理性的方向发展。

从城市功能结构优化的角度而言，单核心或单中心的城市化发展模式只能

适应城市化发展的前期到中期这一发展阶段。当城市化的发展到了加速发展的中、后期阶段，单中心的城市发展不利于城市功能结构的优化。以北京为例，由于北京属于单中心城市结构，政府、金融、教育、医疗、商业等服务部门基本都集中在城区，随之聚集到城区的大量人流、物流、车流大大超出了基础设施的承载能力，由此造成严重的交通拥堵现象。单中心的城市结构加大了城区交通压力，恶化了人居环境质量，而交通拥堵又大大削弱了城市中心区的扩散和辐射功能，由此形成恶性循环。

在地域空间经济活动中，经济增长并不是均匀扩散的。市场经济的作用力一般趋向于扩大和强化而不是缩小和弱化区域间的差异；同时因为城市市场空间的扩大，原来的发展核心区难以辐射到新增长起来的区域，从而需要有新的产业经济增长点，这就产生了城市郊区化过程中的多核化过程。

随着城市郊区化的发展，郊区人口迅速增长，制造业也开始向郊区迁移，随之商业、服务业乃至众多公司、金融机构也纷纷在郊区出现，原来集中于中心城市的多种经济活动日益分散到郊区的多个中心点上。由此，在郊区又形成了功能较为完备的中心区，它们与原来城市中心相互联系、相互补充，伴随这样的多核化过程，形成了大城市的多中心格局。

## 二、都市区与区域城市化地区

1910 年美国首先定义了都市区概念（Metropolian District, MD），规定 MD 内有一个至少 20 万人口的城市，在城市边界以外 10km 范围内最小行政单元（Minor Civil Division, MCD）的人口密度为 150～200 人/平方英里。这里将都市区概念等同于国内大都市区的概念提法（顾朝林等，2003）。随着城市化的不断发展，其概念内涵也几经变化，1990 年以后经修订，都市区的范围包括一个人口 5 万以上的城市化地区（UA）作为核心，围绕这一核心的都市区地域是中心县（Central County）和外围县（Outer County）。确定为标准大都市统计区（SMSA），其组成部分有三个：①一个具有 5 万人口以上的中心城市，或共同组成一个社区的总人口达 5 万以上的两个相连城市；②围绕这一核心的都市区地域是中心县（Central County），人口密度在 58 人/km$^2$ 以上；③75% 以上的劳动力从事非农业活动且至少有 15% 在中心县工作的外围县（Outer County），其就业者中有 25% 常住于中心县、市中（黎熙元、何肇发，1998）。都市区以县为其组成的基本单元。欧美其他国家对都市区的划法基本类似，如英国的标准大都市劳动区（SMLA）和大都市经济劳动区（MELA），加拿大的官方统计定义都市普查区（CMA），德国的就业密集地区等。日本战后参照美国 SMSA 的经验，提出了本国的"标准城市地区"，用以确定城市地域的范围，与美国 SMSA 不同的是，日本的 REC 和 FUR 规定若有两个中心都市近距离并存时，距离在 20km 以上则各成为各都市圈的中心城市，若距离在 20km 以内时，以流入就业者居多之中心城市为中心都市，另一城市则为次中心都市。日本为确定大城市地域，在 1960 年开始采用"大都市圈"概念。这种大都市圈规定中心城市人口规模须在 100 万人以上，若有两个以上中心城市相互接近时，将其区域并入一个大都市圈。这个类似都市区而规模远大于都市区的概念是日本学者根据本国大城市多而密集这一特点而提出的（Peter Kate，1994）。与都市区（Metropolitan Area，MA）类似或相同的概念有西方学者称的城市地域（Urban Region）、大都市地区，日本学者称为都市圈。作为功能地域的都市区概念，其考虑的出发点是城市对周围地区的影响，而这种影响又通过城乡间的各种社会经济联系活动得以实现（王兴平，2002；刘荣增，2003）。

1986 年，周一星在分析中国城市概念和城镇人口统计口径时，借鉴西方不同尺度空间单元体系，较早地提出了市中心——旧城区——建成区——近市区——市区——城市经济统计区——都市连绵区这样一套中国城市的地域概念体系（周一星，1986）。在同一时期，香港中文大学的张力率先向西方学术界展示了类似的思考。在前一体系中近市区与西方城市实体地域概念——城市化地区（UA）相对应，城市经济统计区（Urban Economic Statistical Area，UESA）与西方城市功能地域概念——都市区相对应，都市连绵区（MIR）与大都市带（Megalopolis）相对应。胡序威、周一星（2000 年）等在《中国沿海城镇密集地区空间集聚与扩散研究》中，进一步提出了中国都市区的界定指标：都市区是由中心市和外围非农业化水平较高，与中心市存在着密切社会经济联系的邻接县（市）两部分组成；凡城市实体地域内非农业人口在 20 万人以上的地级市可视为中心市，有资格设立都市区；都市区的外围地域以县级区域为基本单元，外围地区原则上须同时满足以下条件：①全县（或县级市）的 GDP 中非农产业占 75% 以上；②全县社会劳动力总量中非农劳动力占 60% 以上；③与中心市直接毗邻或与已划入都市区的县（市）相邻。

我国的城市概念受"市"行政区界的限制，每个城市都不能超越自己的市辖区界，多以人口较密集的中心市区代表城市。都市区的概念可以超越市区界，是一个以大中城市为中心，由外围与其联系密切的工业化和城市化水平较高的县、市共同组成的区域，内含众多城镇和大片半城市化或城乡一体化地域。如果其中心市是一个百万人以上的特大城市，可以称其为大都市区。如果有两三个相互邻近的大中城市作为中心也可共同组合成为一个大都市区，如：长株潭组合型大都市区。总之，大都市区往往是跨城市行政区的区域联合，所以不能将发展大都市区简单地等同于发展大城市（胡序威，2003）。

都市区与其他概念的区别在于，它是以城市作为视点，来衡量城市化发展的阶段。根据胡序威等提出的中国都市区的界定标准，用它在一定程度上可以作为一个度量城市化、郊区化发展状况的基准。用都市区的概念来衡量城市化发展的一定阶段，它充分肯定了城市在区域发展中的主导和核心作用，对于当前我国城市化快速发展的时代背景下，以城市化带动工业化，以城市的发展带动乡村的发展，从而促进城乡一体化的最终发展目标来说，是有积极的意义的。但不足之处在于，都市区的概念是站在城市发展的视角来看待空间和社会地域，以一种自上而下的视角考虑问题，难免对乡村自身的发展和城乡互动关注不够。从另一方面来看，都市区主要是以一个区域的中心城市为研究的出发点，对于我国目前城市的联片发展模式则缺乏深入地探讨，对于更大尺度范围内的城市群、城市带等新型城市化发展模式无法得出规律性的认识，从而需要其他概念的补充说明。

区域城市化地区是在都市区、都市连绵区以及城市群等发展形态之上的新的城市化发展形态。它与都市连绵区、城市群等的区别在于更加强调从区域和整体的角度来看待城市化发展的地域范围，反映出当今城市特别是中心城市与所在区域存在唇齿相依的关系。美国的尼尔·R·佩尔斯等学者所提出的"Citistates"一词与这里所提出的区域城市化地区概念有着一定的关联性。区域城市化就已经完全突破了单个或者少数几个相邻城市联合发展的模式，而是在更大的地域范围内形成城市联片发展的新的形势，这也是对我国城乡二元化发展格局的变革。在区域城市化的发展过程中，城市的发展已经与乡村的发展相结合，因为在这个过程当中，需要穿越许多乡村地域，在这样的进程中，就带动了乡村地区的城市化发展。因此，区域城市化有利于城乡一体化发展。

在区域城市化的发展过程中，也不是一帆风顺的，因为在市场经济体制下，城市成为利益主体，城市竞争成为必然趋势。在发展之初，城市之间的竞争主要表现为"行政区经济大战"、市场分割、地区封锁和无序竞争。在经济发展处于市场短缺时期，短缺资源被禁止向行政区外流动，封锁本地商品市场，同时着力增强本地生产能力，由此往往形成产业同构、重复建设的局面；向外，则本地市场排挤外地商品，挤占外地市场空间；向上，大肆"跑部钱进"，要政策、要资源、要项目；对外，在给予外资"优惠政策"方面进行竞争，"开发区热"即是代表。随着市场经济的深化和拓展，全国逐渐接近统一市场，并且各城市也开始发现，它们之间的竞争并未带来各自的繁荣，反而是相互受制，于是区域内城市开始在理性博弈、有序竞争的基础之上参与合作，为区域城市化的真正发展奠定了基础。

区域城市化的发展，不是以某个城市的最大效益为基础，而是以区域内城市间共同利益的最大化作为制定相关规章条例和具体建设方案的出发点和归宿点。区域城市化的发展，有利于带动一个区域范围内包括农村地区的生产、消费和流通领域在内的人员、物质和能源的协调发展和共同繁荣进步。

由于城市一般都有较强的专业化功能，不同城市在区域中的定位与作用是不同的，这就决定了其发展的重点也各有区别。按照劳动地域分工的原则，城市之间客观上需要信息、资金、人才、技术等生产要素的频繁流动，以实现一定区域范围内城市之间的优势互补。但是因为区域内各城市地位和作用的差别，导致城市间费用负担和利益分配不均，也会产生区际和区内利益的矛盾，阻碍分工与交易的进一步发展。要想获得区域城市化地区快速有序的发展，区域内城市间以及城市与区域的相互协调发展自然就成为我国区域城市化发展的必然要求。区域城市化地区的协调发展要求在"协同共赢"的理念下，通过基础设施衔接配套，要素资源共享，产业分工合作，最终将形成所在区域在更大范围竞争中的整体实力。同时，区域内城市之间联系的日益密切，必然会对它们之间的郊区、农村溢出物质和能量，从而为这些地区带来发展机遇，带动整体区域的经济增长、社会进步和城乡的和谐发展。

## 第五节　展望

通过前面的有关分析，我们可以得出城市的郊区化既是一种城市空间的扩散现象，但又不止于此，在空间扩张的同时更伴随着人口、产业、信息、能源、物质等各方面的全面外迁。我们所看到的最为直观的空间延伸过程，是在城市空间内部自组织力量及空间被组织机制的交互作用下的结果。关于郊区化研究，彼得·霍尔（Peter Hall）的城市演变模型为郊区化研究提供了阶段鉴定的理论。在他的理论中，将国家分为都市区和非都市区两部分，又把都市区分成首位城市体系和其他一般城市体系两部分，都市区由中心区和郊区组成。他把城市的演变分为6个阶段，依次是"流失中的集中"（Centralization During Loss）、"绝对集中"（Absolute Centralization）、"相对集中"（Relative Centralization）、"相对分散"（Relative Decentralization）、"绝对分散"（Absolute Decentralization）和"流失中的分散"（Decentralization During Loss）。在前三个阶段，中心市人口高速增长，以向心集聚为主。相对分散阶段，中心市人口增长速度低于郊区，这是郊区化的前兆。绝对分散阶段，中心市人口出现负增长，人口向郊区迁移，这是郊区化的典型标志。流失中的分散阶段，则可能演化为逆城市化（Peter

Hall，1984）。

发达国家城市发展经历了"城市化——郊区化——逆城市化——再城市化"过程。由此看来，郊区化本身是社会经济发展到一定阶段，城市发展到一定规模的背景下所出现的一种必然扩散趋势和一定的发展阶段。也就是说，它是城市在经历了中心区绝对集中、相对集中等阶段以后出现的离心分散化趋势，它是在城市化的初期集聚发展之后，人口、产业的进一步发展对城市空间提出的新的要求。但是由于不同的国家和区域资源（尤其是土地资源）条件、技术条件和制度条件不同，郊区化的道路也存在着较大差异。通过对中国城市化发展历程的考察能够看出，中国城市化发展过程中的郊区化并不完全吻合于西方国家的发展模式，无论是在动力机制、发展过程以及郊区化的结果方面都有自身的显著特征，因此，不能因为西方国家郊区化过程中的弊端而对郊区化持抵制的态度。但也不能对此掉以轻心，我国计划经济时代的郊区化道路虽然和西方存在着较大的差异，但是随着社会主义市场经济的实行和社会经济的快速发展，国外郊区化进程中伴生的许多现象在我国也正在出现，特别是随着私人小汽车的日益普及，网民数量的日益攀升以及道路等基础设施的进一步完善，大规模的郊区化趋势即将来临，对于刺激消费，扩大内需，积极、稳妥地推进城市化都具有重要意义。但同时要求城市规划、市政和经营单位及早注意，未雨绸缪，合理引导，保证郊区化过程的顺利进行。同时应注意郊区化过程与侵占大量耕地矛盾的妥善处理，保证城市、区域整个经济的协调与可持续性发展（刘荣增、杨峰，2002）。

作为连接城市与乡村的中间点和纽带，其规模的扩大和发展标志着城市在更大地域范围内的增长，然而从整体的角度来看，城市和乡村是彼此关联的，城市化发展过程中的郊区化进程不能超越一定的社会经济条件，如果超前发展，将导致城市化质量的下降，也损害了乡村的利益。但也不能人为干涉，抑制城市郊区化的正常发展，这会导致城市发展速度减缓，并影响城市生活质量。

近十年来，我国政府和规划专家为了解决城市郊区化中所面临的问题，提出多核心城市区域发展模式，引导大都市向多中心城市演变，形成了具有与中央核心区互补和竞争的郊区次中心的多中心城市网络结构模式。郊区化的发展推动了城市由单中心向多中心方向发展。当更多相邻的城市进入郊区化发展阶段的时候，也就宣告城市区域化发展时代的到来，当其不断发展和成熟时，我国看到的将是一个区域城市化的地区。郊区化与城市的区域化发展是紧密相关的，互为推动的。但我们不能为了获得城市的区域化发展而不结合经济社会发展的现状，一味的强调郊区化的发展，否则，将适得其反。

# 7

## 第七章
## 城市土地与土地利用

# 第一节 土地

对城市土地经济的研究实质上是一个空间资源的分配问题。人类的任何活动都要占据一定的空间，而在城市，人类各种活动的高度集聚使得有限的空间更加宝贵，如何高效率地利用这有限的空间，就成为城市经济研究的一项重要课题。土地利用方式及利用强度是城市规划的核心内容，而城市土地利用方式的演化直接导致了城市空间结构的变化，因此有必要首先了解土地的有关知识。

## 一、土地的特性

### （一）土地的自然属性

土地作为一种自然的客观物质存在，是国民经济、社会发展的空间载体，同时也是一种重要的社会经济发展投入要素。当然，在农业社会、工业社会等不同的社会发展阶段，土地利用的不同方式导致了土地表现出不同的特性。当然，作为一种物质空间，土地首先表现出的是它的自然特性：

（1）固定性：任何土地都是在固定的区域、场所存在的，它不能像其他物质要素那样可以通过一定的方式实现空间位置的移动。

（2）差异性：由于具体区域环境条件的差异，任何土地之间都存在着物理、化学特性等方面的差异，当然，当土地实现经济用途以后，其区位条件的差异就表现得更为明显。这种差异性是影响土地价值与价格的重要因素。

（3）耐久性：土地作为一种特殊的物质要素，其区别于其他要素的一个重要特征是其使用的耐久性。不同于其他易消耗的资源，一般情况下土地可以反复、永续地使用。但是，由于使用方式的不同也会影响土地使用的耐久性，例如农业生产中越来越多地使用化学肥料，将会导致土地肥力下降。

### （二）土地的经济特性

土地除了一般的自然特性以外，它作为一种重要的经济要素而表现出对社会经济发展的基础作用，这主要是由它的经济特性所决定的。当然，从某种意义上看，土地的自然特性客观上决定了它的经济特性。

（1）稀缺性

不同于淡水、空气、森林等资源，土地从数量上来讲是一种不可再生资源，而由于经济社会的发展、人口的增长，我们对土地的需求也不断增大。有限的土地与无限的发展是一对长期存在的矛盾。作为城市规划来讲，一个重要的工作就是协调两者之间的矛盾，在可持续发展的目标原则指导下，保证城市的合理、健康发展以及土地的集约使用。

土地的稀缺性除了其绝对数量上的限制原因外，在一定时期内土地的供给多少也是一个重要的影响因素。这里我们需要引入土地供给弹性的概念，土地供给弹性是指地价的相对变化量与地价变化引起的土地经济供给的相对变化量的比率（$E$），可用之来反映土地经济供给量对地价变化作出反应的灵敏程度，$E = (\Delta L/L)/(\Delta P/P)$。

通常，$E < 1$，说明地价变化只能引起土地供给量较小的变化。对瞬时供给，弹性系数为零，也就是无弹性，而土地短期供给弹性系数比长期的供给弹性系数小，当地价上升到一定水平后，短期供给弹性趋于零，而长期供给曲线比较陡直，供给弹性越来越小。供给弹性小，反映土地供给曲线比较陡直，弹性愈小，曲线愈陡直，因而短期土地的供给曲线比长远的更为陡直。

土地作为一种特殊的商品，在许多方面都有其特殊性：其位置固定不变，自然供给不变，经济供给弹性也是有限的，买卖双方不能自行决定土地的位置和用途，土地价格受当时社会和政治局势稳定与否及经济的繁荣与衰退等因素的影响极大，所以，工业、商业、住宅用地有时又表现出供求的特殊性。当社会经济长期处于稳定发展状态时，城市土地的供求也遵循一般商品的供求规律，尤其在新开发的工业区、商业区、住宅区，在一定范围内，土地的供求都有一定的弹性。在一般情况下，土地交易也遵循一般商品的供求规律：地价上升，则供给增加，而需求下降；地价下降，则供给减少，需求增加。政府可根据这一规律，在其地价高涨时，抛出较多土地以达到平抑地价的目的。土地供求关系的另一特殊形式就是有价无市，即只有土地供给及价格，没有需求者；或只有对土地的需求及地价水平，但没有土地供给。这两种情况，都不能实现正常的土地交易，这在经济萧条时期是很常见的。

随着中国城市化和经济的发展，工业、商业、住宅用地的需求会不断增加，但这类土地的供给非常有限，最终必将导致这类土地在高价水平下的供求平衡。针对中国目前经济水平较低这一情况，中国各级政府需要积极参与对土地供求关系的协调，把普通住宅用地价格控制在居民可以接受的水平上。同时，对其他用地的价格也不能放任自流，应利用经济、法律、行政和技术等综合手段对土地价格进行调控。

（2）区位效益性

空间，特别是具有生态位置意义的空间是一个重要的资源，而且用它可以来支持对经济利益的追求。处于不同区位（地理区位、交通区位、环境区位等等）的土地，其背后所蕴藏的经济潜在价值是不一样的，因此城市里的土地价格表现出巨大的差异。当然,不同用途的土地对区位条件优越与否的判断是不一样的,例如工业用地区位优越的地方是对外交通方便、能源供应方便、用地完整的地区,居住用地区位优越的地方是生活设施配套齐全、自然与社会环境较好、出行方便的地区,商业用地区位优越的地方是处于消费区的核心、交通方便的地区。对于城市土地而言,区位是其核心价值所在,正如加拿大经济学家 M·哥特伯戈在其《土地经济学》一书中所说的那样:"城市不动产的三条最重要的特征,一是区位,二是区位,第三还是区位。"

(3)边际效益递减性

由于土地的形成和恢复周期往往都是以地质年代为参照的,基本可以视作一种不可再生自然资源,因此,在特定生产技术条件下,其肥力和自然生态、社会承载力相对于人类的需求是相对有限的,加之供给总量的有限性,必然使对土地的使用强度超过一定限度(最优利用程度)以后,土地的收益就开始下降,呈现出一个倒"U"形的曲线。对于农业用地来讲,这是因为过度开发导致了土地肥力的下降或人力投入的过度追加使人均收益持续下降,出现相对剩余劳动力直至出现绝对过剩;对于城市用地而言,这是因为过度开发导致了设施成本及配套成本的提高,甚至是环境质量的下降。因此,排除了技术革新因素,作为一种生产资料,土地的使用必然存在边际效益递减效应。

## 二、地租及其理论发展

(一)地租

历史表明,从有组织的土地拓居之时起,对使用土地资源的租赁性报偿就产生了。这些报偿是衡量土地资源在生产利用中的经济报酬的一种手段。这项经济报酬可以被称为"纯收益",它是产品总产值减去经营总成本之后应归于土地这一固定要素的剩余额。因此,土地经济报酬可直呼为地租。

地租是土地经济理论中的关键性概念:它是解释人们赋予不动产资源以价值和人们之所以拥有土地资源的主要动因的理论基础;它影响着不动产资源在不同个人之间和在互竞用途之间的分配;它对租赁协定、税收政策、土地开发与保护经济学以及对土地资源利用的其他侧面都有着重大的影响。

(1)地租的性质

"租金"是经济学家赋予特定含义的又一个普通名词。在日常生活中,一般的人通常把它看作是为利用土地和建筑物而支付给所有者的报偿。因此,他们常常说到家庭住房、商业场地和农场的租金。

跟一般人一样,经济学家也经常在普通含义上应用"租金"这个名词。但是当它用作经济术语时，特别是当考察土地资源的经济报酬时，经济学家们认为应该区分三种租金的概念，即契约租、地租和经济租。

契约租是承租人为占用别人的房地产而实际支付的款项，其数额大小通常是在财产使用前由房产主和承租人商定，最后双方通过契约形式而达成。这一概念多少类似于通常意义的"租金"。

地租是一个比较专门的概念。它指土地资源的理论收益，或者可以直接地定义为土地在生产利用中自然产生的或应该产生的经济报酬。这一概念适用于土地的一切理论收益，且适用于这里所提到的土地场地及其改良设施的联合收益。在区别地租类别时，将地皮地租或场地地租（与建筑场地、空地和处女地有关的报酬）同与建筑物及其他人工改良不动产有关的改良设施地租区别开来是很方便的。我们还可以将因某地段位置优劣而带来的位置地租与因土壤肥力或场地质量不同而产生的地租区分开来。

经济租也是一个专用经济概念。一百多年来，经济学家们用它来表示土地的经济收益，其含义与现在的地租概念多少有点相似。随着一个世纪以来经济思维的日臻完善，人们越来越注重土地以外的经济讨论，以及由于经济学家们把不动产当作一种资本，"经济租"这一术语又有了新的含义。现在，经济租被定义为收入减去投入生产中某要素最低供给价格后的剩余。

按现在的定义，经济租在很大程度上可以看作是由于意外的需求或供给状况，某种生产要素或某一经营者在短期内可获得的经济剩余。就长期来说，由于商品的供求趋于平衡，上面所谈到的经济租便会消失。例如，诸如公寓这样的不动产资源，在因有住房的突然需求而使得房产主能提高租率时，便可以获得超过其正常地租和契约租的经济租。这种暂时的好处随着时间的进程会因需求状况的变化或新房屋的建造而消失。经济租的成分中也可能包括资本、劳动和管理所得的报酬。

地租和契约租是土地经济学中使用的两个重要的租金概念。它们有一点大不相同，契约租是对财产所有者的实际支付。它可能超过或低于理论上财产可以获得的地租。当它大于应付地租时，承租人必须交付一部分本来应归于他的资本、劳动或管理投入所得；当它低于这个数额时，承租人则能分享一部分地租。

由于上述背景，下面将进一步着重讨论地租的计算、理论概念。首先将考察与现代生产分析相关联的地租价值计算解释。然后回顾一下早期一些地租概念的发展历史。

（2）地租的计算

给地租和市场价值这两个术语下定义是很有用的。像其他资产一样，土地产生了连续不断的可出售的服务，并因此带来了连续不断的收益。倒如，农业用地产生了连续不断的农产品（成袋的玉米），为农民创造了连续不断的收益。同样，城市里的停车场产生了连续不断的停车服务，为经营停车场的服务商创造了连续不断的收益。当土地所有者允许另外的个人或厂商使用他的土地时，他收取地租（land rent）。如果农民获准在一块土地上种玉米，地租可能是每亩每年 1000 元。假如厂商获准在一块土地上经营停车场，租金可能是每亩每年 5000 元。

什么决定土地的市场价值呢？土地的市场价值（Market Value）等于由土地所产生的连续不断的租金收入的现值（Present Value）。为了解释现值的概念，假设每年可产生收入为 $R$ 的一处土地资产，其收入会持续 $n$ 年。假设市场利率为 $i$，那么该资产所产生的一系列收益的现值表达式为：

$$PV = \sum_{t=0}^{n} \frac{R}{(1+i)^t}$$

假设一处资产每年可产生 20 元的净收入，从现在开始一直持续整整 5 年，利率为 10%，那么资产的现值为：

$$PV = 20 + \frac{20}{1.10} + \frac{20}{1.21} + \frac{20}{1.33} + \frac{20}{1.40}$$
$$= 20 + 18.18 + 16.53 + 15.04 + 13.70 = 83.45 \text{（元）}$$

假定这一系列收益会永远持续下去，即当 $t \to \infty$ 那么现值的方程式可简化为：

$$PV = \lim_{n \to \infty} \sum_{t=0}^{n} \frac{R}{(1+i)^t} = \frac{R}{i} = \frac{20}{0.10} = 200 \text{（元）}$$

假设 20 元的年收入会永远持续下去，那么资产的现有的价值为 200 元。就每年可产生 $i\%$ 收益的可选投资而言，现值是投资者愿意为一处资产偿付的最大值。假如另一可供选择的方案是年息为 10% 的储蓄，投资者要么永远在每年都会产生 20 元利益的资产上投资，要么在年利率为 10% 的储蓄上投资。当交易价为 200 元时，投资者对于花费 200 元投资在资产上和投资同样数目的钱用来储蓄表现得无所谓，在两种情形下，年收入都是 20 元。当交易价少于 200 元时，投资者会投资资产而不是储蓄。假如价格为 10 元，与投资同样数目的金钱进行储蓄获利 10 元相比，投资者投资 100 元在资产上每年就可以获利 20 元。同样，对于超过了 200 元的交易价，储蓄就比投资在资产上更有利可图。

土地的市场价值是从土地上所获得年租金支付费用的现值。原则上讲，土地用于居住、工业、商业活动，能够产生稳定的连续不断的租金收益。相对于随着使用而贬值的农业用地而言，开发了的土地不会贬值。因此，市场价值等于年租金除以利率。假设一块土地的年租金为每亩 5000 元，而市场利率为 10%，那么每亩土地的市场价值为 5 万元。土地市场价值等同于现值，这是因为现值使投资者在选择购买土地（花费 5 万元可永久性地每年获取租金 5000 元）和将 5 万元存入年利率为10%的银行户头（每年赚取5000元）时表现得无差异。

为了保持一致，地价被定义为作为获得土地利用权而支付的年费用，地价与地租是同义词。就租金与价值之间的简单关系而言，很容易将地租转换为市场价值，用租金除以市场利率即可。

（二）地租理论发展回顾

在18世纪时，一些经济学家认为农业地租是土地产出的一部分，它与土壤肥力有着正相关的关系，即土壤肥力越高，农业地租也就越高。而农产品（或食品）价格在很大程度上又取决于农民交纳的地租，地租被通过食品价格转嫁给了消费者。如此得出了一个结论，就是土壤肥力越高，农产品价格就越高。这是18世纪经济学家对地租的认识。到了19世纪，古典经济学家李嘉图（Richard D.）驳斥了这一观点，他认为虽然地租代表着土地产出的一部分，但这部分产出是付给土地所有者作为地力消耗的报酬。他指出肥力与地租之间的关系在某种程度上是由工资成本和利润水平决定的。地租之所以变化，是因为在肥力不同的土地上生产同样产品所需投入的劳动和资本不同。肥沃的土地需要较少的劳动与资本投入，且其边际产出较高，而产出中的剩余价值被土地拥有者拿去作为地租。而贫瘠的土地需要较多的劳动与资本投入，且边际产出较低，其结果是剩余价值少，地租也就少。在极端情况下，边际产出等于边际成本，没有剩余价值，也就没有地租。劳动和资本投入与边际产出、成本及地租之间的关系如图7-1所示。

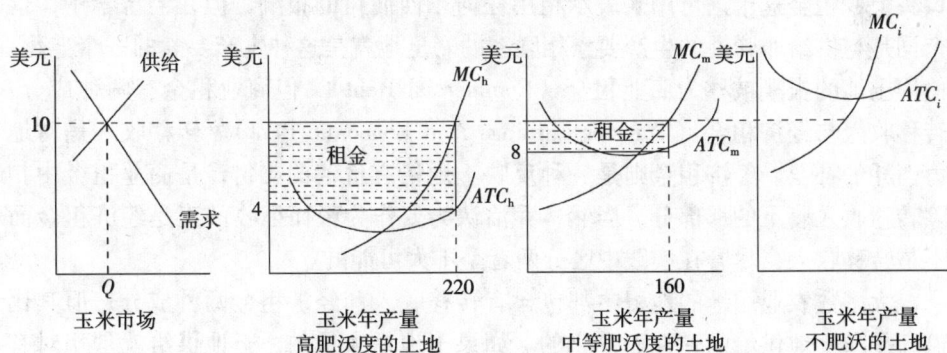

图7-1　土地自然肥力与地租关系图

因为边际产出是边际产量与价格的乘积。价格越高，边际产出就越高。因而李嘉图认为是产品价格决定了地租，而不是地租决定了产品价格。产品价格是由市场上的供求关系决定的。当食品需求由于人口的快速增长而增加，供给却由于诸如战争或削减谷物进口等原因而减少时，这种关系就看得很清楚：由于需求大于供给，使得价格上升，而土地拥有者也因此得到更多的地租，所以李嘉图指出，价格不会由于地租而上升，但地租却会由于价格上升而提高。有一点很明显，就是对土地的需求是一个引出的需求。土地并不是由于其本身而被需要，而是由于它的产品。对农产品的需求引出了对土地的需求。李嘉图总结说，地租除了把生产者的剩余价值分离出来外，没有别的作用，尽管地租高也不能生产出更多的土地。到 19 世纪末，另一学者乔治（George H.）又提出了他的地租观点。他指出，地租是由等量劳动与资本在某块土地上生产出的产品量与在生产率低的土地上生产出的产品量之差决定的（图 7 - 2）。图中横轴方向是土地生产力下降的方向。纵轴是边际产出，在最差的土地上，它等于边际成本（工资与利息）。地租仍等于边际产出减边际成本，但他不像李嘉图那样把所有权与使用权的关系考虑进去。他指出，地租是一个社会现象而不是一个自然现象，它是土地私有权提出的垄断价格。因为土地是人类既不能生产也不能增加的，所以土地所有者具有垄断权。

因为没有什么职业可使劳动与资本不使用土地，所以乔治认为劳动者和投资者应该联合起来去限制土地垄断的权力。但理想的做法是所有的地租应被征税，从而使土地成为一般财产。单一征收土地税不仅可以取代其他的直接或间接税收，而且将限制土地垄断的权力，消除投机的诱因，限制由于财产所有而带来的不公平。

在新古典经济学家看来，李嘉图和乔治的地租概念都是不恰当的。尽管在口头上，租金这个词可用来表示租用任何东西而付的报酬，但在经济学中，这个词是与供给非弹性的生产要素相联系的。土地就是这种生产要素的一个典型。使用土地的报酬被称为商业租金（Commercial Rent），但商业租金有两种成分：转移收入与经济租金（Transfer Earnings And Economic Rent）。转移收入是对地力消耗的补偿。经济租金则是一种反映土地稀有价值的支付，是商业租金中扣除转移收入剩下的那部分。当然，乔治认为要作为税而征收的正是经济租金而不是转移收入，尽管在实践中区分两者是不太可能的。

大多数农业用地的地租中都包含有转移收入和经济租金两种成分，但其比例却是随土地供给的弹性而变化的。如果土地是大量的，土地供给就是相对有弹性的，地租中转移收入的比例就比较高，经济租金的支付就相对较低。但在农业集约经营区，土地的供给在相当程度上是非弹性的，结果就是经济租金占有了地租的大部分。在城市中，通常是经济租金高于转移收入——反映了土地对于需求的稀缺性。

当土地供给是完全非弹性的时候，商业租金由经济租金构成，转移收入可忽略不计了。若土地供给有一定弹性，则经济租金与转移收入同时包括在商业租金中，二者的比例是由弹性的大小决定的。弹性越大，转移收入比重越高。当土地供给是完全弹性时，商业租金中就只剩下了转移收入，经济租金可以忽略不计了。

由此，在新古典经济学中，租金被看作是一个分配工具。它把土地分配给出价最高的投标者。

在20世纪60年代，新古典地租理论又出现了空间研究的新方向。阿朗索教授提出了城市区位理论。他的理论是建立在这样的原则之上的，即从城市中心向外由于经营成本（特别是交通成本）上升而使得收益下降，地租也随之下降作为一种补偿。这就出现了所谓的地租梯度。它是由一系列的投标地租组成的，而投标地租准确地反映了对收益下降或成本上升的补偿。不同的土地利用用途有着不同的地租梯度（图7-3），具有最高倾斜度的用途在竞争中占有优势，在图7-3中，用途A在距城市中心2km的距离内占压倒优势，因为它可支付的租金最高；用途B在2~5km范围内占优势；超过5km，用途C成为主要的土地利用方式。可以认为随中心向外距离的增加，土地供给弹性增大而经济地租比重减小。

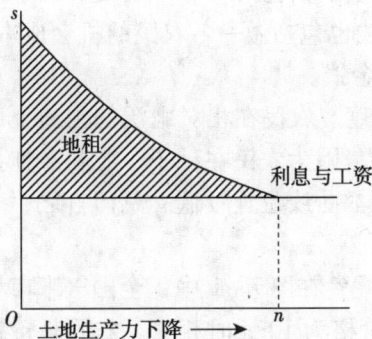

图7-2　地租与土地生产力之间的关系

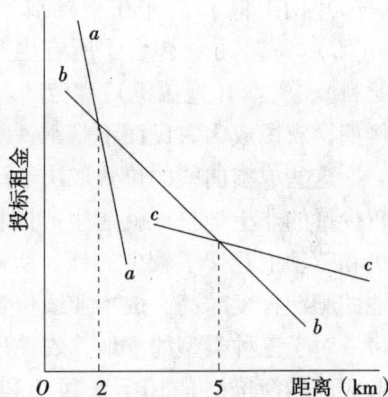

图7-3　阿朗索的投标租金与距离的关系

# 第二节　土地地租

影响土地租金的因素主要包括以下四个方面：

（一）土地肥力

土地肥力越高，佃农越乐意付钱使用土地。肥力分析以简单明了的方式证实了关于地租的一些重要的概念。

假设某农业地区，那里的农民使用肥沃程度不同的土地种玉米。地方经济的特点如下所示：

（1）固定的价格。产出（玉米）和投入品（劳动、种子、肥料、资本）的价格在全国市场上已定，所以当地农民将价格视为给定的。该地区所有区位的价格相同。

（2）零经济利润。农业自由进入，所以所有农民创造的经济利润为零（正常会计利润）。

（3）土地的肥沃程度。有三种类型的土地：h（高肥沃度）、m（中等肥沃度）、l（不肥沃）。

（4）土地租给出价最高的人。土地所有者将土地租给出价最高的人。

（5）零运输成本。运输成本被假定为小到可忽略不计。在本章的后面部分会取消该假定。

图 7-1 显示了三种类型的土地每亩地块的传统的成本曲线。边际成本曲线（$MC$）向上倾斜，并在平均成本曲线的最低点穿过 U 形的平均总成本曲线（$ATC$）。成本曲线包含了所有生产中的非土地成本，包括原材料成本（种子和肥料）、资本（拖拉机）和劳动。这些成本曲线也包括做一名农民的机会成本，例如，农民成为农民而不是钢铁工人所放弃的金钱。

这些成本曲线的位置取决于土地的肥沃程度。农民在相对肥沃的土地上以较少量的非土地投入就能生产同样数量的玉米。因为农民在种子、肥料、拖拉机和劳动上花费了较少的钱，所以他的平均成本曲线位置较低。总而言之，土地的肥沃程度越高，成本曲线位置越低。

对于三种类型的土地，农民乐意付多少钱呢？在图 7-1 中，全国玉米市场形成的均衡价格是 10 元，供给和需求曲线在价格为 10 元时相交。农民是价格的承受者，并且当价格等于边际成本时，利润最大。在肥沃度高的土地上利润最大化时的产量是每亩 220 袋玉米，其所产生的利润等于阴影部分。在这个例子中，利润等于每亩每年 1320 元（总收益 2200 元减去总成本 880 元），农民将会愿意支付每年高达 1320 元的租金使用 1 亩的高肥沃度的土地。同样，农民也会愿意每年支付 320 元去使用中等肥沃度的土地，对于不肥沃的土地，生产成本高得使玉米产量在价格为 10 元时无利可图，所以种玉米的农民根本不愿租用贫瘠的土地。

（二）可达性

这一节利用冯·杜能（Von Thunen，1826）提出的一个模型来解释为什么地租会随着土地的易达性而上涨（Alonso，1972）。在冯·杜能的模型中，易达性取代了肥沃度成为地租的决定因素。

假设某县，那里所有的土地都用来种植胡萝卜，经济特点如下：

（1）固定的价格。产出（胡萝卜）的价格和投入品（劳动、种子、肥料、资本）在全国的市场上已确定，所以农民认为价格是给定的。在所有的区位，价格相同。

（2）集市。所有的胡萝卜按每吨每公里 $f$ 的成本从农场运输到某中心集市。

（3）竞争性市场。存在农民可自由出入胡萝卜种植的市场。在均衡状态下，所有的农民获取的经济利润为零（正常的会计利润）。

（4）土地的肥沃度。所有的土地同样肥沃，所以所有区位的生产成本相同。

假定胡萝卜按固定的要素比例生产，换句话说，在要素相对价格变化时，农民不会进行要素替代。典型农民 1 亩土地生产出 $Q$ 吨胡萝卜，按每吨 $P$ 的价钱出售。假设单位运输成本是每吨每公里 $t$，位于离市场区 $u$ 公里的农场的运输成本（$TC$）是

$$TC = t \cdot Q \cdot u$$

假设单位运输成本（$t$）是每吨每英里 4 美元，而农民每英亩产量是 20 吨，离集市 1 英里的农场运输成本是 80 美元，离集市 2 公里的农场运输成本是 160 美元，依次类推。假设农民在非土地生产成本（劳动、原材料和耕作时间的机会成本）上支出为 $C$，并且地租是 $R$，那么每英亩的利润是

$$\varPi = P \cdot Q - C - t \cdot Q \cdot u - R$$

经济利润为零时，土地的投标租金是：

$$R = P \cdot Q - C - t \cdot Q \cdot u$$

因为靠近集市的土地（$u$）有相对低的运输成本，农民愿意为这样的土地支付更多的钱。图 7-3 显示了典型农民的投标租金函数（Bid-rent Function）。因为价格和数量不随空间变化，所以每亩土地的总收益（如水平线所示）在所有区位相同。总成本是每亩土地的非土地成本与运输成本之和。总成本曲线向上倾斜，这是因为运输成本随着到集市距离增大而增加；成本曲线的斜率是（$t \cdot Q$）。农民对某一特定区位的投标租金是总收入减去总成本，所以投标租金函数向下倾斜。在市场中的投标租金是 250 元，每远离 1 公里，租金下降 80 元。

地租函数（Land-rent Function）显示了不同区位的均衡地租。农民为获得土地而竞争，抬高租金直到每个区位的经济利润为零。假设所有的农民都一样（他们有相同生产成本和运输成本），那么典型的农民的地租函数与投标租金函数相同。地租函数使农民对该县的所有土地表现得无所谓，因为农民靠近集市时，运输成本上节省的钱恰好被地租的上涨抵消了。

## （三）要素替代

图 7-4 中投标租金函数是线性的，因为农民被假定为是不变通的，不论土地的相对价格如何，农民用 $1hm^2$ 的土地和价值 500 元的非土地投入品这种固定的生产要素比例生产出 20t 胡萝卜。但是，当产出不变，仍然为 20t 胡萝卜，而农民为了将投入最小化而将生产要素投入比例根据生产要素的市场价格变化而作出优化选择、调整时（农民进行要素替代），那么投标租金函数是向下凸的而不是线性的。

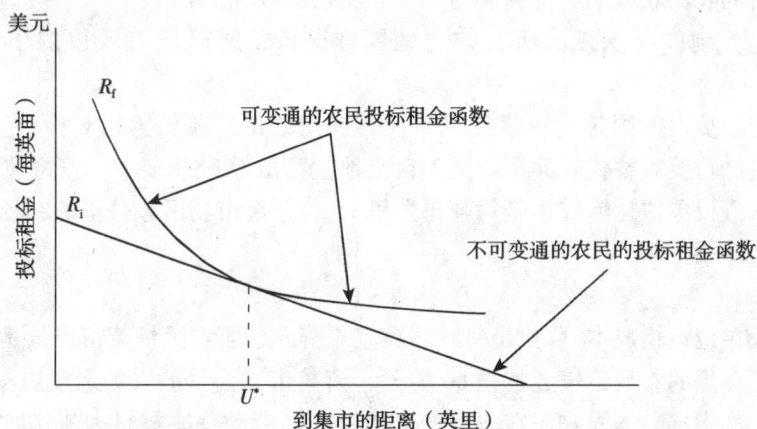

图 7-4 要素替代情况下的投标租金曲线

## （四）税收与公共政策

我们首先考虑公共政策对地租的影响。在此，我们可以通过地方政府为农民免费提供灌溉工程来具体说明。

灌溉工程不影响玉米均衡价格的可能性。灌溉工程减少了农民的生产成本，使成本曲线下移，如图 7-2 所示。对于所有三种类型的土地，租前利润增长了，高肥沃度的土地和中等肥沃的土地变得更有利可图，而不肥沃的土地现在可以产生利润。随着利润的增加，农民间的竞争抬高了地租，使经济利润为零。生产成本上的节省以较高地租的形式支付给了土地所有者，所以灌溉工程的利益成了土地所有者的囊中之物。

玉米的价格会受灌溉工程的影响吗？有两个原因使该工程增加了玉米的供给。第一，该工程使边际成本曲线向下移动，使高肥沃度和中等肥沃度的农场在利润最大时的产出增加了。第二，边际土地（不肥沃土地）投入生产。由于这两个原因，供给曲线向右移动，降低了玉米的均衡价格，因此，玉米消费者从灌溉工程中获利。玉米价格降低时，农民的租前利润减少，降低了地租。换句话说，消费者获益，土地所有者损失。

什么决定土地所有者与玉米消费者之间的利益分配呢？一般的规则是，灌溉工程覆盖的地理面积越小，到土地所有者手中利益的份额就越大。首先考虑用某灌溉工程来减少50亩单块土地的生产成本的情形。该工程引起了供给的微小增长且实际上玉米的价格没有变化，因此，所有的利益最终都到了土地所有者手中。接着考虑减少所有种植玉米农民生产成本的全国性的灌溉工程。该工程使供给大幅度地增长（现有土地被更深程度地耕作而且更多的土地投入了生产），所以工程明显地降低了玉米的价格。在这种情形下，利益中的大份额到了消费者手中。

灌溉工程的利益被资本化（Capitalized）为土地的市场价值。一旦工程提高土地的年租金，它会提高土地所带来的连续不断的收益的现值，提高其市场价值。

# 第三节　城市土地利用的空间结构与模式

## 一、城市内部空间结构理论及其发展

（一）城市土地利用格局的形成

（1）城市土地利用格局的形成源于城市的建立。城市建立的原因多种多样，不同原因建立的城市其土地利用方式不同，土地利用格局与结构也不一样。从本质上讲，城市土地利用格局的形成主要取决于城市居民生产和生活的需要。

（2）城市土地利用格局的形成，是土地用途对其区位条件的选择。城市建设和发展受到生产力布局规律的制约：人口总是向劳动报酬高的地域迁移，生产企业总是向生产成本较低的地域迁移，商贸总是在人流、物流和信息流流量大、市场发达的地区集聚，科技和管理机构总是向信息资源丰富、消息灵通的地方迁移。城市中不同部门对土地区位的选择，形成了不同的土地利用格局。

（3）城市土地利用格局是城市不同的土地用途空间竞争的结果。不同的用地行为对城市土地地价的承受能力是不一样的，一般来讲，综合区位条件越优越、环境越好地段的用地将不断被能够承受高昂地价的用地行为（如商贸、商务办公、高档居住等）所占据，而对地价承受能力比较低的用地行为（如仓储、工业等）则不断外迁。

（4）城市土地利用格局有自发形成的一面，但更多的是规划控制作用的结果。城市中自发形成的城市土地利用格局是在市场机制作用下形成的，反映出城市土地级差地租的不同，其土地利用可能会造成内部经济而外部不经济的现象。规划形成的土地利用格局反映了社会和公众的干预，它既强调社会利益第一的原则，使外部经济效益得以有效地提高，又应当反映城市土地市场空间的发展趋势，诱导地价的合理分布，以市场机制促进规划的落实。

（5）城市土地利用格局是人们在城市建设过程中遵循经济规律、适应自然景观的结果，也包括对过去乡村文明和城市建设的历史继承、发展和保护。

（二）人类生态学的三大经典城市土地利用结构模式

芝加哥城市生态学派的代表人物伯吉斯、霍依特以及哈里斯和乌尔曼等，他们提出了土地利用的三大经典模式，即同心圆模式、扇形模式和多中心模式（图7-5）。

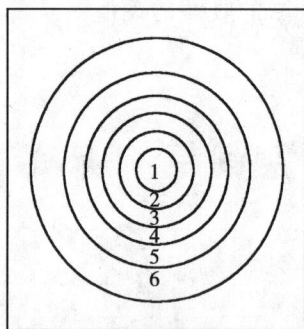

同心圆模式

1. CBD 2. 过渡带 3. 低级住宅区 4. 高级住宅区，轻工业区 5. 市郊居住区 6. 通勤区

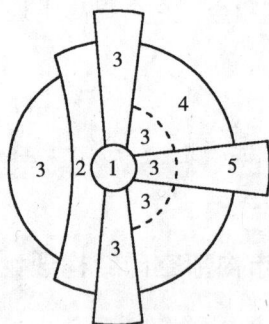

扇形模式

1. 中心商业区 2. 批发商业区，轻工业区 3. 低级住宅区 4. 中等住宅区 5. 高级住宅区

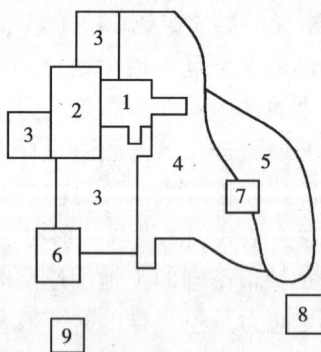

多核心模式

1. 中心商业区 2. 批发商业区，轻工业区 3. 低级住宅区
4. 中等住宅区 5. 高级住宅区 6. 重工业区 7. 外围商业区
8. 近郊住宅区 9. 近郊工业区

图7-5 城市土地结构的三大经典模式

（1）伯吉斯的同心圆模式

美国芝加哥大学社会学教授 E·W·伯吉斯（Burgess）于 1925 年提出同心圆城市地域结构理论（Concentric Zone Theory）。这一理论认为：城市以不同功能的用地围绕单一的核心，有规则地向外扩展形成同心圆结构。这一理论实质上将城市的地域结构划分为中央商务区（CBD）、居住区和通勤区三个同心圆地带。中央商务区主要由中心商业街、事务所、银行、股票市场、高级购物中心和零售商店组成城市的中心区。居住区分为三个层次，紧靠中心区的第一圈层为海外移民和贫民居住带；第二圈层为低收工人居住带；第三圈层为中产阶级居住带。通勤区位于居住环境良好的郊区，分布着各种低层高级住宅和娱乐设施，高收入阶层往返于城郊间的通勤区。很显然，伯吉斯的同心圆理论没有考虑交通线对城市地域结构的影响。据此，巴布科克（Babcock）于 1932 年对这一理论进行了修正，提出了轴向—同心圆的城市地域结构模式。

（2）霍依特的扇形模式

H·霍依特（Hoyt）于 1939 年提出了城市地域结构的扇形理论（Sector Theory）。他通过对 142 个北美城市地价分布的考察得出，高地价地区位于城市一侧的一个或两个以上的扇形范围内，并且位于从市中心向外呈放射状沿伸形成的扇形区域内；低地价地区也在某一侧或一定扇面内从中心向外沿伸，扇形内部的地价不随距市中心距离的变化而变动。霍依特据此得出了与巴布科克类似的结论，即城市的发展总是从市中心向外沿主要交通干线或沿阻碍最小的路线延伸。按照霍依特的扇形理论，城市地域结构被描述为：中央商务区位居中心区；批发和轻工业区沿交通线从市中心向外呈楔状延伸；由于中心区、批发和轻工业区对居住环境的影响，居住区呈现为由低租金区向中租金区的过渡，高房租区却沿一条或几条城市交通干道从低房租区开始向郊区呈楔状延伸。

霍依特的扇形理论虽然强调了交通干线对城市地域结构的影响，但仅仅分析了城区结构形态，而忽略了城区以外广大地域的描述。扇形模式与同心圆模式的最大差异在于扇形模式是针对居住用地，而同心圆模式描述的是城市全域，但二者并非全面否定，而是相互补充的关系。

（3）哈里斯—乌尔曼的多核心模式

C·D·哈里斯（Harris）和 E·L·乌尔曼（Ullman）在研究不同类型城市地域结构情况下发现，大城市除 CBD 外还有支配一定地域的其他核心存在，他们于 1945 年提出了城市地域结构的多核心理论（Multiple-nuclear Theory）。行业区位、地价、房租、集聚利益和扩散效益是导致城市地域结构分异的主要因素，加上历史遗留习惯和局部地区的特殊性，导致了大城市多核心地域结构的产生。他们认为越是规模大的城市，其核心就越多、越专门化。城市是由若干不连续的地域所组成的，这些地域分别围绕不同的核心形成和发展，中央商务区不一定位居城市的几何中心；批发和轻工业区虽靠近市中心，但又位于对外交通联系方便的地方；居住区仍分为三类，低级住宅区靠近中央商务区和批发、轻工业区，中级住宅区和高级住宅区为了寻求好的居住环境常常偏向城市一侧发展，而且它们具有相应的城市次中心；重工业区和卫星城镇则布置在城市的郊区。多核心模式与前两个模式相比更具现实性。

（三）城市地理学的现代城市土地利用结构模式

第二次世界大战以后，城市的经济得到迅速发展，城市与其周围的地区越来越保持着一种非常深刻的相互依存关系，它们之间已经不再仅限于城、郊的依附型关系，而是构成了一个统一的地域——城市地区，从某种意义上来说已形成一种特定的社会空间结构、土地利用结构实体。为了更准确地进行城市土地利用结构的研究，城市地理学家们开始了积极的探索。

（1）迪肯森三地带模式

1947 年 R·E·迪肯森（Dikinson）在伯吉斯的同心圆理论基础上，进一步提出三地带理论（Three Zones Theory），即城市地域结构从市中心向外发展按中央地带（Central Zone）、中间地带（Middle Zone）和外缘地带（Outer Zone）或郊区地带（Suburban Zone）的顺序排列，开创了城市边缘区（即所谓中间地带）研究的先河。

（2）塔弗的理想城市模式

1963 年 E·J·塔弗（Taaffe）、B·J·加纳（Garner）与 M·H·蒂托斯（Teatos）根据城市发展，提出了城市地域理想结构模式。这个土地利用结构模式主要由五个部分组成：

①中央商务区。本区由集中的摩天大楼、银行、保险公司的总办事机构、股票交易市场、百货商店和大量的文化娱乐场组成。②中心边缘区。本区由中央商务区向四周延伸，往往由若干扇形区域组合而成，商业地段、工业区和住宅区分布其间。③中间带。本区具有混合型社会经济活动特征，由高级单元住宅区、中级单元住宅区和低级单元住宅区组成，且高密度住宅区距中央商务区较近，低密度住宅区分布在其外围。④外缘带。本区为城市新区，轻工业特别是大耗电和需要大量空间的食品、服装、纺织、日用化工等在该地带逐渐发展；中等收入者多在此拥有独户住宅，形成连片的住宅；同时，由于环城道路和区域性干道枢纽大多位于这一地带，使之既与市中心保持密切的联系，又具有广阔的用地空间，所以各种中级旅馆、大面积停车场、大型购物中心（超级市场）均分布于此区。⑤近郊区。本区由于城市对外高速公路向外围辐射，交通条件便利，逐步形成近郊住宅区、近郊工业区和近郊农牧区等（图 7-6）。

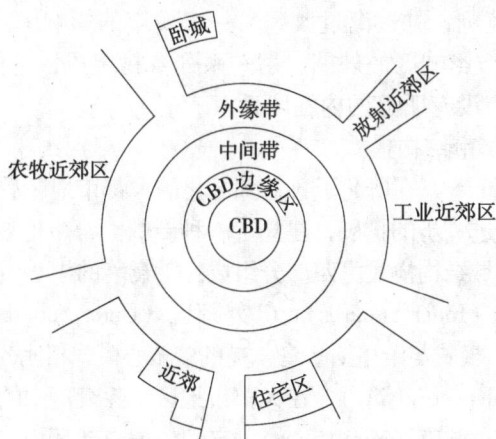

图7-6 塔弗的理想城市地域结构模式

（3）洛斯乌姆的区域城市结构

1975年L·H·洛斯乌姆（Russwurm）在研究了城市地区和乡村腹地以后发现，在城市地区和乡村腹地之间存在着一个连续的统一体，并提出了区域城市结构（图7-7）。城市核心区（Core Built-up Area），大致包含了相当于城市建成区（Urban Built-up Area）和城市新区地带（Urban New Tract）的范围，这一地区的总体特征是它们之中已没有农业用地。城市边缘区（Urban Fringe）位于城市核心区外围，其土地利用已处于农村转变为城市的高级阶段，是城市发展指向性因素集中渗透的地带，也是郊区城市化和乡村城市化集中的地区，已发展成为介于城市和乡村间的连续统一体（Continuum）。城市影响区（Urban Shadow）位于城市边缘区外部，从理论上讲，是指城市对其周围地区的投资区

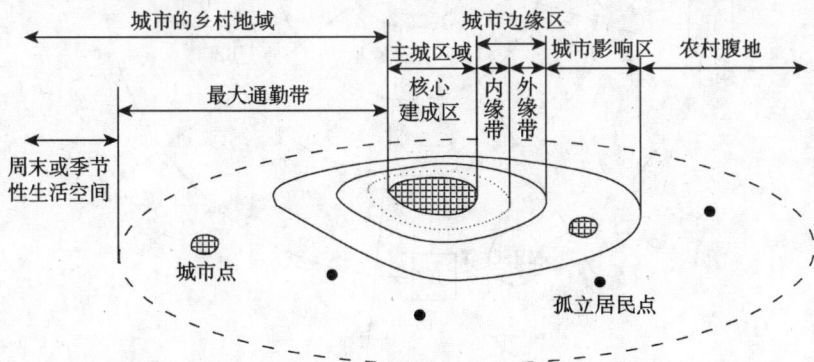

图7-7 洛斯乌姆的区域城市结构

位选择、市场分配、产品流通、技术转让、产业扩散等多种经济因素共同作用所波及的最大地域范围，并逐渐过渡到另一个城市的影响区。乡村腹地（Rural Hinterland）位于城市影响区的外围，由一系列乡村组成，它们受周围多个城市中心的作用，与城市没有明显的内在联系。

（4）穆勒的大都市结构模式

1981年穆勒（Muller）在研究了日益郊区化的大都市地区后，对哈里斯和乌尔曼的多核心理论作了进一步的扩展，建立了一种新的大都市地域结构模式（图7-8）。穆勒的大都市地域结构模式由四部分组成：①衰落的中心城市（Declining Central City）；②内郊区（Inner Suburbs）；③外郊区（Outer Suburbs）；④城市边缘区（Urban Fringe）。这一模式与哈里斯—乌尔曼的多核心模式相比，简单地说，可称为多中心城市模式（Polycentric City），在大都市地区，除衰落中的中心城市外，在外郊区正在形成若干个小城市（Mini Cities），它们依据自然环境、区域交通网络、经济活动的内部区域化（Internal Regionalization）、特定的城市地域（Urban Realm），再由这些特定的城市地域共同组合成大都市地区（Metropolitan Area）。

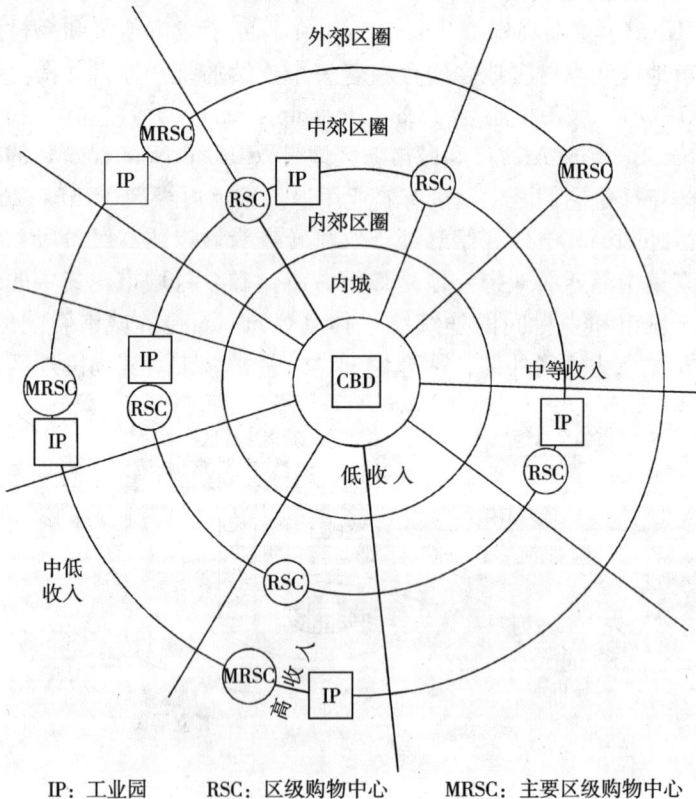

IP：工业园　　　RSC：区级购物中心　　　MRSC：主要区级购物中心

图7-8　现代城市地域结构模式

（5）耶茨和加纳的现代城市空间结构模式

耶茨（M. Yeates）和加纳（B. Garner）在《北美的城市》一书中提出了一个现代城市地域结构的描述性模型（图7-8）。城市的第一圈层是中心商务区，它是土地利用强度最大的地区，是大商店、娱乐、金融部门的集中地。第二圈层是中心商务区的边缘地带，其中有些部门是从中心商务区扩散出来的，分布了批发业和工业部门。第三圈层是内城，主要是低收入者的居住地，有些地段也聚居了中、上层阶层。再外层是城市内郊，是最初郊区化发展的地区，该区居住者属于几个不同阶层，有较老的区域性购物中心为其服务，也设立了一些工业园。第五和第六个圈层都是20世纪60年代后发展起来的，受高速公路发展的影响很大，由于郊区化的进一步发展，这里形成了现代化的大型室内购物中心以及工业园和商务区。

## 二、城市土地利用结构的经济学模型

城市土地利用经济学的研究，主要分析城市的土地利用结构形态及其形成的影响因素。最早从经济学角度进行地理空间研究的是杜能（Von Thunen），他假设在一个与外界无联系的孤立国，只有一个中心城市，即只有一个市场，在理想条件下，由于城市外围不同地方距城市距离的不同而造成了不同的运费差别，随着距离的增大，便形成了以城市为中心、由内向外呈同心圆状分布的农业地带：①蔬菜带；②林业带；③谷物带；④畜牧业带。杜能这种将多因素抽

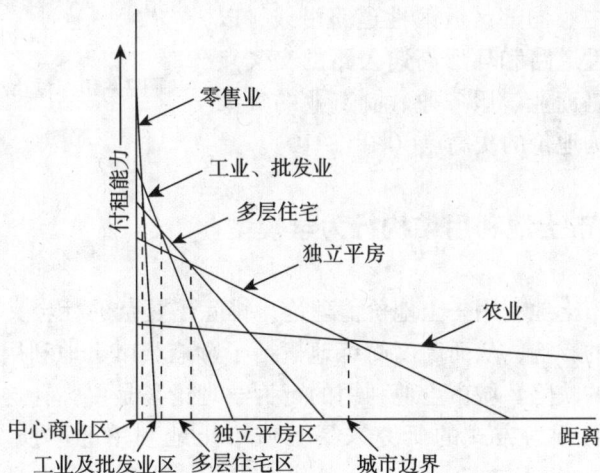

图7-9 城市土地利用的竞租模型

象分析的方法，以后被应用于城市土地利用方式的研究上。

黑格（R. M. Haig）在20世纪20年代的研究认为，城市土地地租是该地交通通达性或交通成本节约的函数，决定某地地租的过程，实事上就形成了城市土地利用形态。较完整的城市土地利用经济模型是由拉特克利夫（R. V. Ratcliff）在1949年提出的。他认为城市土地利用形态决定于城市土地利用的效率，城市土地利用方式逐步趋向于效率最大化是通过城市中各种功能活动相互竞争最优区位的过程实现的。他假设城市中心具有最大的通达性，且城市中的通达性从市中心到城市边缘随着距离的增大而递减。城市中通达性高的地方地价高，因此城市中各种不同功能活动对其区位的选择是权衡两个因素作出的，这两个因素即该项功能活动的区位中心化要求和它们所能支付地租的能力。与杜能的农业区位论的结论相近，拉特克利夫认为城市中随着距市中心距离的增大，城市中的一种土地利用类型也将被另一种类型所取代（图7-9）。

拉特克利夫的模型是对单中心城市土地利用形态的高度抽象，将其应用于实际必然存在着很大的困难。事实上，二战后西方的城市空间结构发生了很大变化，尤其是现代高速公路和地铁等快速交通的发展改变了原来单中心城市的空间区位结构。决定区位选择的因素也呈现多样化，地价不仅仅受直接距离的影响，而且也受到交通节点分布、通达性效果、环境氛围等多因素的影响，例如在市中心向郊区放射性道路沿线，以及放射性道路和环形高速公路的交叉点往往也是商业、服务业、制造业的集聚地，或为地价的次高点（图7-10）。

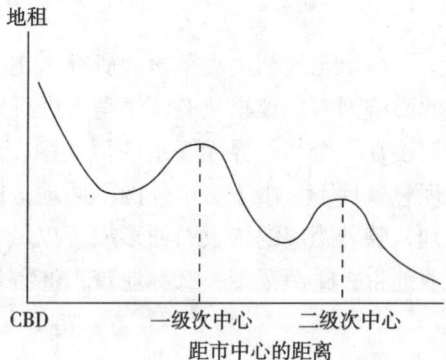

图7-10　城市土地地价多中心模型

## 三、城市土地利用结构行为学模型

城市土地利用—土地价值理论，排除了复杂的社会文化背景对城市土地利用方式的影响，从而高度简练地概括了影响城市土地利用的因素，但是也造成了重大的缺陷。城市土地利用的行为学理论正是要弥补这方面的缺陷，试图通过对人们行为方式的研究来揭示城市土地利用的本质。该理论是由查普林（F. S. Chaplin）在20世纪60年代提出的，他没有提出具体的形态模型，只是一种对城市土地利用方式形成的行为学原因的解释。他认为城市社会中无论是个人还是群体组织都有其不同的价值观念，具体地反映在行为的四个过程上：①需求的感受；②目标的明确；③对未来的规划和选择；④决策和行动。如此，不同的价值观念就会产生不同的行为方式，并进而导致了不同的城市土地利用形态。其中行为方式既包括个体行为，也包括群体行为，它有三种类型：①日常行为，指一般日常的个人行为，如娱乐、购物等；②制度化行为，这是指由于各种机构设置所形成和造成的各种个人和群体行为；③组织行为，这是指由于各个社会经济组织相互纷繁复杂的联系而形成的行为。

# 第四节 土地利用的一般均衡

## 一、一般均衡的条件

从土地自身的发展来看，要实现土地的均衡利用，需要各类用地得到合理的发展，而不是在突出某些用途的时候抑制另外一些用途的正常发展。不能因为城市化的高度和快速发展，将农业用地进行无限制的转化。要实现土地的均衡利用，首先就要通过相关调查，了解各类用地发展的现状，以及对各类用地在未来的发展进行科学有效的预测，在实现土地可持续发展和有效利用的前提下协调好各方面，各种用地需求与用地现状之间的矛盾。

在此，我们引入城市经济学的一般均衡概念，以此来分析单中心城市土地利用的一般均衡问题。

如图 7-11 所示，经过土地市场供需均衡之后，随着中心向郊区推移，单中心城市土地利用呈现由工商业区→居住区→农业用地更替的空间分异规律。

由于这个城市是区域内众多城市之一，家庭可以自由迁移，即城市具有开放性。鉴于单个城市各种社会经济指标占区域总指标的份额是有限的，所以城市变化并不会影响区域居民普遍的效用水平。提高城市居民的社会福利水平会导致周边居民的迁入，这将导致城市住宅与土地价格升高，降低城市居民的福利水平。

通常来说，如果达到如下四个约束条件，城市经济将达到一般均衡：

（1）工商区位均衡；

（2）家庭区位均衡；

（3）劳动力市场均衡；

（4）竞争性投标。

即，土地市场与劳动力市场两者同时达到均衡时，就会形成一般均衡。

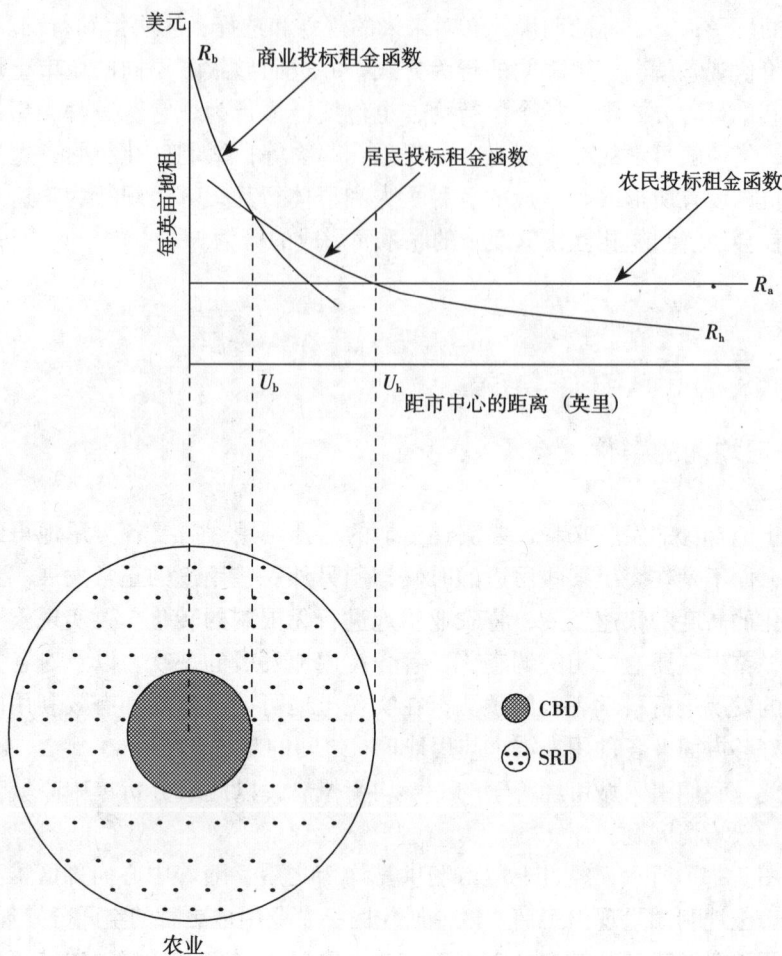

图 7 – 11　单中心城市的均衡土地利用模式

## 二、一般均衡的案例分析

（一）出口商品价格的上涨

假设城市出口商品价格上涨，价格上涨对城市土地和劳动力市场影响如下：

首先考虑对 CBD 土地市场价格上涨的影响。从短期来看，价格上涨会增加出口企业的利润。随之，现有出口企业增加他们的产量；新企业进入出口产业，对 CBD 土地的需求会增加。如图 7 – 12 所示，土地需求增加使商业投标租金函数曲线上移。$R$ 上移与剩余原则相一致：出口产品价格较高时，企业收益超过非土地成本的余额更大，所以他们愿意为土地付更多的钱。由于在 2.0 英里（3.22km）范围内土地价格 $P$ 均高于其外的土地价格，厂商不需要在 2.0 英里（3.22km）范围内提高土地利用的集约度，因为这时用技术革新等要素替代得不偿失，不如在原有技术水平之下利用 2.0~2.5 英里（3.22~4.02km）范围的土地；所以随着商业投标租金函数曲线向上移动，CBD 以牺牲住宅区面积为代价扩张；商业区半径从 2.0 英里（3.22km）增加到 2.5 英里（4.02km），SRD 宽度从 4 英里（6.44km）缩小到 3.5 英里（5.63km）。

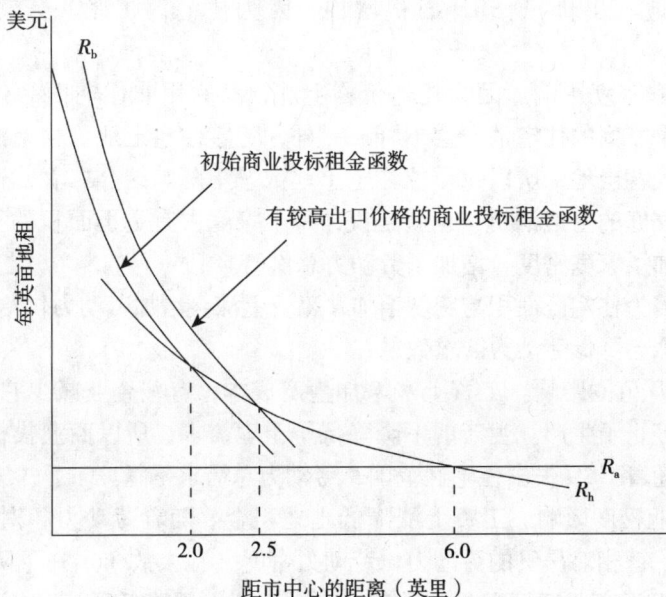

图 7-12　出口价与销售的局部均衡效应

注：出口价格上涨使商业投标租金函数递增，CBD 以牺牲 SRD［宽度从 4.0 英里（6.44km）下降到 3.5 英里（5.63km）］为代价扩张［半径从 2.0 英里（3.22km）增加到 2.5 英里（4.02km）］，但是这一过程可以分为两个阶段：（1）CBD 入侵原来属于 SRD 的部分土地，并提高土地利用强度直到消除两者的差距；（2）后续一般均衡时，土地价格相对上涨，导致土地投入比例下降，总体上进一步提高 CBD 的利用强度。

随着工商业投标租金曲线的上移，导致劳动力总需求增加：

（1）CBD 范围影响。由于 CBD 范围由 $R_{2.0}$ 扩张至 $R_{2.5}$ 处，用地面积扩大。

（2）就业密度影响。土地相对价格上涨导致企业用非土地投入（资金与劳动力）代替土地投入，增加了劳动力密度（工人/km²）。结合二者，这两方面影响使劳动力总需求增加。商业投标租金函数曲线上移也降低了劳动力总供给：

CBD 侵占了 SRD 土地，使总供给减少。因为劳动力需求上涨而供给下降，出现劳动力超额需求。

价格上涨增加了劳动力需求，同时降低了劳动力供给，劳动力需求过剩提高了城市工资。工资上涨增加劳动力供给数量出于两个原因：

（1）SRD 范围影响。工资上涨增加了城市的相对吸引力。劳动力从其他地区或通过人口城市化迁入城市，会抬高住宅与居民土地价格。$R$ 曲线上移，随着居民出价高于农民（为城市边界附近的土地的出价）和企业（为 CBD 边界附近的土地的出价），SRD 面积增加。因为住宅区扩张，劳动力总供给增加。

（2）家庭密度影响。因为住宅价格上涨，家庭用非住宅商品代替住宅商品，所以每个家庭的住宅消费会下降。另外，随着住宅土地价格上涨，住宅开发商用资本代替土地，所以每单位住宅土地数量下降。结合二者，这两种变化降低了每个家庭的土地消费，也就是说，每个家庭占有更小面积的土地。土地消费下降增加了家庭密度，增加了劳动力总供给。

总之，因为住宅区面积与密度增加，工资上涨会增加劳动力供给数量。

工资上涨会降低劳动力需求数量：

（1）CBD 范围影响。工资上涨增加生产成本，有些企业减少它们的产出，有些企业则停止了生产。生产的下降降低了土地需求，所以商业投标租金函数曲线下移。随着 CBD 失去住宅区范围，劳动力总需求下降。

（2）就业密度影响。工资上涨降低土地租金。随着劳动力相对价格上涨，企业用土地代替相对昂贵的劳动力，劳动力密度（工人数/$km^2$）下降。

总之，因为商业区面积与密度都减少，工资上涨降低了劳动力需求数量。

劳动力市场这两个变化缩小了劳动力供给与需求之间的差距。工资持续上涨到一般均衡恢复为止。图 7-13 显示新的土地均衡分配。新的均衡工资是 13 元/h（由 10 元/h 上涨）。CBD 半径为 2.2 英里（3.54km），SRD 为 4.3 英里（6.92km）宽，劳动力总供给等于总需求。换句话说，一般均衡是在工资为 13 元/h 恢复的。如果是较低的工资，劳动力需求将超过供给；如果是较高的工资，供给将超过需求。

从出口价格上涨的一般均衡分析中，可得出 4 个结论：

（1）市场的相互作用。CBD（商业土地市场）的变化影响城市劳动力市场与住宅土地市场。商业投标租金函数曲线上移，增加 CBD 的规模与密度，导致劳动力需求过剩。工资上涨的结果是使居民投标租金函数曲线上移，增加 SRD 的规模与密度。

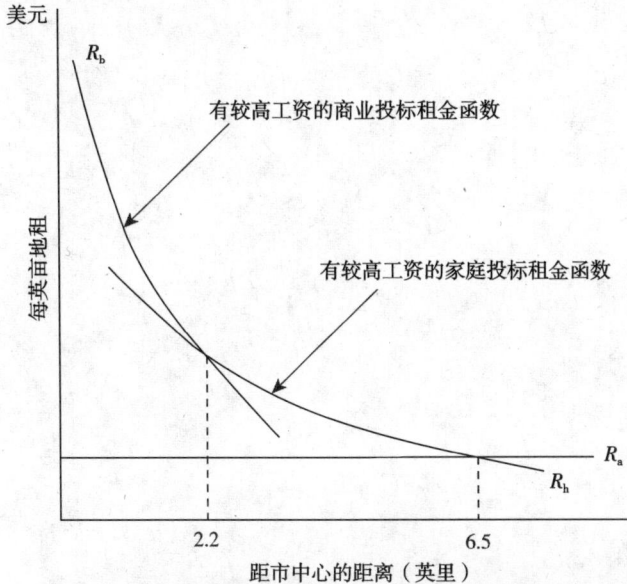

美元

$R_b$

有较高工资的商业投标租金函数

每英亩地租

有较高工资的家庭投标租金函数

$R_a$

$R_h$

2.2          6.5

距市中心的距离（英里）

图7-13  出口价格与销售增长的一般均衡效应

注：出口价格的上涨导致劳动力超额需求，会增加城市的工资。工资上涨使商业投标租金函数曲线下降，并使居民投标租金函数曲线上移。最终的影响是有一个更大的 CBD ［半径从 2.0 英里（3.22km）增加到 2.2 英里（3.54km）］和一个更大的 SRD ［宽度从 4.0 英里（6.44km）增加到 4.3 英里（6.92km）］。

（2）投标租金函数的改变。出口价格上涨导致商业投标租金函数（一种局部均衡效应）曲线上移。工资增长的结果导致商业投标租金函数曲线下移（一种一般均衡效应）。

（3）地租。出口价格上涨提高了整个城市的地租。出口产品增加提高了CBD 与住宅区对土地的需求，所以整个城市的土地所有者都从出口销售的增长中获益。

（4）出口销售增长的福利效应。在一般均衡中，大城市的原有居民生活并没有提高。工资上涨被更高的住宅与土地费用抵消，效用水平未变，但是，外来者的生活却相应地得到实质性提高。

# 第八章
# 城市住宅

# 第一节 住宅的特性

## 一、住宅的基本特征

作为一种商品，住宅与普通的商品，诸如汽车、电视机、食品等存在很多差别。在现实的观察过程中，可以发现住宅这种商品具有如下的独特性和复杂性。

### （一）住宅的多样性和非移动性

住宅储备是多样化的，意指每一处住宅都具有一系列不同的特征或一整套不同的住宅服务。住宅特征分为两种类型：居住特性和位置特性。

先考察住宅本身的特征。住宅在大小（居住面积，以平方米计算）和布局（住宅内各房间的安排）方面存在差别。在厨房设备和公用系统（热力、空调、管道、电力）的质量及有效性方面，不同的住宅也存在差别。其他的区别体现在内部设计（地板、窗户、橱柜的类型）和建筑的完整性（地基和屋顶的耐久性）上。归纳起来就是，每座住宅在大小、布局、有用性、内部设计和建筑完整性等诸多方面都各不相同。

因为住宅是不可移动的，它的要素之一便是坐落的位置或区位。住宅的购买者既要购买住宅又要购买其位置特性。位置特性之一是通路：位置不同，到达工作地点、商店和娱乐场所的便捷性是不同的。另一种位置特性体现在当地公共服务设施的供应上：大都市坐落着诸多当地的政府机构，每一个政府机构都提供不同的税收和公用设施服务（例如学校、消防、警察机构）。位置特性之三体现在环境质量上：位置不同，空气质量和噪声（产生于汽车、卡车、飞机和工厂）不同。位置的最后一个特性体现在临近地区的风貌上（附近住宅和土地的外在特征）。

总之，在市场经济条件下，房价的形成是极其复杂的。有房地产本身的因素，如：区位、环境、楼盘品质等等；有房地产以外的因素，如：公共服务、邻居特征、居民收入水平、利率高低、税负高低、投资和交易成本等等。有经济的、政治的、社会的，甚至心理的因素，但最终起决定作用的还是供求关系。

鉴于住宅的多样性和不可移动性特征，住宅市场均衡价格的计算一般建立在以下观念中：住宅是由一系列单独要素构成的组合体，每种要素所体现的效用都可以用一个价格来表示。这种计算方法可称为怡值法：

$$f(\alpha) = f(\alpha_1, \alpha_2, \cdots\cdots, \alpha_i)$$

其中 $f(\alpha)$ 表示住宅的市场均衡价格，$\alpha_i$ 表示住宅所具有的第 $i$ 个特征。

通常为了便于计算和直观分析，8-1式可以转化为简单的线性形式：

$$f(\alpha) = \sum_{i=1}^{n} f(\alpha_i)$$

怡值法一方面为住宅的估价提供了理论依据，但更重要的应用是为家庭对不同特征住宅的选择提供了理论上的分析手段。虽然住宅的每一种特征都被具体化为一个特定的价格，但在现实中，家庭的不同偏好、收入水平的差异等决定了不同家庭对同一住宅的某一要素特征会有不同的估价。从某种意义上说，房地产商的楼盘创意就是尽其所能找出各种关乎住宅楼盘正面的特征，抑制或掩盖负面特征，从而使楼盘的销售利润最大化。

（二）住宅的耐久性

住宅与其他商品相比的一个最重要特征就是其更具耐久性。住宅的耐久性（Durability）主要体现在三个方面：

（1）住宅购买的双重意义

一方面，购买住房可以看为一种商品消费行为，但是住宅是一个昂贵的消费品；另一方面，由于住宅具有耐久性和未来升值性，这一特性决定了住宅的消费过程同时是一个资产拥有的过程（投资行为），购买住宅可以期待未来的升值从而使购房者获利。因此，每年市场上都有大量的旧住宅出售。

（2）住宅的耐久性——折旧与维护

说明住宅的拥有不是一个一次性消费过程。住宅在使用的过程会产生折旧，这就需要不断维修和维护，从而降低住宅物理性折旧的速度。为此，我们在此探讨折旧和维护之间的相互关系：房产的所有者通过花费时间和金钱对住宅进行维修和维护，能够控制住宅的物理性耗损的速度。业主具有维修和维护自己的房产的内在动机，因为这些行为增加了住宅服务数量（$Q$）。消费者愿意为能提供大量住宅服务的住宅支付更多货币，所以加强维护能提高住宅租金和市场价值。业主面临的问题是：我应该把多少钱花在房屋维护上？

图8-1给出了住宅维护的成本和收益。横坐标轴表示住宅产生的服务数量（$Q$），业主可以通过维修损坏的窗户和漏水的屋顶，维护热力和管道系统以及粉刷房屋来影响服务数量。总成本曲线是固定成本（依赖于 $Q$）和可变成本之和。固定成本包括管理房产的成本（收房租、做出租广告）和税收。可变成本包括维修和维护成本。成本曲线向右上方倾斜，因为可变成本随 $Q$ 的增加而增

加：为了得到更多的 $Q$，需要在住宅维护上花费更多。成本曲线向下凸，源于维护收益的递减：当 $Q$ 增加时，维护房产的费用日益增多。图 8-1 中的直线表明了总收益（每月的房租）和 $Q$ 之间的关系。暗含的假定是每单位 $Q$ 的价格是固定不变的，住宅服务增加一倍要求对住宅房租也增加一倍。

（3）短期内住房供给的无弹性

住宅的耐久性决定了人们购买新住宅具有较长的周期性，同时说明每年新住宅供给在整个供给中占有非常小的比重（住宅市场非常规发展除外）。在经济分析模型中，住宅的耐久性表现为：住宅供给的短期无弹性，住宅价格主要取决于建筑成本、人们对未来的预期及风险偏好，资本市场决定了短期内新建住宅的投入量。

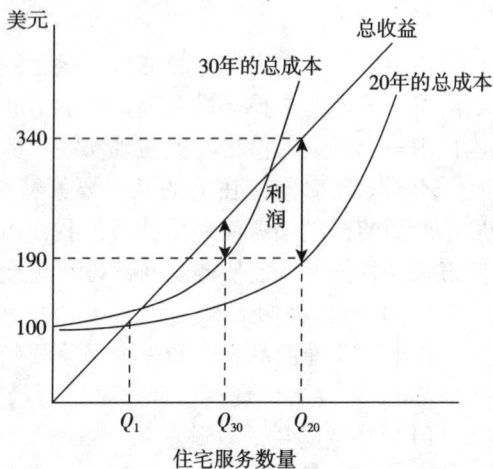

图 8-1 住宅维护的成本和收益

## 二、住宅的需求

### （一）住宅需求的多样性

住宅储备的多样性意味着一座城市中的住宅市场是由许多子市场组成的。住宅市场按照大小、位置和质量被分割开来。例如，某些家庭需要小户型住宅，而另一些家庭需要大户型住宅。因而，就有小住宅市场以及大住宅市场。同理，某些家庭需要容易到达市中心工作地点的住宅，而另一些家庭对处于高质量学校区域的住宅情有独钟。最后，一些家庭寻找新住宅，因为它配备有完善的现代化便利设施；而另一些家庭，例如在北京的某些家庭寻找古色古香的旧四合院住宅。

尽管住宅市场被分割为众多子市场，这些子市场也是互相联系的。因为消费者在住宅选择上具有灵活性。当具有三间卧室的住宅的相对价格上升时，一些家庭便会从三间卧室住宅市场转向两间卧室住宅市场。同理，相对新房子价格而言，当旧房子价格上升时，一些家庭便会转向新住宅市场。换句话说，不同子市场中的住宅是不完全替代品，所以家庭随着不同类型住宅相对价格的变化在各种住宅子市场之间进行选择。

### （二）不同生命周期人群的需求

住宅对于人是一种重要的商品，其意义远远超出一般商品的使用价值，即遮风挡雨、居住的功效，而且它还是人类生活的场所。因此，住宅的需求往往也会因为人的年龄、家庭规模等生命周期特征的变化而变化。

由于处于不同年龄阶段的家庭有不同的价值取向、生活保健和教育需求。如家庭刚成立时，夫妻双方都愿意住在离工作地较近且生活服务设施良好的域区，在女性能自由工作的中国城市内，这种居住区位选择是合情合理的；而这种情况在西方则是随着女性解放才可能大量出现在已婚但尚未有子女的家庭之中。当然，单身青年也对市区这一充满机会和希望的区域十分向往。但是当有子女之后，鉴于家庭在市区居住环境不利于儿童成长，故多会迁至居住面积较大、环境较好的郊区住宅区内。随着年龄的增长，子女长大并外出，形成空巢型家庭时，为便于医疗保健，此类家庭会迁回到市区（图8-2）。

## 三、住宅的供给

作为市场需求多样化的反馈和响应，住宅的供给也具有多样化特征。

（一）按价格划分的不同等级住宅①

1999年笔者通过分析，根据收入或住宅价格为主因素将南京市住宅划分为以下六类：

（1）高级别墅区

这类住宅区只是那些财产在数百万元的最高社会阶层的享受物。他们的职业构成是三资大型跨国企业地方高级管理人员、私营企业主和少量国有企业公司的领导人（表8-1）。此外，内城区的颐和路公馆区，作为省政府及南京军区高级领导的住所，当属权力最高阶层。

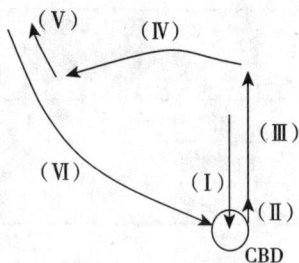

图8-2 居住区位的
生活周期变化

罗西提出的美国城市居住移动的六个过程：

（Ⅰ）学校毕业单身青年移动到公寓住宅中，或靠近市中心商务区；

（Ⅱ）结婚后，夫妻在中心商务区附近寻找单独的出租住宅，空暇时间享受市中心所提供的方便；

（Ⅲ）生孩子后，市中心吸引力大大下降，这时主要需要更大释放空间，在青年夫妻没有达到他们最大的收入能力前，将移迁到边缘区寻求更大的空间；（Ⅳ）孩子自立后，迁至郊区高级住宅区；（Ⅴ）退休后，迁至城市远郊的别墅；（Ⅵ）年老后，住房涉及到修葺问题，以及本身生活不方便，再迁移回靠近市中心商务区附近居住。

① 吴启焰. 大城市居住空间分异研究：理论与实证. 北京：科学出版社，2001.

**三类居住区居民职业构成**　　　　　　　　表 8 - 1

| 地区 \ 职业比例(%) | 产业工人 | 技术人员 | 政企负责人 | 办事员 | 个体工商户 | 三资企业管理人员 | 私营企业主 | 三资企业员工 | 其他 |
|---|---|---|---|---|---|---|---|---|---|
| 廉价多层区 | 73.9 | 1.6 | 3.6 | 10.27 | 2.3 | 0 | 0.9 | 0 | 7.43 |
| 中高档多层区 | 0 | 10.0 | 15.0 | 2.5 | 25.0 | 11.2 | 14.5 | 17.8 | 4.0 |
| 别墅区 | 0 | 5 | 12.5 | 0 | 0 | 62.5 | 20.0 | 0 | 0 |

（2）高级公寓住宅区

这类居住区的居民月薪多在 5000 ~ 10000 元之间，家庭财产多在 50 ~ 100 万元之间，其户主年龄平均数为 53 岁，大约 87.4% 的家庭属于三代同堂，家庭取向较强。相对于上一阶层而言，他们的职业构成要丰富得多，大致是由服装业主、金融证券从业者、影视明星、电子电讯合资企业中方管理人员、个体商业主、个体服务业主、股民、政府官员、大学教师、外资企业外方管理人员及少数非正当收入人员构成。

本区居民教育文化层次较高，大学及大专以上占 65%，中等学历（中专、高中毕业）占 12%，没有文盲或半文盲。户主年龄结构以青壮年为主，30 ~ 50 岁占 63%，50 岁以上占 28.5%，而低于 30 岁的仅占 8.5%。

与其年龄结构相似，他们的家庭多以核心家庭为主，三口之家占 62.7%，四口之家为 15.4%，五口或五口以上的扩展家庭占 10.2%，单身仅占 8.4%，年青未育夫妇占 13.3%。

（3）城郊中高档多层住宅区

此类住宅区居民职业构成较为丰富，购买者职业大致是：中小型企业主（服装、销售、仪器生产销售）、金融证券业职员（银行、证券交易、保险）、大中型三资企业白领职员、国有企业领导、政府中级官员、中学教师和国有企业技术人员。其中私营中小企业业主占大部分，达 57.8%，三资企业员工占 22.5%，金融证券业职员占 15.2%。

这一类住宅区居民经济收入在 2500 ~ 5000 元/月之间，年收入在 3 ~ 6 万之间，处于南京市社会经济收入的中上游，占年收入高于 3 万元的家庭的大部分。其户主年龄构成也以青壮年为主，30 ~ 50 岁的占 55.2%；高于 50 岁以上的占 31.6%；而低于 30 岁的占 13.2%，略比高级公寓区高。也许这种年龄结构上的差异反映出这一社会空间群体中内部分化要比上一阶层强，因为相对于 30 岁以上的群体而言，低于 30 岁的群体向上流动的概率也许会更高。同时在针对其典型区梅花山庄做访问调查发现，与上两阶层总体生活、家庭消费价值取向结构相对简单、同一的现象相比，他们似乎具有国家经济景气检测中心得出的 8 种亚群体分异倾向，显示较强的进一步分化的潜力。

他们中，单身家庭占11.7%，两口之家占21.7%，三口之家占45.5%，四口之家为20.7%，5口之家约占0.4%。而他们的文化教育层次也较高，大专以上占27.5%，大专为35.7%，中等学历24.2%，小学12.6%，没有文盲半文盲，其中在大专以上的群体中，单身青年占一半以上。

（4）城郊中档多层住宅区

相对于中高档多层住宅区居民，本区构成较为简单，多由政府机关的一般办事员，中小学教师，效益持平以上的大中型国家和中小型集体企业公司职工等中等收入群体构成。月薪多在1000～2000元之间。

家庭结构仍以核心家庭为主，三口之家占44.23%，两口之家26.20%，四口之家占25.71%，五口及以上占3.86%。

（5）郊区廉价多层住宅区

由于本区居民都属于低收入的城市（贫困）阶层，职业结构主要是以效益低下的国营工业企业的产业职工为主，无业或待业下岗人员比例较高。年家庭收入仅为5000元以下（若按最低标准计算，失业职工仅有1000元收入），约占全市家庭总数的26.20%。户主年龄结构明显比前两类偏高，其中30～50岁年龄组占50.03%，而50岁以上的中老年龄组占39.78%，低于30岁的青年组仅占10.19%。由于经济状况不良，不能改善居住环境，人均居住面积仅6m²。

尽管在诸如南湖、雨花镇、草场门的此类居住区内，也有一些其他职业的社会群体，如南湖迎宾村有一定比例的银行职工，但一旦有能力独立购房他们就会立即迁出本区，这种现象在外来民工较为集中的地段最为突出。而且常常随着他们向上迁移，农民工或其他更低收入阶层特别是单身男性民工多人合租现象较为普遍。

（6）简单住宅集聚区

由于这类住宅多为由外来农民工搭建的临时违章建筑，一般不会经常性地出现在某一固定地点。但是在城市边缘区，公检法、工商行政部门难于长期、稳定地管理和禁止这种违章居住行为。因此，在这些郊区廉价多层住宅区外缘的荒地、菜市、垃圾场有一定数量的外地民工聚居，社会治安、生活环境都较差。这类民工多从事拾荒、重体力劳动，收入大都在500元/月以下。年龄结构以30岁以下组居高，以在首蓿园派出所登记的暂住人口为例，30～50岁组为37.19%，高于50岁的仅占5.72%，而且另一个显著特征是男性比例在这一群体中极端偏高，达到了这一群体的87.2%。

（二）按政府引导的住宅市场划分

按照住房供给渠道和城市公共福利特征，可以将住宅供给市场划分为两大类：公房和商品房。

一般来说，公房带有城市政府福利特征。在西方，公房多由政府提供，然后低价出租给低收入阶层使用，属于地方公共产品的范畴。在西方城市规划中，一般通过法定程序要求城市开发商必须在所开发的地块中确定一定数量和标准的公共住宅，即公房。例如，在西方发达国家，就由城市开发商、政府和公众互动，确定一定标准、等级的公共福利性住宅，由开发商建设，低收入阶层自行申请，政府根据有关衡量标准甄别、排队，最终形成一定规模的公房，解决部分低收入阶层的住房问题。

在国内，为使社会经济发展获得更多的资本积累，不得不长期采用低社会成本、低工资的分配手段。在城镇中，我国内地长期采用单位提供住房的手段解决城市职工住房问题，这一现实为后来出现的单位间住宅等级、标准差异埋下最初的伏笔。随着中央放权和地方在社会经济活动中所承担作用的提升，以及"九五房改"的推行，除了占据特殊社会资源的部门之外，住房的分配逐渐由福利分房转向集资建房、货币分房或由地产市场提供住房。这一过程的发展也意味着中国住房分配逐渐由政府供给占主体阶段转向住房自有化的市场化供给阶段。

另一方面，针对社会中的高收入者，西方的住房供给、分配体系一直是由市场体制来完成的。在中国，这种趋势在"九五房改"政策之后，逐渐成为主流分配体制①。特别是自上世纪末，各级政府都争相将房地产业定位为新兴的经济增长点和主导产业以来，住房私有制成为住房自有化过程的终结，但是，由于部分机构仍然占据相当的垄断性社会资源，住宅的社会供给中单位公房及其变形方式仍然占据一定份额。在这一过程中我们看到，随着和谐社会等政治方针的确定，在城市中占据一定份额的城市低收入居民的住房供给问题成为各级城市政府不得不重视的政治问题。为此，早在1998年国务院就出台了23号文件，提出对不同收入家庭实行不同住房供应政策：最低收入家庭租赁廉租房，中低收入家庭买经济适用房，高收入家庭购买、租赁商品房②。

在此，我们以中国香港为例说明政府与社会投资在住宅市场分化中的作用。

香港经济发达，人均国民生产总值12万港元左右，但两极分化严重，存在庞大的中低收入阶层。香港解决住房问题有两种途径：一是政府通过推行公共

---

① 《国务院关于深化城镇住房制度改革的决定》（国发［1994］43号文）。

《国务院关于进一步深化城镇住房制度改革加快住房建设的通知》（国发［1998］23号）

② 《经济适用住房管理办法》，中华人民共和国建设部、中华人民共和国国家发展和改革委员会、中华人民共和国国土资源部、中国人民银行于二〇〇四年四月十三日联合发文。

《城镇最低收入家庭廉租住房管理办法》中华人民共和国建设部、中华人民共和国财政部、中华人民共和国民政部、中华人民共和国国土资源部、国家税务总局第120号令。

房屋计划，为中低收入家庭提供出租和自置居所所需的公房，这部分占主要份额。为中低收入居民提供适当的房屋，而只收取他们所能负担的楼价或租金。目前，香港约有三分之一的人口居于公共租住房屋，另有两成购置了政府资助的自置居所。具体而言，1992 年香港政府提供各类公屋共 82.15 万个住宅单位，居住人数 288.21 万人，占全部居民的 50.1%。二是私人投资者和房地产开发商为中高收入家庭提供的私人房屋。1992 年，开发商提供的各类私人房屋共有 95.29 万个住宅单位，居住人数 261.76 万人，占全部居民的 45.5%。香港政府主要通过一系列税费优惠和政策引导，促进公屋的开发经营，其中土地收入和土地免费对公屋开发起了决定性作用。为了更好地解决中低收入家庭的住房问题，1973 年 4 月 1 日成立了香港房屋委员会，统筹公屋事务，专门从事公屋的规划、投资、兴建、分配及管理。20 世纪 70 年代推出"居者有其屋计划"，1986 年又制订了"长远房屋策略"，目前港府每年公屋推出量达 42000套。为了减轻新建公屋资金压力，政府提供贷款担保，鼓励自置房屋，香港与其他西方发达国家地区一样，在 20 世纪 90 年代以来大力推行住宅私用化政策，但是仍未放弃为中低收入阶层提供廉价住房的努力。

（三）按亚文化、亚群体分化——社会聚集

蒂伯特（C. Tebout）、伊文思（A. W. Evans）认为：除了经济因素会影响住宅的区位选择以外，还存在三种非经济因素影响住宅的区位选择，这三种非经济因素总称为社会聚集因素。

（1）文化社会价值取向趋同性集聚。人们普遍具有想同他们所期望并可能结交为朋友的人做邻居的倾向。所以人们的朋友通常住在附近，人趋向于与那些同他们具有相似特点的人交朋友，具有相似特点的人往往居住在一个地区。例如，面向电子办公亚群体的 SOHU 居住社区、雅皮士阶层居住区等。

（2）不同的人需要不同的服务，需要类似服务的人往往居住在同一地区。大城市出现的一些特殊社区，如外国人集中居住社区等都体现了这一点。

（3）人们都希望有一个良好的自然、社会环境，而高收入阶层较容易达到这一目的。如风景宜人、环境幽雅的地段往往成为高收入者的聚集区。

# 第二节　住宅市场的均衡分析

任何市场的发展都离不开对需求和供给的定量和定性分析，前面我们介绍了城市居民在选择住宅时候要考虑的一些因素，这一节主要介绍建立在实证分析基础上的城市住宅市场供求平衡问题，探究影响住宅需求和供给的主要因素，说明不同情况下出现的住宅市场均衡状态。

## 一、住宅市场的需求分析

住宅需求是指人们在某一特定时间，在一定的价格水平下愿意而且能够购买的住宅商品数量。影响住宅需求的因素有许多，主要包括住宅价格 $P$、家庭收入水平 $Y$、家庭资产 $A$、不同人群的偏好 $T$、其他商品的价格 $B$、利率水平 $R$ 和对未来的预期 $E$，需求函数可以写为：

$$D = f(P, Y, A, T, B, R, E)$$

（一）住宅价格

住宅价格是影响住宅需求数量和结构的主要因素，住宅的价格和需求量之间存在着反方向变动的关系：在其他条件不变的情况下，需求随着价格的上升而递减，随着价格的下降而增加。因此，住宅需求价格曲线一般是一条向右下方倾斜的曲线。

住宅价格影响住宅需求的程度可以用住宅的需求价格弹性 $E_p$ 来表示。用 $Q$ 代表住宅需求数量，$P$ 代表住宅的价格，则

$$E_p = \frac{\Delta Q/Q}{\Delta P/P}$$

若 $E_p = 1$，为单位价格弹性，说明需求与价格等比例变动；若 $E_p > 1$，为富有弹性，说明一个单位的价格变动会引起大于一个单位的需求的变动；若 $E_p < 1$，为缺乏价格弹性，说明一个单位的价格变动会引起小于一个单位的需求的变动。经济学从消费的特征出发，一般将富有弹性的商品归类为奢侈品，将缺乏弹性的商品归类为必需品。

西方学者的研究表明，不同的人群具有不同的住宅价格弹性，例如房东和租户、高收入群体和低收入群体、结婚群体和非结婚群体具有各不相同的消费弹性。一般而言，上述消费群体的特征是：

（1）所有家庭的住宅需求收入弹性小于1，说明住宅属于必需品；

（2）随着收入的增加，住宅需求的收入弹性在增加，而且低收入家庭的反应更为敏感，房东比租户反应更为敏感；

（3）结婚家庭的住宅需求收入弹性一般大于非结婚家庭；

（4）对租户和房东来说，采用当年的收入计算的住宅需求收入弹性都非常小，而采用预期收入情况下住宅需求收入弹性都比较大，反应了对未来占有房产的欲望强烈。

这些特征对城市规划，特别是涉及居住小区规划的前期分析具有很重要的指导意义。

（二）城市人口数量和结构的变化

对住宅需求影响的一个方面是消费者的偏好，表现为人口数量和结构的变化。这种偏好主要源于三个方面：城市人口数量、人口结构和家庭结构。

在一定的社会生产条件下，一定数量的人口必然要求相应数量的住宅，以满足他们多层次的需要，两者之间应该保持一定的比例。随着城市人口的增长，对住宅的需求也随之增长。

城市人口结构的变化主要表现为城市人口的年龄结构和受教育程度的变化。研究表明：随着老龄化现象加剧，对住宅的需求会逐渐疲软，住宅市场会萎缩，而城市人口教育素质水平的提高则会出现住宅需求增加的趋势。

（三）税收

在我国目前的房地产税收体系中，存在的主要问题是房地产交易环节的税收负担偏重，而保有环节的负担偏轻，致使部分居民买不起房，而买得起房的人养房成本过低，不利于实现人人有房住的和谐社会目标。

物业税改革的基本框架就是将现行房产税、城市房地产税和土地出让金等合并，转化为房产保有阶段收取的物业税。把房地产开发商一次性缴纳土地出让金的政策，改为由购房者在房产使用过程中分次缴清。这一模式意味着占住宅成本50%的地价和相关税费将在70年内缴清，销售时只需要缴纳微小的一部分。毫无疑问，这种做法将大大降低房屋的开发成本，从而大大降低房产的销售价格，并刺激社会的合理需求。

诚然，住房类型多样，例如既有商品房，也有公产房，既有经济适用房，也有大型豪华别墅，如何细化诸多类型住房的税率水平，是物业税开征首先要解决的问题；其次，取消交易环节的税收，会大大降低房地产市场的投资门槛，房产开发企业的数量在短时间内有可能大幅增加，政府面临着如何进行有效监管，确保房地产市场健康发展的挑战；此外，实行物业税后，由于房屋的使用成本提高了，相应的房租也会有所提高，而租房市场恰恰是以低收入者为主要承租对象的，过高的房租不利于住房资源的市场化流动，因此有必要很好地协调物业税与房租价格关系。但是毫无疑问，物业税将解决房和地分别征税带来的税制不规范的问题，比较客观地反映房地产的价值和纳税人的承受能力，有助于遏制房地产投机行为和囤积土地的行为，提高土地资源的利用率，使未来地方政府分享土地增值带来的收益，获得长期稳定的收入来源，将更多的物力、财力转移到谋求社会公共利益中来。

（四）利率与投机

利率对居民的住宅需求和投资需求具有负向影响，这主要体现在两个方面：

（1）当利率降低时，会迫使人们减少储蓄而转向消费或进行其他投资，居民在寻找消费和投资出路时，可能会考虑扩大住宅的消费或投资。这对于原来已计划扩大住宅消费或投资的居民来说，会加快他们的行动步伐，进而增加对住宅的现实需求。

（2）在利率降低时，住宅抵押贷款的利率同时降低，这实际上降低了居民进行住宅消费或投资的比率，也会扩大居民的住宅需求。相反，利率提高时，住宅需求会减少。

人们购买住宅的行为，同时也是一种投资行为，人们由于期待住宅的未来升值而考虑现在购买。作为投资行为的住宅购买，主要取决于投资者对未来经济发展的预测。投资者如果预期悲观，就会减少购买住宅，进而住宅需求就会减少；如果预期乐观，投资者就会增加对住宅的购买欲望，从而住宅需求就会大大增加。另外，住宅市场预期的不合理会导致住宅市场价格的扭曲。例如，当人们预测已经上涨的住宅价格还会再涨时，会增加对住宅的预期需求，需求的增加推动着住宅价格的进一步上涨，进而导致人们预期未来价格将进一步上涨，这种恶性循环引起住宅价格被严重扭曲。

（五）收入

鉴于购房搬迁成本很高的缘故，它将建立在家庭相当长的时段内的预期收入的基础上。针对住宅的需求收入弹性，西方研究表明：（1）总收入弹性大约是 0.75，即收入增加 10% 导致住宅消费大约增加 7.0%；（2）租户的收入弹性小于自有房主的收入弹性；（3）收入弹性随收入增加而增加。根据伊兰菲尔德特（Ihlanfeldt，1982）的研究，低收入家庭的弹性系数在 0.14 ~ 0.62 之间，高收入家庭的弹性系数在 0.72 ~ 1.10 之间。

房价怡值研究的结果可以用来估计住宅群中单独住宅的需求收入弹性。归纳了一些怡值研究的成果，得出三点结论：

（1）对可居住面积的需求缺乏收入弹性：在 9 个案例中，7 个案例的弹性系数低于 0.46。

（2）对建筑质量的需求富有收入弹性：在 5 个案例中，4 个案例的弹性系数高于 1.64。

（3）对邻近地区宜人环境（例如公共安全）的需求富有收入弹性。

## 二、住宅市场的供给分析

（一）住宅价格

住宅价格是影响住宅供给的首要因素，因为在成本既定的情况下，市场价格的高低将决定住宅开发企业是否盈利和盈利多少。一般而言，当价格低于某一特定水平，则不会有住宅供给，高于这一水平，才有产生住宅供给，而且其价格与供给量之间存在着同方向变动的关系，即在其他条件不变的情况下，供给量随着价格的上升而增加，随着价格的下降而减少。因此，住宅供给曲线是一条向右上方倾斜的曲线。住宅价格影响住宅供给的程度可用住宅的供给价格弹性，即价格的变化（$\Delta P/P$）引起的住宅供给数量变化（$\Delta Q/Q$）的幅度 $E_s$，来加以说明：

$$E_s = \frac{\Delta Q/Q}{\Delta P/P}$$

若 $E_s = 1$，为单位价格弹性，说明供给与价格呈等比例变动；若 $E_s > 1$，为富有价格弹性，说明一个单位的价格变动，会引起大于一个单位的供给变动；若 $E_s < 1$，为缺乏价格弹性，说明一个单位的价格变动会引起小于一个单位的供给变动。

住宅供给弹性在瞬间是完全缺乏的，这时，价格变动不会影响到住宅供给；在短期内，住宅供给缺乏价格弹性，住宅价格的变动导致供给量的较小变动；从长期看，由于房产用途的可替代性，住宅供给价格弹性较大，价格变动将导致供给量的较大变动。

（二）土地政策

住宅开发建设首先必须有可供开发的土地。由于房产与地产在物理形态上具有不可分性，因此，土地是兴建房产不可缺少的投入要素。然而，由于土地资源的稀缺性，政府通常限制土地的使用，尤其是城市土地的使用。因此，城市住宅的供给能力，在很大程度上决定于政府的土地政策。政府允许使用土地的多少，直接影响住宅市场的供给量。政府对土地使用控制较紧不仅使土地供给数量减少，还会使地产价格上升，而土地价格是住宅成本的重要组成部分，土地价格的提高对住宅开发商来说意味着成本上升，在住宅价格既定的条件下，住宅开发商一般会减少住宅供给。例如，2006 年北京土地供应计划总体在 6000 ~ 7000hm$^2$ 之间，其中住宅用地应为 1590hm$^2$，而且，在土地供应过程中还将有新的变化，主要是土地供应将向郊区基础设施和经济适用房倾斜，并将通过控制土地供应节奏，把开发商手中的存量土地挤压出来。

（三）国家税收政策

税收是调节收益的杠杆，对住宅投资的回报率和经营的安全性有重要影响。税收一方面具有规范住宅市场交易秩序、创造平等竞争的市场环境的功能，同时某些税率的调整以及各种税收优惠政策的出台，都会直接影响投资者的收益，从而影响投资者对住宅的投入，限制或者扩大市场供给。这是显而易见的，国家如果对住宅业实行优惠的税收政策，就会直接降低住宅开发成本，而住宅开发成本的降低能够提高开发商盈利水平，从而吸引更多的社会资本进入住宅业，增加住宅供给量。相反，国家对住宅业实施增税政策，则会直接增加住宅开发成本，减少开发商盈利水平，使开发商缩小投资规模，甚至将资本转移到其他行业，进而导致住宅供应量减少。

（四）金融市场与地产开发商

房地产通常具有大宗性、昂贵性的特点，其开发往往需要巨额资金投入，离不开银行等金融机构的资金支持。因此，银行利率高低直接影响住宅市场的供应量。如果国家采取紧缩的货币政策，银行减少对住宅开发商的贷款，提高市场利率，这样，住宅开发的借贷成本将提高，住宅供给往往会减少。另外，由于银行利率提高，人们储蓄愿望增强，进而减少对房产的消费需求与投资需求，也会影响住宅开发商的供给愿望。相反，如果国家采取宽松的货币政策，银行扩大放款，市场利率下降，住宅开发成本降低，就会刺激住宅开发商增加住宅供给。同时，当利率降低，人们的储蓄愿望也随之下降，促使人们进行住宅投资。而住房抵押贷款利率较低，又会刺激人们使用消费信贷方式购房，增加住宅需求，推动住宅价格上涨，进而引起住宅供给的增加。

由于住宅商品大多由住宅开发商提供，作为市场供应主体的住宅开发商对未来预期的好坏显然会影响住宅市场供给。住宅开发商对未来的预期是多方面的，主要包括：经济发展形势、利率水平、通货膨胀状况、住宅价格水平、住宅需求状况、国家有关税收政策等等。由于住宅生产周期较长，对未来的预期就显得至关重要。所谓预期，其核心问题是投资回报率，如果预期投资回报率高，开发商一般会增加住宅投资，从而增加住宅市场供给；相反，如果投资回报率预期差，就会减少住宅市场供给。

（五）交通拥挤的外部效应[①]

区位因素决定土地地价和房地产价格的基本条件，但是到达工作地的便捷程度或通勤总成本的高低是实现这一基本条件开发价值的重要指标。我们可以设想，如果开发后增加的交通量造成原有通勤易达性显著下降，结果如何？更重要的是，如果开发降低了该地区其他（已开发的或毗邻的将要开发的）土地的易达性（通勤成本增加），情况又如何？

我们的分析仍然从单中心城市模型的简单情况开始。假设该城市的总剖面形状是一条有一定宽度的线，即将该处城市用地视为一块狭长的土地，标记在该地带上的位置为 $d$。该城市所有的家庭都是一样的，都在城市中心（$d_0$）工作，住宅密度为 $1/q$，$q$ 代表每户家庭居住占用土地的面积数。我们假设城市东边的居民（位置 $d_e > d_w$）通过汽车和道路网络去城市中心，而西边的居民则使

---

① （美）丹尼斯·迪帕斯奎尔，威廉·C·惠顿. 城市经济学与房地产市场. 龙奋杰译. 北京：经济科学出版社，2001.

用快速的地铁系统（图 8 – 3）。

正如运输线系统中常见的状况一样，假设西边地铁系统的承运能力远远超过需求，这样，无论乘客数目增加多少，每位乘客每年每公里付出的费用都是固定的，为 $k$。要保证家庭在位置方面的平衡，城市西边的土地租金梯度线为斜线，斜率为 $-k/q$。对城市西边的开发扩展到 $d_w$ 公里。在城市东边，使用道路系统进行交通会遇到一些拥塞现象，拥塞程度与使用者的数目呈正比，这依赖于城市向东扩展的距离（位置 $d_e$）。这样，对于城市东边，每公里的交通费用就不是一个常数，每公里的交通费用依赖于开发的数量，也就是说 $k_e$ 是 $d_e$ 的函数，即有 $k_e(d_e)$。城市东边在位置平衡状态下，土地租金随着远离城市中心而下降，斜率为 $-k_e(d_e)/q$。根据城市东边和西边在交通技术上存在的这种不同，以及由此带来的每公里交通费用的差异，可以知道城市东边的土地租金斜率与西边不同。

下面进一步分析东边和西边的土地租金梯度线。

在开发边缘 $d_e$ 和 $d_w$ 以外，土地用于农业，租金为 $r^a$。城市东边和西边的土地租金梯度线分别为 $r_e$ 和 $r_w$，于是有：

$$r_e(d) = r^a + k_e(d_e)\left(\frac{d_e - d}{q}\right)$$

$$r_w(d) = r^a + k_w(d_w)\left(\frac{d - d_w}{q}\right)$$

根据以上公式，可以知道城市东西边界的土地租金 $r_e(d_e)$ 和 $r_w(d_w)$ 相等。在边界 $d = d_e$ 或 $d = d_w$ 时，两个等式中的第二项消失，在两个边界处的租金都等于农用租金 $r^a$。

那么城市中心处的土地租金是多少呢？为了保证土地市场在空间上的平衡，城市中心处在东西两边的土地租金必须相等，即 $r_e(d_0) = r_w(d_0)$。该条件较关键，如果城市中心处的土地租金不相等，那么居民完全可以通过向东或者向西的非常微小的移动而迁到租金低的地方，从而获得好处。只有当东边和西边总交通费用相等的时候，城市中心处的土地租金才会相等。如果由于东西两边交通系统不同而造成了两边每公里交通费用不等，那么只有当东西两边边界到中心的距离不等的时候，总的交通费用才可能相等。这种距离的差别抵消了东西两边每公里交通费用的差异。图 8 – 3 显示了这种不对称的土地市场，城市中心的土地租金相等，城市中心到城市东边边界的距离大于西边，从而东边的租金梯度线也相对平缓。

如果开发增加了，东西两边的租金梯度线如何变化呢？如果城市很小，边界距离（$d_w$，$d_e$）很短，这时道路系统尚不能形成交通拥塞，因此东边租金梯度线会很平坦。在这种情况下，城市在东边的扩张会远大于在西边的扩张。而

土地租金

$$r^a+k_w(d_w)\left(\frac{d-d_w}{q}\right) \qquad r^a+k_e(d_e)\left(\frac{d_e-d}{q}\right)$$

$r^a$

西边
（地铁）　　　$d_w$　　→$d_0$←　　　$d_e$　　东边
　　　　　　　距离：$d$　　　　　（汽车）

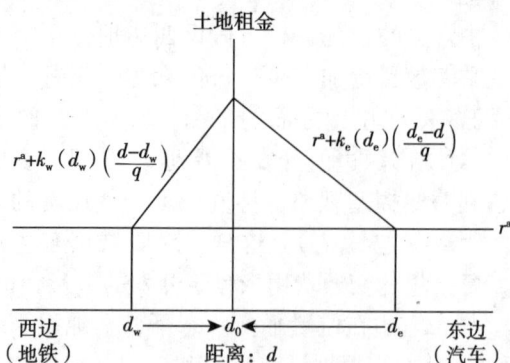

图 8 – 3　两种交通模式下的土地市场平衡

当城市由于人口增长而不断扩张，规模大到一定程度时，西边的租金梯度线仍然会等比例地向外推移，$d_w$ 增大；而在东边，开发的增加使道路使用增加，造成交通拥塞，速度下降，从而由于单位交通费用的提高，土地租金梯度线变陡，结果是城市东边的扩张开始减慢。

随着 $d_e$ 的不断增加，道路系统要负担更多的车辆，任何位置的交通费用 $k_e(d_e)(d_e-d)$ 都增高。在城市东边每增加一个人，那里所有其他居民的每英里交通费用都会增加。而在城市西边，由于 $k_w$ 固定，所以就不会发生这种情况，也就是说，城市西边人口增长不会增加原有居民的费用。

下面研究图 8 – 3 所示的平衡状态下的城市。假设城市东边已有相当量的开发，道路已经存在一定的交通拥塞。由于空间上已经达到平衡，这意味着人们不可能通过迁居而改善自己的生活条件。然而，可以试想这种迁居却可能会改善其他人的生活条件。在这个模型里，整个城市的利益由全部交通费用所决定。基于这个情况，城市的规划者可以降低城市总的交通费用，从而提高整个城市的利益，使之超出图 8 – 3 所示的平衡状态下的水平。规划者总可以试着将一户家庭从东边迁移到西边，这样 $d_w$ 会有微小增加，$d_e$ 会有微小减少。西边交通的增加会使总交通费用增加 $k_w d_w$，而在东边，由于少了一户家庭，总交通费用不仅会有 $k_e(d_e)d_e$ 的减少，还会使所有其他东边的居民在道路上遇到的汽车减少一辆。这样，东边总交通费用的减少会大于西边总交通费用的增加，这个交换使整体利益得到了提高。最初的空间平衡状态意味着，家庭迁居到哪一边对其自身是无所谓的，然而这种迁居却会给东边其他家庭都带来好处。

设想规划者继续这种转换，将居民从东边迁移到西边，增加 $d_w$ 和减少 $d_e$。伴随着这种变化，西边边界处的交通费用增大，而东边边界处的交通费用减小。这时，尽管迁居会造成东边居民条件改善，但迁居的居民的利益却开始受到影响。从城市整体利益的角度看，只要东边居民得到的利益大于个人迁居付出的代价，这种迁移就会持续下去。那么到什么时候规划者会停止这种移动呢？最终，西边边界的扩张和东边边界的收缩都会大到这样的程度，使得移动带来的损失大于东边剩余居民利益的增加。这时，由于这种转换不再会使城市整体利益得到提高，规划者会停止该过程（图8-3）。

## 三、住宅市场的简单均衡

单一市场均衡模型假定土地现存量等于新建设用地数量，并且土地质量无差异。由于供给法则和需求法则的相互作用，供给曲线 $S$ 向右上方倾斜，需求曲线 $D$ 向右下方倾斜。当供给量与需求量相等时，$S$ 与 $D$ 相交于 $E$，住宅市场达到均衡，并得到均衡价格 $P$。当市场价格高于均衡价格 $P$ 时，则住宅需求减少，供给增加，出现供过于求的局面，迫使价格下降，趋向于均衡价格 $P$。当市场价格低于均衡价格 $P$ 时，则住宅市场需求增加，供给减少，出现需求大于供给的现象，从而促使价格上升，向均衡价格靠近。由此，市场均衡的条件是在一定价格下的需求量与供给量相等（图8-4）。

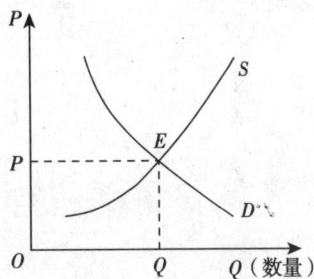

图8-4 单一市场均衡模型

# 第九章
## 城市政府与城市财政

城市政府是城市管理的核心机构。从经济体运行的角度来看，政府与市场是资源配置的两种手段。城市政府是城市管理的核心机构，同样具有资源配置的作用。只不过相对于国家政府而言，其资源配置的范围较小，并且是在国家政府的统一协调下行使这种功能。城市政府行使资源配置的功能，最主要是通过城市财政手段来实现的。根据传统的财政理论，财政具有三大功能，即资源配置功能、收入分配功能及经济稳定功能。城市财政同样具有上述三大功能。本章将从城市政府的职能及城市财政功能方面进行阐述。

# 第一节　城市政府的职能

## 一、城市政府职能概述

对于生活在城市里的人来说，政府的作用与之生活密不可分。早晨醒来，洗脸刷牙所用的自来水是由政府组织的企业提供的；学校作为一种公共物品，本身就是由政府提供的；每天出门，如果你没有私家车，那必须要乘坐由政府组织提供的公交车；如果你失业了，有政府组织的社会保障给你提供失业救济；当你退休之后，又通过政府组织的社会保障为你提供退休之后的生活保障。这里所举的仅是很少的几个方面，总之，城市政府与每个人的生活息息相关。所以，城市政府在城市生活中发挥作用的好坏，直接决定了每一个城市居民生活质量的高低。

城市政府职能是指城市政府根据国家赋予的权力，为实现国家意志、维护城市安全、稳定和推动城市各项事业发展而担负的职责和功能。在市场经济体制下，城市政府的主要职能在于为城市居民提供优质的公共服务。城市政府提供的服务对于发展城市经济，保护城市居民的生活条件，尤其是保护低收入家庭的生活条件是至关重要的。具体说来，城市政府的共同功能是提供社会治安、市场、屠宰场、消防、道路清扫和照明、垃圾收集、公墓、图书馆和少数的公共疾病预防服务。除了这些共同功能外，由于国家经济发展水平不同，城市政府的职能往往差异比较大。在发展中国家，大城市政府的责任范围通常要比小城市大得多。主要原因是，发展中国家的大城市，尤其是首都城市，具有地方和州（省）功能结合在一起的特殊行政地位，它们具有更多的政府责任。发达国家同样具有类似情况，城市政府职能是与城市的经济地位相联系的。

我国对城市政府职能的定位也经历了一个漫长探索的历程。在传统体制下，唯恐政府职能不全，有职能扩张趋势。因为城市政府的地方政府特性，城市政府职能的转变是中央政府推动的结果。所以城市政府职能的转变主要呈现的是国家宏观改革政策执行、落实的结果，也就是说，城市政府的职能是政府职能的写照。我国城市政府职能的改革取得了相当大的成效，并对城市政府职能有了清醒的认识。具体说来，我国城市政府主要的职能有：①城市规划，即对城市建设和综合开发进行总体规划；②公共工程，主要包括道路、下水道等的建造和保养，码头、公共汽车站的营造等；③卫生和环境保护，主要包括维护市民的保健卫生，防病治病，防止空气、噪声、水污染，清理垃圾等；④公共教育，包括中小学教育、职业培训、成人教育及教育性设施的建造和维护等；⑤文化娱乐，主要包括图书馆、科技馆、体育馆等的建造、维修和管理，名胜古迹、历史文物的保护和管理等；⑥社会福利，主要包括建立各种慈善机构，对生活困难者、老年人、残疾人等提供法律、生活等方面的援助、保护和救济；⑦公共安全，即维护治安、保护市民的生命财产安全，主要包括警察和消防两个方面；⑧公用事业，主要涉及供电、供暖、供水、供气、住宅供应和交通运输等；⑨经济振兴，主要包括制定经济发展计划，提供技术援助、信息和咨询服务，扶持中小企业的发展，开发和促进旅游事业等。

## 二、城市政府职能的理论分析

### （一）公共物品的概念

城市政府的职能就是为城市提供公共物品。课税、发行公债和安排预算支出等一系列财政活动似乎是纷繁复杂、多种多样的，但这种活动的主线，却是由政府出面，提供难以受市场力左右的公共物品和服务，市场经济条件下的任何一种政府财政，概莫能外。所谓的公共物品是指私人不愿意提供而由政府部门提供的满足公共需要的物品，如国防、公共基础设施等，一般具有非排他性和非竞争性。非排他性是公共物品的第一个特征，即一些人享用公共物品带来利益并不能排除其他一些人同时从公共物品中获得利益，例如，每个公民都可以无差别地受益于国防所提供的安全保障，每个适龄儿童都有权利和义务接受政府提供的义务教育等。非竞争性是公共物品的第二个特征，即消费者的增加不引起生产成本的增加，或者说，提供公共物品的的边际成本为零。与公共物品相对应的是私人物品，区别它们的主要方法就在于该物品是具有排他性还是非排他性，是具有竞争性还是非竞争性。另外，根据非排他性和非竞争性的强弱，公共物品又可以分为纯公共物品和混合物品。同时具备非竞争性和非排他性的公共物品称为纯公共物品，如国防，一旦被生产出来，所有社会成员均能从消费这一物品中受益。而混合物品兼有公共物品和私人物品的特征，主要有两种类型：一类是具有非竞争性但同时具有排他性；另一类是由外部效应引起的。第一类以一段高速公路为例，在道路不过分拥挤的情况下，多增加一辆车行驶并不影响其他车辆的行驶，因而具有非竞争性。但是，只要在该路段设置一个收费站，就可以把不付费的车辆排除在外，因此，又具有排他性。第二种类型的混合物品的典型例子是花园，邻居家的花园即使设置围墙，也无法阻挡墙外的人闻到花香。

（二）公共物品的市场均衡

私人物品供求结构图与公共物品的供求结构图存在明显的区别。应该明确，后者只是理论上的假设，但可以通过这种比较来加深对公共物品特征的理解。

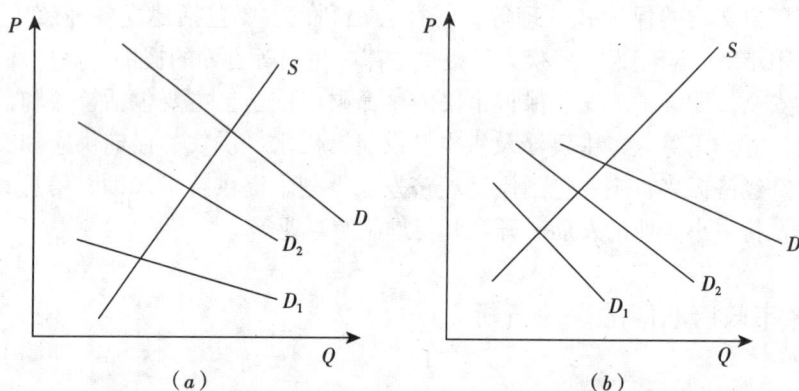

图 9-1　公共物品与私人物品的市场均衡对比
（a）公共物品的供求结构图；（b）私人物品的供求结构图

图 9-1 中，a 图表示公共物品的供求结构图，b 图表示私人物品的供求结构图。两者的区别在于，公共物品的市场需求曲线是个人需求的纵向相加，而私人物品的市场需求曲线是个人需求的横向相加。

（三）公共物品的提供方式

（1）纯公共物品的提供方式

提供公共物品来满足公共需要有两个系统：一是市场，二是政府。市场提供私人物品满足私人需要，政府提供公共物品满足公共需要。一般而言，纯公共物品只能由政府来提供而不能由市场来提供，这是由市场运行机制和政府运行机制的不同所决定的。市场是通过买卖提供产品和服务的，在市场上，谁有钱就可以购买商品或享用服务，要求利益边界的精确性。

公共物品的非竞争性和非排他性，决定了竞争性的市场机制不适于提供纯公共物品。一方面，由于公共物品具有非竞争性，新增一个消费者的边际成本等于零，所以，如果公共物品按边际成本定价，那么，私人部门无法提供它所期望的最大利润，所以私人投资者不会自愿提供纯公共物品；另一方面，非排他性意味着一个人使用公共物品，并不排除其他人同时使用，即使从技术上可以排他，但花费成本太大，这样消费者倾向于不掏钱，免费使用，即所谓的搭便车。搭便车现象使纯公共物品不适于由市场提供。

政府的性质和运行机制决定了纯公共物品适宜由政府提供。一方面，政府具有社会职能，满足社会的公共需要是政府义不容辞的责任。另一方面，政府通过权利强制征收的税收和其他一些收入，为政府提供公共服务提供了经济保障。从这一点也可以看出，政府提供公共物品，公民并不是完全免费享用的。公民缴纳的税收就是享用公共物品的代价，只不过每个人享用公共物品带来的利益与他缴纳的税收额度并不是完全对等的，也就是说，一些人可能没有缴税也享受了公共物品，另一些人可能承担了大部分税收，但不能说就多享用一些公共物品，这一特征与私人物品相区别。

（2）混合物品的提供方式

混合物品的特征是兼备公共物品和私人物品的性质，所以，可以采取公共提供方式和市场提供方式，也可以采取混合提供方式。混合物品有两种不同的类型：一类是具有非竞争性但同时具有排他性；另一类是由外部效应引起的。对于第一类混合物品，桥梁是一个典型的例子。桥梁成本可以通过两种方式来弥补：一是通过征税，免费使用，这是公共提供方式，与纯公共物品提供方式一样；二是采取对过桥车辆收费的方式来弥补，如同一般商品买卖一样，谁过桥谁交费购买使用权，这是市场提供方式。政府在选取提供方式的时候，就要比较两种提供方式的成本和效益。不论采取哪种提供方式，该桥梁提供的社会效益和建筑成本是相同的，可比的是无论征税或收费都会产生本身的成本及可能带来一定的效率损失。征税成本是指征管成本与缴纳成本，税收的效率损失是指因征税而带来的社会福利损失，亦称税收超额负担。收费要设置管理设施和管理人员，要花费成本。另外，由于收费会在一定程度上限制过桥的车流量，在不过分拥挤的情况下，对社会而言产生一部分消费损失，这是收费的效率损失。最终选哪种提供方式，取决于征税成本和税收效率损失同收费成本和收费效率损失的对比。

对于具有外部性效应的第二类混合物品，选取这类混合物品的提供方式，首先在于判断外部效应的大小。当外部效应很大时，可视为纯公共物品，采取公共提供方式。其实，多数公共物品都具有较大的外部效应，不过为了提高公共物品的使用效率，并为了适当减轻政府负担，对多数混合物品采取混合提供的方式，既可以保障职工和居民的医疗需要，又可以避免病床过分拥挤和药品的浪费。当采取收费方式时，政府所要关心的问题是合理制定收费标准，同时严加管理，避免利用垄断地位滥收费或任意提高收费标准，加重居民负担，以至造成严重的社会问题。

总体说来，混合物品的提供方式主要有如下几种方式：①政府授权经营。对于具有规模经济效益的自然垄断行业，政府部门通过公开招标形式选择私人企业，通过签订合同的方式委托中标的私人企业去经营，但政府部门对这一领域实行政府规制，一方面禁止其他企业自由进入，另一方面又禁止中标企业制定垄断价格。②政府参股。对于那些初始投资量较大的基础设施项目，如道路、桥梁、高速公路、铁路、港口、机场等，由政府通过控股参与建设。③政府补助。对于那些提供教育、卫生服务的私人机构及从事高新技术产品开发的私人企业，政府给予一定数量的补助。这是因为教育服务、卫生服务、高新技术的开发都具有正外部效应。补助的方式包括补贴、贴息贷款、减免税收等。

# 第二节　城市财政

城市财政属于地方财政，但由于城市具有人口稠密，工商业发达，交通便利等特点，这就决定了城市财政有别于一般地方财政，在财政收入、财政支出和财政管理方面具有自身的特点。

## 一、城市财政的特点

（一）城市财政收入的特点

（1）财源集中，规模较大。城市财政收入主要来自于城市工商业特别是国营工商业的利税上缴，不同类型的城市，其财政收入的来源结构差异性较大。

（2）城市是进行各种生产活动和社会活动的主要场所，生产组织众多，人口稠密，流动人口较多，导致城市组织收入较困难，税收征管难度较大。

（3）城市产业、部门集中，在组织收入过程中，如何处理中央和地方以及国家、企业、个人之间的物质利益关系是城市财政必须十分注意的问题。

（二）城市财政支出的特点

（1）城市财政支出是为实现国家职能和城市功能双重任务服务。

（2）城市财政支出的重点是城市区域内的企事业单位。

（3）城市财政支出大部分用于市政设施建设和城市公用事业建设。

（4）城市财政支出与城市人民生活息息相关，直接关系到城市居民生活水平的提高和改善。

（三）城市财政管理的特点

（1）集中性。由于城市具有地域集中、人口集中、工业密集、商业发达等特点，决定了城市财政管理的集中性。

（2）广泛性。城市是一个地区的经济中心，城市经济包括国民经济各部门、社会再生产各环节，其广泛性决定了城市财政管理在人员配备、资金分配等方面，要统筹兼顾，全面考虑。

（3）系统性。城市各经济部门、行业不论从纵向或横向看，都各成体系，城市中的非生产领域，如行政、文教、科学、卫生、市政建设单位，也是各成体系，各有各的系统。这决定了城市财政管理应该按不同部门、不同领域，组织专人进行专业管理。

## 二、我国城市财政收入、支出的主要内容

（一）我国城市财政收入的主要来源及管理原则

城市财政收入是城市政府为了行使其职能的需要，把城市各经济部门、经济组织的劳动者为社会创造的纯收入按照有关部门财政法律法规集中起来，形成的城市财政资金。在我国，城市的财政收入在1994年以前与国家财政在类型上基本一致，只是城市财政的收入结构受城市地区经济结构的影响而与国家财政有所不同。1994年实行分税制以后，城市财政收入的来源与中央财政收入来源发生了很大的变化。分税制的主要内容就是设立中央税和地方税两种制度，同时，按行政管理层级划分预算管理权限。在分税制下，城市财政作为地方一级的财政，其收入的主要来源主要有以下方面：

（1）税收收入。主要是地方税和中央、地方共享税中归地方所有的部分。税收收入是城市财政收入的主要来源。

（2）转移支付收入。实施转移支付是分税制改革的重要内容之一，其目的在于缓解分税制改革对地方财政收入的影响，保证地方财政必要的公共支出能力。从城市财政收入来源的角度来说，既包括中央财政对城市财政的转移支付，也包括省一级财政对地方财政的转移支付。

（3）企业收入。指城市地方国有企业上交国家财政的利润收入。实行利改税后，利润收入在财政收入中的比重很小。

（4）国家能源交通重点建设基金收入。

（5）国有土地有偿使用收入。

（6）其他收入。主要有事业收入、规费收入、罚没收入、国家资源管理收

入、公产收入等。虽其项目多，政策性强，但在城市财政收入中所占比重较小。

此外，城市财政收入中还有一部分为非正规收入，主要包括城市政府债务收入、福利性摊派、行政性集资等多种收入形式。

城市政府在进行城市财政收入管理时，应遵循效益超过成本或损耗的经济效益原则；正确处理国家、集体、个人三者利益关系原则；追求收入分配的权利和机会平等的社会公平原则；谁受益谁负担原则等基本原则。此外，城市政府在进行城市财政收入管理时，要建立与支出相适应的收入规模，保证财政支出与财政收入的需要；要建立良好的收入管理征管秩序和收入收缴机制，依法获取财政收入；要坚持财政收入逐年增长，并充分注意税源的涵养。

（二）我国财政支出的主要内容及管理原则

城市财政支出是指城市政府行使国家赋予的职能，合理、有效、节约地分配财政资金，以满足城市建设和发展的需用。我国城市财政支出，目前主要包括以下内容：

（1）经济建设支出，包括城市基本建设与基础设施投入、国有企业技术改造的投入、市管县体制下对农业的投入等；

（2）文教、科学、卫生事业支出；

（3）行政管理费用支出；

（4）城市维护和建设支出；

（5）社会保障与社会救济支出；

（6）国防支出；

（7）财政补贴，包括价格补贴、财政贴息和企业亏损补贴等。

在上述各项中，除第一项外，其余各项属于城市政府职能的行政事业支出。

由于传统体制的影响，城市政府职能尚未能完全转变，目前，我国城市财政支出中，经济建设支出仍占较大比重，而城市维护和建设支出则严重偏低。此外，城市财政收支混乱，非正规性收支广泛存在，缺乏科学性、规范性，税收分担与所享受政府服务利益不匹配。

城市财政支出，必须立足于城市经济发展的需要，遵循优化支出结构，讲究资金使用效益的原则；正确处理各种分配关系和原则；量力而行与尽力而为的原则；勤俭节约的原则等基本原则。

## 三、城市财政的职能

财政属于整个社会再生产过程中的分配环节，城市财政的这种职能尤为明显。它具有为经济建设筹集和分配资金的职能，对经济活动的调节职能以及监督职能。

（一）城市财政的分配职能

城市财政是再分配收入的一种重要手段，其再分配的职能主要表现在以下几方面。首先，城市财政要为国家财政筹集资金。城市是国民经济的命脉之所在，国家财政绝大部分是在城市形成和实现的，城市财政是国家财政的一个组成部分。分级分层预算管理体制是目前世界上很多国家实行的一种预算管理体制。我国1994年实行了预算管理体制改革，预算改革的方向和核心内容就是实行分税制。在分税制体制下，城市财政收入除按规定留取一部分作为地方的预算收入外，其余上交省、自治区、直辖市或中央财政，它是国家财政收入的主要来源；其次，城市财政要支持城市经济的发展。城市经济的发展为城市财政提供了广阔的财源，同时，城市财政又促进了城市经济的发展。城市财政所集中的资金一般用于城市的公共支出，其中的基础设施支出占很大的比重。城市基础设施建设的好坏决定着城市经济发展的状况。因此，从某种意义上来说，城市财政的状况决定了城市经济发展的状况。

（二）城市财政的经济调节职能

城市财政在筹集和供应资金的过程中，对生产、流通、消费发挥着重要的调节作用。城市财政调节经济的职能主要表现在对城市经济结构的调整上。从城市财政收入的来源结构上，可大致反映出城市经济结构的状况。例如在进行不同城市之间的横向比较时，国民收入构成状况的差异也反映了城市产业结构的差异。第二，产业在国民收入中所占比重较大，说明该城市是一个工业型城市，而第三产业所占比重较大，则说明该城市是一个以服务业（如旅游业）为支柱产业的城市。对一个城市产业结构发展的纵向分析，则反映出该城市的产业结构调整历史及调整方向。一般来说，城市的经济结构决定了城市财政收入的结构。而各城市经济结构的现状，是资金分配的结果。因此，要调整城市经济结构，必须从调整资金分配结构着手。一方面，运用城市财政的杠杆作用，将财政资金更多投向城市发展中较为薄弱的环节，实现城市经济结构的协调发展；另一方面，还可以运用一些地方税种作为调节手段，对不同产业采取不同的税收倾斜政策，从而支持或限制某些产业的发展，实现不同产业的协调发展，优化城市经济结构。

（三）城市财政的监督职能

在城市财政资金的筹集和供应过程中，城市财政部门与其他部门及各事业、企业单位之间将发生紧密的联系，这些联系实现了城市财政的监督职能。

# 第三节 分析城市政府与城市财政 职能的理论基础

亚当·斯密在《国民财富的性质及其原因》中提出了自由主义思想，指出在自由市场经济中，有一只"看不见的手"在指挥着整个经济的运行，每个"经济人"在追求自身利益的同时，也会促进整个社会利益的提高，政府只需要充当"守夜人"的角色。政府干预经济只会破坏整个经济的正常运行。亚当·斯密的这一思想，在资本主义国家的发展历史上曾经产生过重大的影响。但是，1929 年至 1933 年席卷整个资本主义世界的经济危机，使资本主义国家政府再也不可能对整个国民经济放任不理。于是，凯恩斯在《通论》中提出的国家干预主义思想成为各国挽救经济的良方妙药。凯恩斯认为整个经济运行的关键在于需求。由于边际消费倾向递减以及对投资收益的预期递减，整个经济的有效需求是不足的，这是产生经济危机的根源所在。所以，政府必须对经济进行干预。大部分西方国家政府采纳了凯恩斯的思想，加强需求管理，加强政府对经济的干预，确实对抵御经济危机起到了很好的效果。福利经济学为政府干预主义提供了很好的理论基础。政府干预主要建立在市场失灵的基础之上。市场失灵的概念最先在 1954 年由美国经济学家弗朗西斯·巴托在《市场失灵的分析》一文中提出。市场失灵又可称为市场失效或市场障碍。社会经济资源配置中存在着众多市场失灵的领域，因而政府的干预是不可避免的。造成市场失灵的原因主要包括自然垄断、外部性、公共物品、信息不对称等方面。就城市经济而言，由于其聚集性与空间性特征，经济运行中的自然垄断、外部性和地方公共产品问题表现得更为突出，从而政府的作用是不可或缺的。

## 一、垄断与城市政府干预

在市场经济体制下，很多原因都可能形成垄断。比如控制了一种原材料的来源，拥有一种产品生产的专利权，政府的扶持或特许经营等。由政府扶持或特许经营所形成的垄断一般称为自然垄断。自然垄断条件下，市场机制将可能导致资源配置的低效率，从而造成社会福利损失。为提高资源配置效率，增加社会福利，城市政府可以采取不同的方式来干预自然垄断行业。首先，城市政府可以采取直接经营的方式，使自然垄断性产品的生产规模达到最优水平。这样的经营方式更多考虑的是公众的福利，从而可能造成部分损失，政府可以通过税收来弥补生产经营损失。其次，政府可以不直接经营，但通过参股的形式参与企业的经营决策，或者通过行业管制，调控自然垄断企业的定价行为。

## 二、外部性与城市财政控制

完全竞争市场要求成本和效益内在化，产品生产者要负担全部成本，同时全部收益归生产者所有。外部性说明的是一个厂商从事某项经济活动对其他人带来利益或损失的现象，有正的外部性和负的外部性。如两个相邻的蜜蜂园和苹果园之间，苹果园的苹果树花为蜜蜂园提供了蜂蜜的来源，同时，蜜蜂为苹果树花传播花粉，增加了苹果产量，这是正的外部性；处于河流上游的化工企业向河流排放污染物，从而影响了下游居民的生活，这是负的外部性。因此，外部性就是指在市场活动中没有得到补偿的额外成本和额外收益。当出现正的外部性时，生产者的成本大于收益，利益外溢，得不到应有的效益补偿，当出现负的外部性时，生产者的成本小于收益，受损者得不到损失补偿，因而市场竞争就不可能形成理想的效率配置。

外部性的典型例子是"公共物品"，大部分公共物品具有正的外部性。所以，提供公共物品的领域任由市场调节，资源无法达到最优配置。但地方性公共物品作为一种准公共物品，不可能像国防等纯公共物品那样由中央政府来提供，因为只能由地方性的城市政府来提供。

城市政府提供地方性公共产品，可采用不同的方式。既可以由城市政府直接投资经营，也可以由私人企业承包经营，为提高效率还可以由私人投资，政府予以补贴。地方性公共产品的消费具有很强的区域性，因而税费的征收要按照谁受益谁支付的原则进行。

## 三、信息不对称、不充分与城市财政协调

在完全竞争的市场模型中有一个重要的假定，就是整个市场中众多的生产者和消费者的信息是完全通畅的。在现代信息社会的现实中，信息也构成了商品生产、消费和营销的最敏感的神经系统。生产者要知道消费者需要什么，需要多少，以及需求瞬息万变的变化，消费者要知道产品的品种、性能和质量，生产者之间也需要相互了解，商品营销是生产和消费之间的连接环节，更需要灵敏地掌握生产和消费的信息。在市场经济条件下，生产者和消费者的生产、销售、购买都属于个人行为，掌握信息本身也成为激烈竞争的对象，而信息不充分和信息不对称也是影响公平竞争的重要因素。所以，信息不充分和不对称

的存在，需要城市政府进行干预和调节。

## 四、收入分配不公与城市财政调节

市场机制效率是以充分竞争为前提的，而激烈的竞争不可能自发解决收入分配不公问题。市场经济的第一道分配是要素分配，个人收入取决于劳动投入的数量和质量以及投入资本的多少，即承认个人天赋、受教育的程度以及私人财产所有权，因而必然形成收入差距，而且差距会越来越大。所以，有效率的市场机制可能产生极大的不公平现象。在城市中，低收入阶层和老年人大量存在，教育、就业机会的不均等以及贫富差距的扩大等，单靠市场机制的作用，不仅会导致各种城市问题的出现和加剧，而且还会阻碍城市经济的进一步发展。从我国的现实来看，随着经济的高速发展，各种负面效应也开始显现。下岗职工的增加、农民工问题等使整个城市的收入差距越来越大。因此，通过干预市场机制的运作，减少城市居民收入水平的不平等，是城市财政的又一重要职能。城市政府通过税收和转移支付等财政手段，可以相对地缩小城市居民之间的收入差距。

从以上的论述可以看出，由于市场机制本身的缺陷，城市政府对市场的适当干预和控制是不可或缺的。城市政府对垄断的调节、外部性问题的解决、地方公共产品的提供以及收入分配的调节，都是通过城市财政来完成的，所以，城市政府的职能在某种程度上就代表了城市财政的职能。从而城市财政的职能可以概括为，通过财政收支活动干预经济运行，为城市地域提供相关的公共物品或服务，以提高资源配置效率，增加社会福利。

# 第四节　城市财政收入

财政收入是城市财政行使一切职能的基础所在。本节主要介绍城市财政收入的构成以及作为城市财政收入主要来源的税收。

## 一、城市财政收入的构成

城市财政收入主要由税收收入和非税收收入两部分组成。其中，税收收入是城市财政收入的主要来源。非税收收入包括收费、债务收入以及上一级财政对城市财政的转移性支出。所谓转移性支出是与购买性支出相对应的，它直接表现为资金无偿地、单方面地转移，主要有补助支出、捐赠支出和债务利息支出。这些支出的目的和用途不同，但却有一个共同点，即财政付出了资金，却无任何所得，不存在交换问题。转移性支出所体现的是政府的非市场性再分配活动。在分税制的国家预算管理体制下，上一级政府对城市财政以及同级城市政府之间的转移性支出在城市财政收入中占相当大的比重。

## 二、税收收入

税收是国家为了实现其职能，凭借政治权利，按照税法规定，向经济单位和个人强制地、无偿地征收实物或货币，以取得财政收入的一种方式。税收不仅为政府提供公共产品筹措经费，还是国家对各项经济活动进行宏观调控的重要杠杆，如：矫正外部效应，协调收入分配，刺激有效需求，优化产业结构等。

（一）税收的特征

税收的特征主要体现在"三性"，即强制性、无偿性和固定性。"三性"是税收区别于其他财政收入的形式特征，不同时具备"三性"的财政收入就不成其为税收。

（1）税收的强制性

税收的强制性，指的是政府凭借行政权利，用法律、法规等形式来对征收捐税加以规定，并按照法律强制征收，任何单位和个人不得违抗。但是，征税中的强制性也不是绝对的，当企业和个人明了征税的目的并增强纳税观念后，强制性则会转化为自愿性。同时，强制性是以国家法律为依据的，政府依法征税，公民依法纳税，公民具有监督政府执行税法和税收使用情况的权利。

（2）税收的无偿性

税收的无偿性，指的是国家征税后，税款即成为财政收入，不再归还纳税人，也不支付任何报酬。税收的无偿性是税收区别于国债的重要特征。国债到期即需要归还，而税收一旦征收，即不再归还。同样，税收的无偿性也是相对的。国家征税后，主要是用于满足人们需要的公共支出，也就是常说的"取之于民，用之于民"，从这个角度来说，税收是有偿的。但是，纳税与享受政府提供的公共服务并不是对等的。不能说，谁缴纳的税收多，谁就可以更多享受政府提供的公共服务，因为不可分割性是公共物品的重要特征之一。

（3）税收的固定性

税收的固定性，是指在征税之前，以法律形式预先规定了课税对象、课税额度和课税方法等，依法征税。税收的固定性决定了征税的依据。个人根据自己的应税行为，该交多少就交多少。政府在征税时也只能根据相应规定征缴，不可随意多征或少征。同样，税收的固定性也是相对的。国家或地方政府可以根据实际需要，在相应的规定下采取相应的措施来调节经济。例如，为刺激或限制某一行业发展而采取少征、免征或加重征税的方法。再者倒如，某地区为吸引外商投资而采取优惠税率等。

（二）税收的分类

现代国家税制一般都由许多不同种类的税种组成。根据不同的标准可以将税收进行不同的分类。

（1）所得课税、商品课税与财产课税

按课税对象的性质可以将各税种分为所得课税、商品课税和财产课税三大类。这种分类方法是各国常用的主要的分类方法，也是最能反映现代税制结构的分类方法。所得课税，是指以纳税人的净所得为课税对象的税种，有企业所得税、个人所得税等；商品课税，是指所有以商品为课税对象的税种，有增值税、消费税、营业税、关税等；财产税，是指以纳税人的各类财产（包括动产和不动产）为课税对象的税种，主要有财产税、遗产税、赠与税等。以上三种划分是一种基本的分类方法。各个国家根据本国的实际情况，可能进行一定的补充。比如我国按照纳税对象的性质，分为所得税类、商品税类、资源税类、行为税类和财产税类五大类。

（2）直接税和间接税

按照税负能否转嫁，分为直接税和间接税。税负的转嫁是指商品交换过程中，纳税人通过提高销售价格或压低购进价格的方法，将税负转移给购买者或供应者的一种经济现象。其中，纳税人通过抬高销售价格将税负转嫁给购买者称为前转或顺转；纳税人无法实现前转时，通过压低进货的价格以转嫁税负的方式称为后转或逆转。在现实中，一种商品的税负一般是前转和后转并行，既通过提高售价转移一部分，又通过压低进货的价格转移一部分。弄清税负转嫁问题，就可以给直接税和间接税下一个定义。凡是税负能够转嫁的税种，就是间接税，凡是税负不能转嫁的税种就是直接税。一般认为，所得课税和财产课税属于直接税，商品课税属于间接税。

（3）中央税和地方税

按照税种的隶属关系，可将税种划分为中央税和地方税。把税收划分为中央税和地方税，并不意味着地方和中央有同等的征税权利，而是由国家在政治和经济上实行分级管理体制所决定的。所以，中央税和地方税所涵盖的内容也因各个国家政治经济体制的不同而不同。我国中央税和地方税的概念早已有之，但由于大部分的税收收入和税收立法属于中央，所以，地方税是名存实亡。1994 年实行分税制以后，明确了中央税、地方税和共享税。其中中央税有消费税、中央企业所得税、关税等，共享税有增值税、资源税、对证券交易征收的印花税等，地方税则是除此以外的所有税种。

除上述分类外，还有其他一些分类方法，例如，按照课税标准，将税收划分为从量税和从价税；以税收与价格的关系为标准，将税收划分为价内税和价外税等。

（三）政府间的税收划分

税收收入是政府财政收入的主要来源。而政府集中的财政收入主要用于提供公共产品和公共服务。在由各级政府分别提供受益范围各异的公共产品的过程中，需要对税收在各级政府之间进行适当的划分。从而，引申出了税收归属和划分税收的问题。

（1）税制结构与税收划分

税制结构是指由若干不同性质和功能的税种组成的具有某种作用的税收体系，它反映着一个国家在一定历史时期内税收制度的总体布局及其内部构造。以税制结构内部税种的多少为标准，可以分为单一税制和复合税制。单一税制就是仅仅开征一种税。在单一税制的条件下，商品生产和流通会较少地受到税收的制约，并且税收征管较方便，但它的缺陷在于税源单一、税负不均，有失普遍和公平的原则，并且税制缺乏弹性，难以为各级政府分别提供不同层次的公共产品准备充裕的财力。所以，在单一税制情况下，不存在税收划分问题。复合税制就是包括多种税类的税制结构。在复合税制条件下，主要根据各国实际情况划分中央税与地方税所包括的内容。但是，要恰当地划分中央税和地方税所包括的内容实非易事。首先，确定中央与地方税制体系结构存在较大难度。在中央和地方两级税制体系下，意味着地方也能够在一定程度上制定和运用税收政策。尤其当地方享有较大的税收权限，如税收立法，开停征收权、减免税和税率调整权时，中央和地方在税收政策上很可能会产生一定的摩擦和矛盾；其次，对于许多税类和税种而言，很难根据它们本身的特征来恰当地确定其归属。在各税种中，除了关税被公认为中央税，以及财产税被公认地方税外，对其他税种尚难以恰当判断其归属，尤其是商品税的各税种；再次，划分税种时，往往会对某些税收在中央和地方之间实行共享，这种共享的比例一般是根据经验数据得出的，并不一定经过十分周密的计算；最后，税收收入与公共产品供给数量之间也存在着相当密切的关系，由于确定全国性和区域性公共产品最佳数量具有很大的难度，这也在一定程度上决定了划分税种和确定共享比例的难度。

针对税收划分中存在的难点，制定并依据若干指导原则来协调上下级政府间的财政关系是十分必要的。依据的准则应主要有以下几项：第一，以税收的功能为主要依据。在划分中央和地方税时，应该考虑到各个税种、税类的不同功能和作用，力求使这种划分有利于中央和各级地方政府有效地行使其职责，所以，应该把有利于国家实行宏观经济调控的税种划分为中央税，而把一些收益类、区域性、不涉及国家宏观调控的税种划分为地方税；第二，注重多级财政间的相互协调。尽管中央税和地方税之间具有相对的独立性，但并不意味着两个体系之间完全隔离，毫无关系，两者必须根据国家的实际情况，统一协调；第三，便利原则。税收的划分应该有利于税收的征管，减少不必要的税收流失，按照便利的原则，税基广泛且富于流动性的税种宜划归中央，而税基狭窄且具有固定性的税种应划归地方；第四，注重效率。在进行税种划分时，应该有利于提高经济运行的效率，有利于经济的健康发展。例如，中央和地方均适合于对商品流转额进行课税。但如果从经济效率的角度考虑，就应当把对商品流转额的课税的主要职责划归中央政府。因为若由地方政府课征，则由于各地方政府政府追求本地利益，很容易出现各自为政，加剧各地经济割据和关卡林立的局面，从而降低经济效率。同样，关税由中央政府课征，则有利于整个国家从对外经济政策和国家宏观调控的角度考虑，达到整个经济协调发展的局面。

（2）我国的税制改革与税收划分

我国是一个发展中国家，并处于经济体制的转轨过程中，这决定了我国需要在实践中不断摸索，不断改革，逐步形成适合我国国情的税收制度。1994年，我国一方面进行了工商税制改革，这是新中国成立以来规模最大、范围最广、内容最深刻、力度最强的全面性改革。另一方面，进行了分税制改革，从而形成了今天的税收制度和预算管理体系。所以，可以说1994年的改革是我国财政史上里程碑式的事件。

1）1994年工商税制改革的主要内容。这次工商税制改革主要涉及四个方面的内容。第一，以推行规范化的增值税为核心，相应设置消费税、营业税，建立新的流转课税体系，对外资企业停止征收原工商统一税，统一实行新的流转税制；第二，对内资企业实行统一的企业所得税，取消原来分别设置的国营企业所得税、国营企业调节税、集体企业所得税和私营企业所得税。同时国营企业不再执行企业承包上缴所得税的包干体制；第三，统一个人所得税，取消原个人收入调节税和城乡个体工商户所得税，对个人收入和个体工商户的生产经营所得统一实行修改后的个人所得税法。个人所得税的政策是主要对收入较高者征收，对中低收入者少征或不征；第四，调整、撤并和开征其他一些税种。如调整资源税、城市维护建设税和城镇土地使用税，取消集市交易税、牲畜交易税、烧油特别税、奖金税和工资调节税，开征土地增值税、证券交易税，盐税并入资源税，特别消费税并入消费税等。改革后的税种设置由原来的32个减至23个，具体为增值税、消费税、营业税、企业所得税、外商投资企业和外国企业所得税、个人所得税、房产税、城镇土地使用税、车船使用税、城市房地产税、车船使用牌照税、资源税、固定资产投资方向调节税、城市维护建设税、土地增值税、印花税、契税、屠宰税、宴席税、农（牧）业税、耕地占用税、关税、船舶吨税等。1994年的税收制度改革，初步形成了我国现在的税制系统。但是，随着我国经济体制改革的深入进行，不断对税制进行了调整。例如，2006年1月开始，我国取消了在我国延续了两千多年的农业税。这是我国税制史上的一个重要里程碑，是我国在解决"三农问题"，根本性地提高农民收入的一个重大举措。取消农业税将使我国每年财政收入减少200多亿元，从另一个角度来说，也就是使广大农民每年增加200多亿元的收入。

2）我国分税制改革的主要内容。1994年进行分税制改革的目的在于，建立适合我国市场经济建设要求的预算管理体制，理顺中央和地方政府之间的财政关系。

第一，确定中央和地方的事权和支出划分。中央财政主要承担国家安全、外交和中央国家机关运转所需经费，调整国民经济结构、协调地区发展、实现宏观调控所必需的支出以及由中央直接管理的事业发展支出。中央主要是承担国防、武警、重点建设、中央单位事业经费和中央单位职工工资五大类支出。

地方财政主要承担本地区政权机关运转所需支出以及本地区经济、事业发展所需支出。包括地方行政管理费，公检法支出，部分武警经费，民兵事业费，地方统筹的基本建设投资，地方企业的技术改造和新产品研制经费支出，城市维护和建设经费，地方文化、教育、卫生等各项事业费，价格补贴支出以及其他支出。

第二，中央与地方的收入划分。根据事权与财权相结合的原则，按税种划分中央与地方的收入。将维护国家权益，实施宏观调控所必需的税种划分为中央税；将同经济发展直接相关的主要税种划分为中央和地方共享税；将适合地方征管的税种划分为地方税，并充实地方税税种，增加地方收入。

3）1994年以后，我国的税制格局体现为以下三个方面。

第一，中央固定收入。1994年原方案包括：①关税及海关代征消费税和增值税；②消费税；③中央企业所得税；④地方银行和外资银行及非银行金融企业所得税；⑤铁道部门、各银行总行、各保险总公司等集中缴纳的收入（包括营业税、所得税、利润和城市维护建设税）；⑥中央企业上缴利润等。

第二，地方固定收入。1994年原方案包括：①营业税（不含各银行总行、铁道部门、各保险总公司集中缴纳的营业税）；②地方企业所得税（不含上述地方银行和外资银行及非银行金融企业所得税）；③个人所得税；④城镇土地使用税；⑤固定资产投资方向调节税；⑥城市维护建设税（不含各银行总行、铁道部门、各保险总公司集中缴纳的部分）；⑦房产税、车船使用税、印花税、屠宰税、农牧业税、农业特产税、耕地占用税、契税、遗产与赠与税、土地增值税、国有土地有偿使用收入等。从 2002 年开始，改革原来按企业的行政隶属关系划分所得税收入的办法，对企业所得税和个人所得税实行中央和地方按比例分享。

第三，中央与地方共享税种和共享收入。1994 年方案原定的共享税种和分享比例是：增值税，地方分享 25%；资源税，按不同的资源品种划分，大部分资源税作为地方收入，海洋石油资源税作为中央收入；证券交易税，原定中央与地方各分享 50%，1997 年后进行了多次调整，到 2002 年调整为中央 97%，地方 3%。

（四）几个主要税种介绍

（1）增值税

增值税是对销售货物或者提供加工、修理、修配劳务以及进口货物的单位和个人就其实现的增值额征收的一个税种。增值额是指企业在生产经营应税产品或提供应税劳务过程中所新创造的那一部分价值，相当于商品价值 $C+V+M$ 扣除生产经营过程中消耗掉的生产资料价值 $C$ 之后的余额，即劳动者新创造的价值 $V+M$ 部分。增值额这个概念，一般可以从以下两个角度理解：第一，就一个生产经营单位而言，增值额是该单位生产经营商品或劳务收入额扣除外购商品价值之后的余额，即扣除物化劳动的转移价值，它相当于该单位活劳动所创造的价值。第二，就商品生产的全过程而言，一种商品的总增值额，是该商品在生产流通各环节增值额之和，它相当于该商品实现消费时的最终销售总值。具体到实际操作中，增值额是指纳税人的商品销售收入或劳务收入扣除外购商品额后的余额。

按商品生产流通各环节的增值额征收的增值税最大的优点在于就一种商品多次课征中避免重复征税。首先，这一特点适应社会化大生产的需要，在促进生产的专业化和技术协作，保证税负分配相对公平等方面，有较大功效。其次，增值税采取在每一道增值程序课征的办法，如果上一环节偷税漏税，就要由下一环节补交，所以，各环节之间将形成严格的监督机制，有利于提高征税效率，稳定财政收入。因为增值税有许多优点，从 1954 年法国创立增值税，到现在已被世界上 100 多个国家所采用。我国从 1979 年起开始对部分行业和产品进行增值税试点，在总结经验的基础上逐步扩大征税范围，现已成为主要的税种，其收入占财政收入的一半左右。

凡是在我国境内销售货物或提供加工、修理劳务以及进口货物的单位和个人，都属于增值税的纳税人。增值税的纳税人分为一般纳税人和小规模纳税人两种。小规模纳税人是指销售额在规定标准以下的，且又不能准确提供计算进项税额、销售项税额等核算资料的纳税人。

增值税在实务中采用价外计征的办法，即按不包含增值税税金的商品价格和规定的增值税率计征增值税。一般纳税人销售货物或者提供应税劳务，应纳增值税额为销项税额减进项税额后的余额。其计算公式如下：

$$应纳税额 = 当期销项税额 - 当期进项税额$$
$$= （销售额 \times 税率 - 销售成本 \times 扣除率）$$

销项税额是按照销售额和规定的税率计算的增值税额；进项税额是指纳税期限内纳税人购进货物或接受应税劳务所支付或负担的、准予从销项税额中抵扣的增值税额。其数额由四部分组成：①从销售方取得的增值税专用发票上注明的增值税额；②从海关取得的完税凭证上注明的增值税额；③购进免税农产品准予抵扣的进项税额；④取得运费发票准予抵扣的进项税额。如果购进货物未能再销售，则其进项税额也不得从销项税额中抵扣。

对于年销售额较少、会计核算不健全的小规模纳税人，实行按销售收入全额及规定的征收率计征增值税。计算公式如下：

$$应纳税额 = 销售额 \times 征收率$$
$$计税销售额 = 含税销售额 \div （1 + 征收率）$$

（2）消费税

消费税是我国1994年工商税制改革中新设置的一种商品税。它是对生产、委托加工和进口特定应税消费品的单位和个人征收的税种。在对商品普遍征收增值税的基础上，选择少数消费品再征收一道消费税，主要是为了调节消费结构，引导消费方向，保证国家财政收入。目前，我国应税消费品包括烟、酒及酒精、化妆品、护肤护发品、贵重首饰及珠宝玉石、鞭炮烟火、汽油、柴油、汽车轮胎、摩托车、小汽车等11类21种。

消费税在生产和流通环节征收，进入流通领域不再征收消费税。消费税的计算有从价定率和从量定额两种。从价定率的办法是指根据商品销售价格和税法规定的税率计算征税，包括雪茄烟、烟丝、化妆品等。计算公式如下：

$$实行从价定率办法计算的应纳税额 = 不含税销售额 \times 税率$$

例如化妆品的应纳税额 = 销售额 × 30%。从量定额的办法是指根据商品销售数量和税法规定的单位税额计算征税，黄酒、啤酒、汽油、柴油适用从量定额的办法，计算公式为：

$$实行从量定额办法计算的应纳税额 = 销售数量 \times 单位税额$$

例如汽油的应纳税额 = 销售数量（升）×0.2。此外，部分商品实行从价定率和从量定额混合计算的方法。

（3）营业税

营业税是对提供应税劳务、转让无形资产或者销售不动产的单位和个人，就其取得的营业额征收的一种税，属于商品课税的范畴，其主要特点是极端征收较为简便。营业税的税目按照行业、类别的不同分别设置，现行的营业税共设置了交通运输业、建筑业、金融保险业、邮电通信业、文化体育业、娱乐业、服务业、转让无形资产、销售不动产 9 个税目，分别采取不同的税率。营业税的征收根据纳税人提供应税劳务、转让无形资产或者销售不动产的营业额和规定的税率计算应纳税额。计算公式如下：

$$应纳税额 = 营业额 \times 税率$$

（4）企业所得税

企业所得税是对实行独立经济核算的企业或者组织的生产经营所得和其他所得征收的一种税。企业生产经营所得来源于中国境内所得和境外所得。

纳税人应纳税额，按应纳税所得额计算，税率为 33%。同时，考虑到许多利润水平较低的小型企业，税又规定了两档照顾性税率，即对应纳税所得额在 3 万元（含 3 万元）以下企业，按 18% 的税率征收；应纳税所得额在 10 万元（含 10 万元）以下至 3 万元的企业，按 27% 的税率征收。计算公式为：

$$企业所得税应纳税额 = 应纳税所得额 \times 税率$$

应纳税所得额是纳税人每一纳税年度的收入总额减去准予扣除项目后的余额。计算公式为：

$$应纳税所得额 = 收入总额 - 准予扣除项目金额$$

纳税人收入总额包括生产经营收入、财产转让收入、利息收入、租赁收入、特许权使用费收入、股息收入等。准予扣除项目是与纳税人取得收入有关部门的成本、费用、税金和损失。外资企业仍继续执行《中华人民共和国外商投资企业和外国企业所得税法》。

（5）个人所得税

个人所得税是以个人所得为课征对象的一种税。按税法规定，有纳税义务的中国公民和中国境内取得收入的外籍人员，均为个人所得税的纳税人。自 2001 年 1 月 1 日起，个人独资企业和合伙企业投资者也为个人所得税的纳税义务人。应纳税的个人所得包括：①工资、薪金所得；②个体工商户的生产、经营所得；③对企事业单位的承包经营、承租经营所得；④劳动报酬所得；⑤稿酬所得；⑥特许权使用费所得；⑦利息、股息、红利所得；⑧财产租赁所得；⑨财产转让所得；⑩偶然所得；⑪经国务院财政部门确定征税的其他所得。

我国 1994 年税制改革时确定的个人所得税法采取分项定率、分项扣除、分项征收的模式。个人所得税的税率规定如下：①工资、薪金所得，适用超额累进税率，税率为5%~45%；②个体工商户的生产、经营所得和对企事业单位的承包经营、承租经营所得，适用5%~35%的超额累进税率；③稿酬所得，适用20%的比例税率，并按纳税额减征30%；④劳务报酬所得，适用比例税率，税率为20%；⑤特许权使用费所得，利息、股息、红利所得，财产租赁所得，财产转让所得，偶然所得和其他所得，适用比例税率，税率为20%。

（6）城市维护建设税

城市维护建设税是国家对缴纳增值税、消费税、营业税的单位和个人就其实际缴纳的"三税"税额为计税依据而征收的一种税，它是为加强城市的维护建设，扩大和稳定城市建设资金来源而征收的一种税，计算公式为：

$$应纳城建税额＝纳税人实际缴纳的"三税"×适用税率$$

城市维护建设税以"三税"为计税依据，与"三税"同时缴纳，纳税人所在地在市区的，税率为7%；在县城的，税率为5%；在其他地区的，税率为2%。

（7）财产课税和资源课税

资源税是对从事自然资源开发或生产的单位和个人征收的一种税。资源税有两种课征方式：一是以自然资源本身为计税依据，这种自然资源必须是私人拥有的；二是以自然资源的收益为计税依据，这种自然资源往往为国家所有。第一种类型实质就是财产税。财产税是以纳税人所拥有的财产为课税依据的一种税。也有两种课征方式：一是以财产价值为计税依据；二是以财产收益为计税依据。从上面分析可看出，资源税和财产税有密切联系。所以，很多国家是合二为一。

开征资源税的主要作用在于促进资源的合理开发和利用，调节资源级差收入。我国于1984年开征资源税。1994年税制改革后，资源税的征税范围包括所有矿产资源，征税品目有原油、天然气、煤炭、其他非金属原矿、黑色金属矿原矿、有色金属矿原矿和盐。资源税采取从量定额的办法征收，计算公式如下：

$$应纳资源税税额＝课税数量×单位税额$$

如纳税人开采或者生产应税产品并销售的，以销售数量为课税数量；如纳税人开采或者生产应税产品自用的，以自用数量为课税数量。资源税实行按产品类别从量定额计算征税的办法，设置有上下限的幅度税额，同类产品资源条件不同，税额也不同。

（8）房产税

房产税是以房产为征税对象，依据房产价格或房产租金收入向房产所有人或经营人征收的一种税。纳税人是房屋产权的所有人，包括产权所有人、经营管理单位、承典人、房屋代管人或者使用人。征税范围为：城市、县城、建制镇和工矿区。计税依据为房产的计税价值或房产的租金收入，按照房产计税价值计征的，称为从价计征；按照房产的租金收入计征的，称为从租计征。

(9) 城镇土地使用税

城镇土地使用税是以城镇土地为征税对象，对拥有土地使用权的单位和个人征收的一种税。征税范围包括在城市、县城、建制镇和工矿区内国家所有和集体所有的土地。计税依据为纳税人实际占用的土地面积。

(10) 土地增值税

土地增值税是对转让国有土地使用权、地上建筑物及其附着物并取得收入的单位和个人，就其转让房地产所取得的增值额征收的一种税。我国的土地增值税属于所得课税的性质。开征土地增值的主要目的在于促进房地产业的健康发展，完善房地产业的税收制度。作为土地增值税计税依据的增值额是指纳税人转让房地产所取得的收入减去规定的扣除项目后的余额。扣除项目包括取得土地使用权所支付的金额、房地产开发成本、房地产开发费用、旧房及建筑物的评估价格、与转让房地产有关的税金等。土地增值税以增值额与扣除项目金额的比率大小按适用的累进税率计算征收。

(五) 政府间转移支付

地方税收收入构成了地方政府财政的主要收入来源，而中央财政对地方财政的转移支付以及地方政府之间的转移支付也是地方财政收入来源之一。并且，这种收入形式在调节上下级政府之间以及同级政府之间的关系方面起到了相当重要的作用。比如说，我国在1994年实行分税制改革后，地方财力有所减弱，为了保证地方财力对地方经济管理的需要，采取了转移支付方式，防止了分税制改革引起较大的经济波动。

在财政政策工具和管理手段中，存在着三种形式的转移支付。一是政府对企业的转移支付；二是政府对居民个人的转移支付；三是上级与下级政府之间的转移支付。就一般现象而言，各种转移支付均表现为财力和资金的转移，受补者的经济状况会因收入的增加而有所改善。我们在此处讨论的主要是同类主体之间的财政资金转移支付，它在特征、内涵等方面都与第一、第二种转移支付存在区别。

政府之间存在转移支付是有其客观依据的，主要包括以下几个方面：

(1) 纵向财政失衡问题

纵向财政失衡，是针对多级财政体制中，上下级政府之间财政收支差异的状况而言的。在各级政府之间既定的支出范围和收入范围得以确定后，当某一级政府财政面临着赤字，而其他级政府却出现盈余时，就意味着纵向财政失衡问题的存在。主要有两种情况，一种是中央财政掌握较多的财政收入，而地方财力较弱，这时就需要中央财政通过转移支付形式，补贴地方财政；另一种情况是，财政收入主要掌握在地方财政手中，中央财力薄弱，以至影响中央对整个宏观经济进行调控。这两方面都是纵向财政失衡的表现。

（2）横向财政失衡问题

在一个国家内部各地区之间，不可能做到完全均衡的发展。纵观世界各国发展状况，不平衡是一种常态。这种不平衡，可能有客观地理条件的原因，也可能是国家的经济政策造成的。一个国家内不同地区之间经济发展程度差异在财政上的具体体现，便是发达地区财政收入充裕，而落后地区税源有限，财政状况拮据。而与此同时，落后地区却比发达地区更需要大量的基础设施方面的投资。当比较富裕的地区出现财政盈余，而不太富裕的地区却面临着财政拮据状况时，就意味着横向财政失衡问题的存在。富裕地区能够为其居民提供较高水准的公共产品和服务，而贫困地区却难以提供最基本的公共产品和服务，这也是横向财政失衡的表现。

横向财政失衡状况的存在和加剧是不利于各地区均衡发展和社会共同进步的。所以，必须通过转移支付的方式，扶持落后地区的发展。但是，通常在发达和落后地区之间，是无法自动形成这种财政资金转移的，因为各地方财政都会以本地利益为出发点和归宿点。这就需要中央政府出面，协调地方政府之间的经济利益关系。

（3）公共产品的外部性与财政转移支付

公共产品的外部性是与辖区规模有密切联系的范畴。地方政府提供区域性公共产品的受益范围几乎不可能恰好被限定在地方政府的辖区之内。这就意味着，一方面，区域性公共产品的收益范围很可能会超出地方政府辖区的界限，使其他地区在受益范围或受侵害的同时并不承担任何成本；另一方面，区域性公共产品的受益范围也许尚未达到地方政府辖区的界限，从而显现出公共产品数量不足和质量不佳的问题。在这种情况下，实行财政转移支付制度，由上级政府给予下级政府一定的财政补助，对具有外部性的公共产品的提供进行调节，便是一种较为有效的干预方式。

（4）弥补分税制预算管理体制的不足

因为单纯依靠税收分割无法轻易达到政府之间事权和财权的最佳协调。转移性支付在弥补分税制预算管理体制中发挥了重要作用。在当今发达国家中，虽然其税收划分及其制度已经较为先进和健全，但在分税的同时，却又无一例外地都实行财政转移支付制度。

# 10

## 第十章
## 城市交通

# 第一节 城市交通需求与供给

## 一、城市交通

城市交通系统中，存在各种不同的交通方式作为完成交通需求的直接载体和工具。不同的交通工具，由于其在运行方式、运行速度、运载能力、运输成本、可到达范围、道路占用面积、舒适度、安全度等指标上有很大差别，因此它们的运输效率也不同。城市交通系统中采用的交通工具按照运营方式进行分类，城市客货运输系统的交通工具可以总体概括分为公共交通工具和私人汽车（个人交通）交通工具两种。其中，城市客运公共交通工具又包括城市常规公共交通工具，如公共汽车、电车、小公共汽车；城市快速公共交通工具，如地铁、轻轨和新交通系统；城市准公共交通工具，主要是出租车。而私人客运交通工具主要包括私人小汽车、自行车、摩托车这三种纯私人的交通工具，中国还存在较多的单位特有公车，部分也可算作私人交通工具（图 10 - 1）。

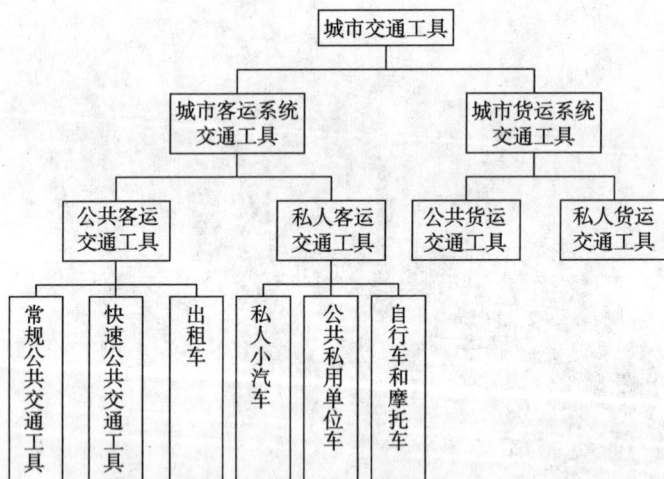

图 10 - 1　城市交通分类

公共交通工具和私人交通工具在运输效率上存在着较大的差别，其中时间效率和运输成本对交通工具的运输效率影响最大。

（一）时间效率

在出行线路组织上，公共交通工具采用固定线路运输方式，而私人交通工具则为门到门运输，这是造成两者时间效率差异的主要因素。

固定线路运输方式的特点是排队候车、站站停车、线间周转等，它对交通工具和道路设施的利用效率是非常高的，但由于大量乘客共用交通工具，其时间效率并不高，舒适性也差。常规的公交系统仅属中速、中运量，尚不能完全满足快速运转的城市经济系统对交通快速、高效的要求。而公交系统中的轨道运输方式虽然速度快，但仍然具有固定线路运输的各种特点，如果把换乘和沿途停靠的时间计算在内，乘坐轨道车辆的速度优势并不明显，加上路径选择的局限性，通常乘坐轨道车辆需要绕行较远的路程，耗费较长的时间。而门到门运输的特点是灵活、快速、高效、舒适，单从时间效率上看，如果不考虑道路拥挤因素的话，门到门的私人交通工具一般要比固定线路的公共交通工具的运输效率要高。

（二）运输成本

根据交通经济学分析，交通工具的运输成本主要由车辆运行过程中的燃油费、人工费、车辆购置成本、车辆运营成本、交通固定设施的建设成本分担等部分构成。在进行社会的"效益和成本"分析时，还要考虑交通工具的外部成本，即交通工具的保有和运营过程中，对环境和社会造成的负面影响。其中，交通固定设施的建设成本分担在运输总成本中的比重最大。但在日常生活中，人们选择交通工具时，并没有完全意识到运输成本的所有组成部分。例如很多人认为乘坐车辆的"票价"就是该交通工具运输成本，但实际上"票价"并不代表运输成本的全部；相反，由于政府在制定票价政策时没有包括交通固定设施建设成本的分担费用，还反过来为公共交通提供了大量的补贴，这就导致了公共交通工具的"票价"与实际运输成本有很大偏差。

不论从时间效率，还是从运输的社会成本看，公共交通工具和私人交通工具的适用范围是不同的，它们对城市交通运输效率的贡献也不一样。通常公共交通满足的是居民大量的、常规的出行需要，实现运输总量的最大化，而在目前，人们没有把小汽车使用的社会负效应考虑进去的情况下，私人汽车是保证满足出行者个人的高质量和高效率出行要求的重要方式。公共交通运输与私人汽车运输之间不是相互替代关系，而应互为补充，协调发展。但是，由于不同交通工具在运输性能和运输成本上有不同的特点，因此研究它们的运输效率，及其对整个城市运输效率的影响，是研究城市交通运输效率的一个重要内容。

**城市各种客运交通方式的运输特性比较**　　　　表 10 - 1

| 运输特性<br>交通方式 | | 运量<br>（人/h） | 运输速度<br>（km/h） | 道路面积占用<br>（m²/人） | 适用<br>范围 | 特点 |
|---|---|---|---|---|---|---|
| 自行车 | | 2000 | 10 ~ 15 | 6 ~ 10 | 短途 | 成本低，无污染，灵活 |
| 小汽车 | | 3000 | 20 ~ 50 | 10 ~ 20 | 较广 | 成本高，投入大，能耗多，污染严重 |
| 常规公共<br>交通方式 | | 6000 ~ 9000 | 20 ~ 50 | 1 ~ 2 | 中距离 | 成本低，投入少，人均资源消耗和环境污染较小 |
| 轨道交通<br>方式 | 轻轨 | 10000 ~ 30000 | 40 ~ 60 | 高架轨道：0.25<br>专用道：0.5 | 长距离 | 建设、运营成本较高，运输成本较低，能耗和环境污染小，运输效率高 |
| | 地铁 | 30000 以上 | 40 ~ 60 | 不占用地面面积 | 长距离 | 建设、运营成本较高，运输成本较低，能耗和环境污染小，运输效率高 |

**各种车辆的空间利用率和能源消耗比较**　　　　表 10 - 2

| 交通工具 | 以公共交通乘客每一人所占空间为1，<br>各种车辆中每人所占道路空间的相对值 | 以公共交通每个乘客运行 1km 所耗能源为1，<br>各种车辆每人每公里的相对能耗强度 |
|---|---|---|
| 公共汽车 | 1.0 | 1.0 |
| 小汽车 | 4.7 | 4.0 |
| 两轮摩托车 | 5.0 | 1.6 |
| 机动三轮车 | 8.5 | 1.7 |
| 人力三轮车 | 12.9 | — |
| 自行车 | 7.5 | — |

　　从各种交通运输工具本身的特性看，不同的城市交通工具在运输效率上也有高低差别（表 10 - 1、表 10 - 2）。城市公共交通系统尤其是城市轨道交通系统在运营成本、运载能力、人均道路占用、人均能源消耗和环境污染等方面，均比其他交通方式具有更高的效率。

## 二、城市交通需求

　　城市的交通需求是旅客和货物在空间上的位置移动，是人们日常生活中必不可少的。生活在城市中的人们，按照其出行目的，交通需求可分为基本交通需求和派生交通需求（图 10 - 2）。

（一）基本交通需求与派生交通需求

人的出行及各类物资的流动是城市不可缺少的功能需求。城市中各类人的日常出行需求及物资流动需求是无法回避的原始需求，构成了城市交通的"基本需求"。基本交通需求是指人与物的流动需求，其在确定的时段内是相对稳定的，受交通供给条件的影响相对较小，而直接的影响因素是城市规模、形态、布局及社会经济水平，即基本交通需求具有较大的刚性。

人们日常直接接触到的各种交通运输工具（如汽车、地铁、摩托车、自行车等等）所承接的需求——客运量和货运量，以及作为运输载体的道路、地铁线路及铁路等所承接的交通负荷，所有这些具有较大弹性的交通需求是由基本交通需求所决定的，但其强度及时空分布又不完全决定于基本需求。以客运为例，当出行量一定、客运量也一定时，如果选择小汽车出行，反映在道路上的交通负荷量就要比选择公共汽车大出若干倍。此外，由于道路布局及道路交通组织条件的差异，道路交通负荷的时空分布与出行的时空分布也会有很大的差异。因此，把源自基本需求，但又不完全决定（更不会等同）于基本需求的交通需求称为"派生需求"或"非基本需求"。派生交通需求是由基本需求派生而来，其大小与分布状况受到交通运输方式、运输组织及道路设施等因素的直接影响，即使在确定的时段内也具有较大的弹性。

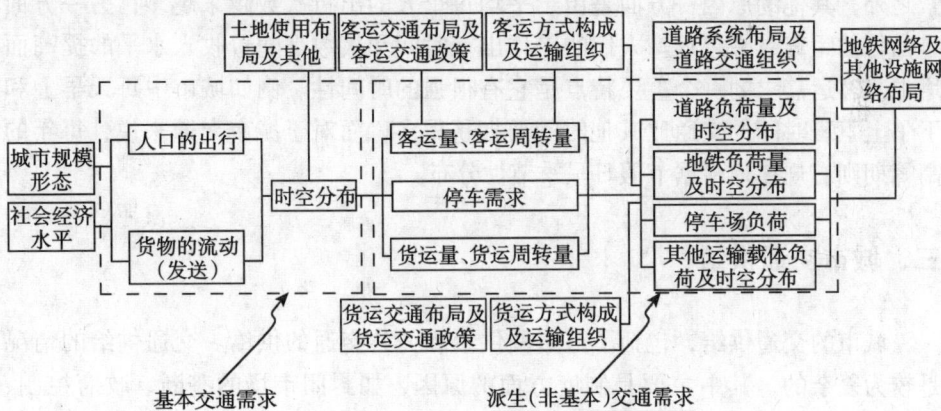

图 10 - 2　交通基本需求与派生需求

（二）影响城市交通需求的因素

交通需求最显著的特征之一，就是它随时间作规律性的波动。城市地区对于道路空间和公共交通服务的需求，在早晨和傍晚比一天其余时间要高。在城市之间，一年中旅客运输的需求具有季节性高峰。

通常认为，某种商品的需求（$D_a$）受它的价格（$P_a$），其他商品的价格（$P_1$、$P_2$、$P_w$）以及收入水平（$Y$）的影响，

$$D_a = f\ (P_a P_1,\ P_2 \cdots\cdots P_w Y)$$

上述等式中的每一项，不是简单的变量，而是若干相互作用的因素的复合物。交通需求受价格水平的影响。当然，价格不是简单地付出的票价，而必须包括为获得运输服务所付出的所有其他成本（其中时间成本最重要），此外还有安全、舒适和方便等。价格变化对于私人小汽车交通的影响，必须区分为对车辆拥有量的影响和对车辆的使用。

人们的收入水平对交通需求也有一定的影响。收入水平提高通常使人们的出行距离更远或在交通上花费更多的金钱。总体上，收入增加，则交通支出占家庭开支的比例将上升。不同交通方式的需求与收入增加的相关性是大不相同的。其中，对私人交通特别是小汽车的需求与收入增加的相关性更加明显，而对公共交通的需求却可能是在减少。另外，人们在交通行为中的喜好也会发生变化，例如随着收入的提高和闲暇时间的增多，大多数人还是愿意享受私人小汽车所能给人带来的更多自由和方便。

客运需求受人口数量变化影响，一般来说人口越多运输需求也应该越大，但两者的增长变化可能是不一样的。客运周转量的快速增长除了人口增长的因素之外，其他的原因一方面是由于平均每个人的出行次数越来越多；另一方面是出行的距离越来越远。人们的平均出行时间和次数都随着收入水平的提高而增加。客运需求的一个重要特点是它有很强的时间性。例如城市中每天早上和下午上下班时间的交通比其他时间要拥挤得多，而对于城市交通来说，每年的高峰期则有规律地根据节假日呈季节性分布。

## 三、城市交通供给

城市的交通供给，包括了道路网供给和公共交通的供给。交通供给的情况是较为复杂的，其中主要是制度方面的原因，如封闭市场的垄断、政府控制、价格外竞争以及多变的技术问题等。

（一）道路网供给

城市道路设施的时空资源，在一定的时期内是有限的、相对稳定的，每一个交通需求都在这一特定的时间、空间资源内占有其一部分。因此，这些设施在一定时间、空间内所能容纳的交通需求是极其有限的。

理论路网容量就是城市道路设施在理想状况下单位服务时间所能容纳的最大车辆数，它与道路设施时空总资源和交通个体时空消耗有关。车辆在行驶中

占有一定的道路净空面积，在一次出行时间内以动态方式只占有一次，每辆车出行使用的道路面积在单位服务时间内又可提供给其他车辆重复使用，显然，理论路网容量与道路设施供应规模、车辆平均出行距离、路段通行能力等因素有关。

通过道路建设来提供足够的道路运输能力，是解决交通拥挤问题的办法之一。城市道路网供给表现在数值上为道路网承载能力，即路网容量。决定路网容量的因素有路网总体规模、路网的功能级配结构、道路几何特征、交通管理状况和交通流构成、城市交通政策与管理模式等多种复杂因素。

所谓增加道路网供给，一是通过合理的城市规划，新建、改建、扩建城市道路；二是在现有基础设施上通过加强管理来提高交通供给的有效容量。

（二）公共交通供给

公共交通主要包括定时定线行驶的公共汽车、无轨电车、有轨电车、中运量和大运量的快速轨道交通，以及小公共汽车、出租汽车、客运轮渡、轨道缆车、索道缆车等交通工具及其配套设施。各种公共交通工具之间相互配合，以不同的速度、运载能力、舒适程度和价格为乘客服务。城市公共交通是被公认的效率最高的交通方式。公共交通的供给不仅包括各种车辆的数量，也包括公共线路的覆盖率、线网规划、站点设置、换乘枢纽等。

20世纪80年代以来，由于机动车快速发展造成的交通拥挤、空气污染越来越严重，人们对城市交通可持续发展的认识不断提高，优先发展公共交通成为国内外许多城市的发展策略。我国政府制定了一系列的产业政策和技术政策，确定了以公共交通为主的城市交通发展方针，从公交车辆的增加到客运量的增长以及运营服务水平的提高等，城市公共交通在城市经济与社会发展中发挥了重要的作用。与发达国家相比，我国城市中公共交通车辆的数量相对较少，公交车辆的拥有率很低，造成车辆负荷大，车内乘客密度大。另外，我国轨道交通的发展更是远远落后于发达国家。我国居民公共汽车（不含出租车）出行比例，多数城市在10%以下，而世界上多数国家中，公共汽车通常承担城市交通出行量的40%～50%。

我国城市公共交通供给的趋势是要积极发展城市公共交通，特大城市要规划建设地铁、轻轨等城市轨道交通系统，完善和深化城市公共交通规划体系，提高城市公共交通规划在城市规划中的地位，加强公共汽车优先车道（或道路）、场站、换乘枢纽等城市公共交通基础设施建设。应倡导以公共交通为主导的城市发展模式，根据城市规模和经济发展水平，大城市要建立地面准快速公共交通网络，形成以快速轨道交通和大运量公共电、汽车为骨干，辅以中小型公共交通方式的城市公共交通系统。

# 第二节　城市个人交通

## 一、个人交通需求

　　个人交通也称私人交通。私人交通工具的拥有和使用在城市交通运输中起着非常重要的作用，私人交通需求与私人交通工具的拥有量以及这些私人交通工具的行驶距离有密切的关系。图10-3反映的是二战以后各个国家平均每千人拥有私人小汽车数量的增长情况。发达国家，例如美国90%的通勤者均采用汽车交通的方式，约77%的中心城市居民自己开车（小汽车、大卡车、客货车）通勤，他们中约有4/5独自开车，其余的人搭乘他人的车。郊区居民数量更多，他们中的93%开车通勤。发展中国家的小汽车拥有量也在增加，中国从20世纪90年代开始增长相当快。发达国家的私人交通工具到现在基本上都是私人小汽车，在发展中国家，私人小汽车数量增加的同时也仍然保留有大量私人摩托车、自行车等。图10-4是对印度新德里居民日常出行选择步行或自行车的分析，由于收入水平的差距，人们出行方式的选择也是不同的。

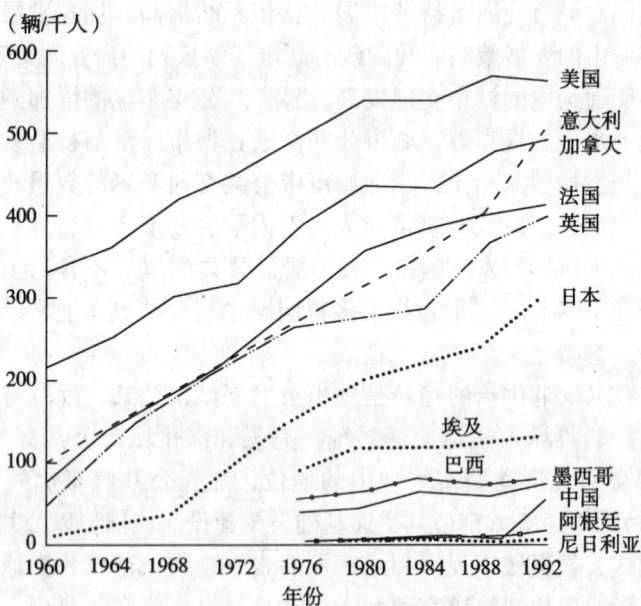

图 10-3　小汽车拥有量增长趋势

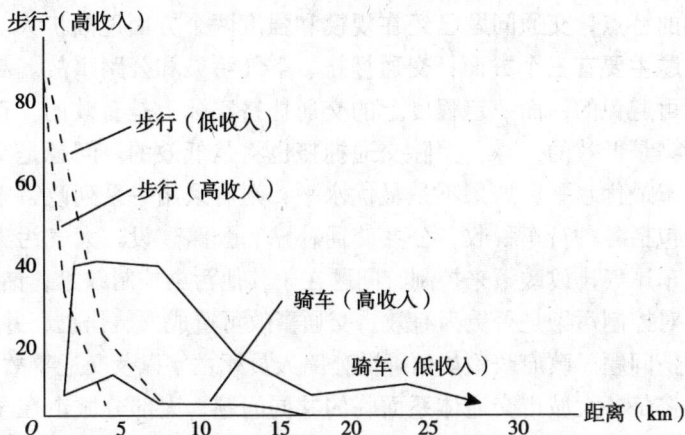

图 10-4 新德里居民对步行和骑车的选择

个人交通需求的增长与居民的人均收入水平关系密切。人均收入增长对私人交通需求的影响主要体现在拥有私人小汽车的数量上。私人交通除了需要购买交通工具，还有很多其他需要开销的费用，包括车辆的保险、维修、燃油、停车费等，居民收入与所有这些开销的相对关系也影响私人交通的数量与需求，但不如对私人小汽车拥有量影响那样大。

小汽车是目前发达国家私人交通的主要工具，发展中国家的私人小汽车数量也在不断的快速增加，同时越来越多的小型客货车、面包车也被用于过去小汽车完成的私人交通。城市中小汽车的存量数综合取决于已有的小汽车数量、每年生产的小汽车数量、销售量及报废的数量。一般认为，小汽车的需求与居民收入、小汽车售价及其互补品（主要是燃油）的价格密切相关，其中收入水平是最重要的影响因素。影响小汽车存量的另一因素是小汽车的使用寿命。小汽车的报废是一种经济性的决策，它受新车（使用中汽车的替代品）价格和燃油与汽车修理（使用中汽车的互补品）价格或收费的影响。此外，在经济衰退时期，人们会推迟汽车的报废和新车的购买，因此在这种时期，道路上汽车的平均车龄就比较长，而在经济繁荣时期，道路上汽车的平均车龄就会相对较短。

## 二、均衡与最优交通量

### （一）城市交通拥挤

城市交通拥挤是城市交通问题的重要表现之一。城市交通问题的实质是人、车和路三要素的矛盾在城市时空间的表象，其核心问题是在一定的资源约束条件下，如何满足广泛的交通需求及保持优质的交通服务水平。中国城市交通发展具有长期的特点，交通问题已经在规模和强度两个方面逐渐扩大。由汽车引起的交通问题主要有三个方面：交通拥挤、空气污染和公路事故。高峰期的交通拥挤是不可避免的，而一定程度上的交通拥挤实际上是有效的。正如消除所有的大气污染是低效的一样，消除交通拥挤也将是低效的。问题是交通拥挤的程度是否处于最优水平，如果不是最优水平，则可采用一系列政策来减少交通拥挤程度，包括各种行车税收，公共交通补贴和公路建设。大气污染可由政府通过制定汽车尾气排放政策来控制，问题在于其他污染控制政策，诸如污染税、排放气体税对控制污染是否更为有效。交通事故可造成人员伤亡，并阻塞交通，产生交通拥挤问题。政府政策如何降低公路人员死亡率以及交通事故发生率。

交通拥挤是各大城市交通体系面临的共同问题，大部分城市在早晚高峰期交通拥挤不堪。近年来，发达国家如美国、西欧、日本的大部分城市地区的交通拥挤情况更趋恶化。发展中国家如中国的大城市也出现了较为严重的拥挤现象。

当某种交通工具的使用者由于基础设施容量有限而开始妨碍其他使用者时，就产生了拥挤的外部性。当然，如果不使交通工具在大部分时间闲置不用的话，一定程度的拥挤是不可避免的，问题在于多大程度的拥挤是合适的。因为人们能接受一定程度的拥挤，但厌恶过度拥挤，还由于过度拥挤造成时间浪费和各种不便，于是产生最佳拥挤程度的某种隐含概念。

出行者自身由于交通拥挤所承受的出行成本增加额远远小于他给其他出行者所造成的成本增加额。尤其是对道路利用效率最低的私人小汽车更是如此。如图 10－5 所示，在没有出现明显拥堵状况的时候，机动车使用者发生的费用（以 30km/h 车速状态为例）只有 0.5 美元/km，而给其他使用者带来的费用为 0.1 美元/km。当拥堵状态出现，车速下降到 12km/h，机动车使用者的费用增加了 60%，达到 0.8 美元/km，而给其他使用者带来的附加费用则增加了 20 倍，达到 2.2 美元/km。拥堵程度进一步加大，车速下降至更低的水平，机动车使用者自身的费用只不过增加 1 倍左右，而给其他使用者增加的费用可能会增加 100 倍以上。

小汽车运行成本。运行成本一般来说是那些随运输工具使用时间或行驶距离变化的费用，对绝大多数运输方式而言，人工费和燃料费构成了运营成本的主要部分，但对小汽车来说，维修等费用则更重要些。小汽车的运行成本中并没有包括驾车人的人工成本，原因当然在于除了少数出租车以外，小汽车都是由私人自己驾驶的。但是，自己驾车并不意味着开车的时间没有价值。由于时间是有价值的，因此较长时间的驾车相对成本就较高，而且驾车时间成本的高

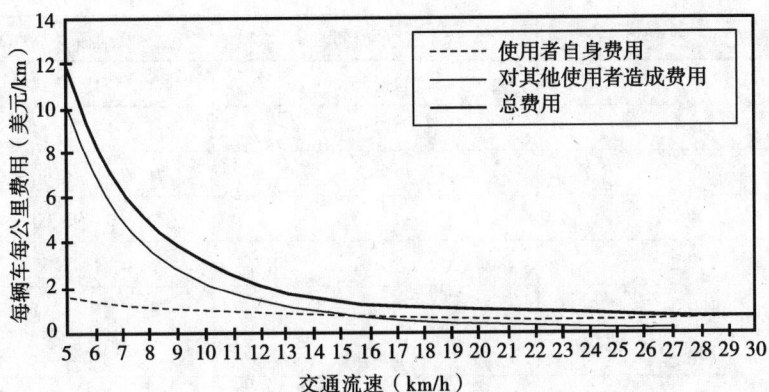

图 10 - 5　小汽车运行总费用构成

低与道路上的车辆数有关。

（二）行车的私人成本与社会成本

私人行车成本（Private Trip Cost）是个体通勤者引起的行车成本，即货币成本和私人时间成本之和。私人时间成本等于行车时间机会成本乘以行车时间。私人行车成本也可以叫做平均行车成本（Average Travel Cost），即总行车成本除以行车者数量。既然每位行车者都以同样速度行驶，那么他们的行车成本相同，平均行车成本等于私人行车成本。

由于道路上车辆密度增加会导致车速下降，那么车辆密度增加到一定程度就会影响到单位时间内能够通过的车辆数，表 10 - 3 是车辆密度、车速和车流量之间关系的计算结果。

车辆密度与交通量的关系　　　　　　　　　表 10 - 3

| 车辆密度（辆/英里） | 行车速度（英里/h） | 交通量（辆/h） |
| --- | --- | --- |
| 1 | 33.96 | 33.96 |
| 10 | 32.05 | 320.46 |
| 20 | 29.92 | 598.44 |
| 30 | 27.80 | 833.94 |
| 40 | 25.67 | 1026.96 |
| 50 | 23.55 | 1177.50 |
| 60 | 21.43 | 1285.56 |

| 车辆密度（辆/英里） | 行车速度（英里/h） | 交通量（辆/h） |
|---|---|---|
| 70 | 19.30 | 1351.14 |
| 80 | 17.18 | 1374.24 |
| 90 | 15.05 | 1354.86 |
| 100 | 12.93 | 1293.00 |
| 110 | 10.81 | 1188.66 |
| 120 | 8.68 | 1041.84 |
| 130 | 6.56 | 852.54 |
| 140 | 4.43 | 620.76 |
| 150 | 2.31 | 346.50 |
| 160 | 0.19 | 29.76 |

注：1 英里 = 1.6093km。

假定在畅通无阻的时候，汽车的行驶速度是常数，那么对于同一路段的货币成本是固定的；而行车速度是交通量的函数，当 $Q > Q_0$ 时，机动车间距变小则行车减速以保持车辆间的安全距离，当越来越多的行车者进入该路段时，行车速度下降，行车时间增加，机会成本上升。我们称 $Q_0$ 为临界交通量。显然，私人行车成本曲线是随着交通量的增加，先水平后上升的（图 10-6）。

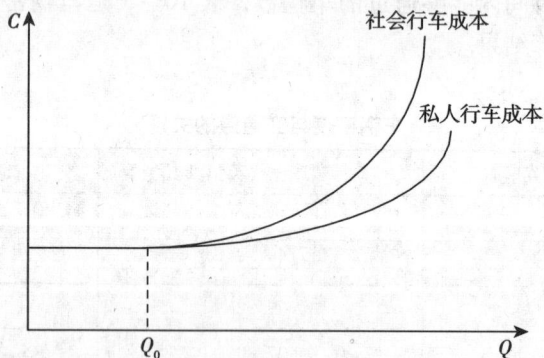

图 10-6　社会行车成本与私人行车成本曲线

社会行车成本（Social Trip Cost）则是私人行车成本加上外部行车成本。社会行车成本也可称作边际行车成本（Marginal Travel Cost），即每增加一位行车者所增加的行车总成本。由于社会行车成本等于边际行车者的行车成本加上它增加到其他行车者身上的外部成本，那么社会行车成本等于边际行车成本。当 $Q < Q_0$ 时，外部行车成本为零，外部行车成本曲线与私人行车成本曲线重合；当 $Q > Q_0$ 时，社会行车成本曲线高于私人行车成本曲线。

（三）均衡与最优交通量

行车者的均衡数量是多少？如果行车的边际收益大于私人行车成本，行车者就会选择公路。行车者最优数量的基本有效规律是，只要某种活动的边际社会收益大于边际社会成本，这种活动的数量就会增加。最优水平就是边际收益与边际成本相等时的水平。不同交通量所需的行驶时间不同，每小时每车道的交通量在某一临界值以下时不存在交通拥挤的情况，当行车者超过临界值时，就跨进交通拥挤的门槛。公路交通拥挤后，机车间距变小，则行车者减速以保持车辆间的安全距离，当越来越多的行车者进入公路时，行车速度下降，行车时间增加。对于低于临界值的交通量来说，多一辆车不会影响行驶速度或时间。然而当交通量大于临界值时，每增加一辆车就会减慢车行速度并增加行驶时间。这就是交通拥挤的外部性（Congestion Externality）。边际驾驶者导致交通减慢，行驶时间增加，使得其他行车者花更多时间在路上。交通拥挤的外部性随着交通量的增加而增大。外部行车成本等于交通拥挤的外部性的货币价值。均衡量大于最优量是因为行车者忽视了他们给其他车辆带来的成本。每多出的一个行车者都使车行速度减慢，使得其他行车者在公路上花费更多的时间。

如图 10-7 所示，该段公路上的均衡交通量应该是 $Q'_1$。但是这不是社会最优交通量，社会最优水平是边际社会收益等于边际社会成本时的水平。边际社会收益由需求曲线反映，而边际社会成本由社会行车成本曲线反映，$Q_1$ 两者相交点即为该路段的社会最优交通量。

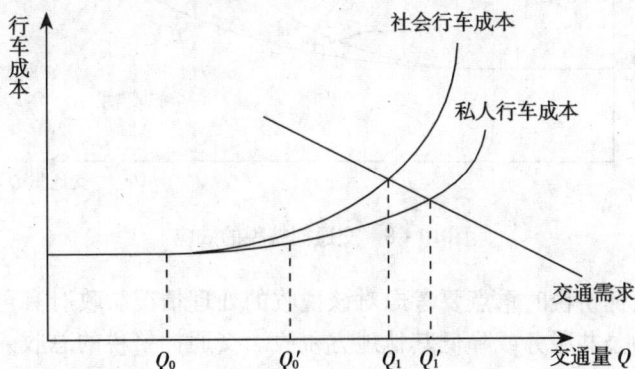

图 10-7 均衡交通量与最优交通量

### 三、交通拥挤的政策反应

（一）交通拥挤税

政府可以利用交通拥挤税调节城市交通以达到最优交通量。在数量上等于外部行车成本的税收可以将交通拥挤的外部性内在化，从而达到最优行车者数量。由于交通拥挤税减少了私人成本与社会成本的差距，个体行车者根据社会行车成本来作出行车决定，因此公路的利用是最高效的。就行车者个人而言，征收交通拥挤税既是好事也是坏事。征收交通拥挤税后，继续使用公路的人需要付税，但有了较低的时间成本。征税减少了交通量，也缩短了交通时间。停止使用公路的人可以避税，但同时也放弃了使用公路带来的收益。

图 10-8 中，没有收取交通拥挤税之前，均衡交通量是 $Q_1$，而此时社会最优交通量为 $Q^*$。为了使均衡交通量等于社会最优交通量，对该路段上的需求者征收数量为 $T_1$ 的交通拥挤税。当高峰时间的车辆交纳拥挤税后，其一定交通量对应的净收益会下降，因而高峰时间的交通需求下降，需求曲线向左移动，非高峰时间与高峰时间的差距缩小。私人行车成本将等于社会行车成本，使均衡交通量达到 $Q^*$。征收的交通拥挤税恰好等于外部行车成本。如果总的交通需求不变，相应地，非高峰时间的交通需求增加。

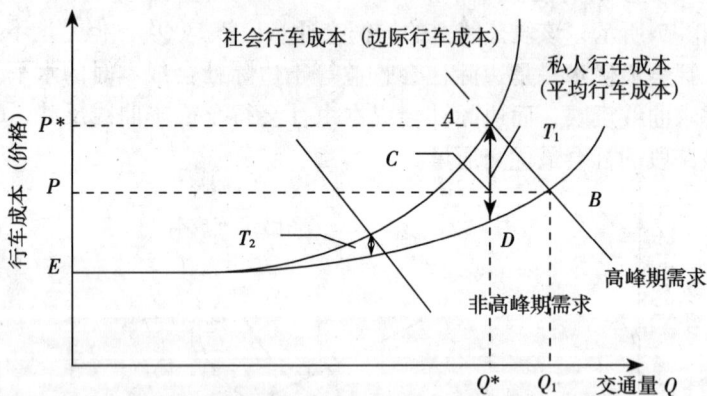

图 10-8  交通拥挤税的效应

评价交通拥挤税时重点要考虑对该税收的处理情况。政府有可能将交通拥挤税用来资助公共服务或降低其他地方税收。交通拥挤税的总收入刚好够用来支付最优公路费用。为了最大限度地提高效率，交通拥挤税应该因时间和地点的不同而不同，在交通特别拥挤时，税金应相对高一些；反之，应收取较低的税。严重的交通拥挤大多发生在早晚上下班的高峰期。

政府如何征收交通拥挤税呢？一种可能的方法是，为每一条路上设立收税亭，直接收取行车者的交通拥挤税。但这种方法将减慢行车速度，导致更严重的交通拥挤。另一种是使用汽车识别系统（VIS），在此系统下，每辆车均装有配备雷达发射机的电子装置。当汽车经过时，它能通过沿途的传感器识别，系统记录汽车使用交通拥挤公路的次数，并在每月底将交通拥挤税单送达行车者。还有一种方案是在每一辆车上装一个装置，用现金卡或借记卡刷卡支付。

（二）汽车使用税

针对交通拥挤的政策有多种，其中采用增加汽车行驶的费用的方式来减少汽车使用便是其中之一，有三个方法可供选择，分别是汽油税、停车税以及交通拥挤区税。

汽油税是交通拥挤税的一种替代方法。其基本观点是，如果行车变得更昂贵，交通量就会降低。问题在于汽油税增加了所有汽车行驶的成本，而不只是在高峰期沿交通拥挤线路行驶的行车成本。与交通拥挤税改变行车时间和路线相比，汽油税并不能鼓励行车者改换成其他的时间和路线行车。

一些城市通过征收停车税来阻碍人们自己开车到中心商业区工作。附加税将减少交通量，一些通勤者转而改为小车共享或乘坐公交；一些通勤者更改了行车时间。采用停车税来减少交通拥挤存在三个潜在的问题。第一，就是此税只应该向高峰期的通勤者征收，在非高峰期停车应排除在外。第二，与增加了单位行车成本和减少行车距离的交通拥挤税相比，停车税与行车距离无关，因此，通勤者没有足够的动力通过靠近工作地点居住来节约行车成本。第三，由于大量的交通拥挤问题是由不在交通拥挤区停车引起的，停车税并没有迫使所有高峰期行车者为他们造成的交通拥挤付税。

（三）公共交通补贴

公交车和私人汽车是相互替代的行车模式，因此公交成本的降低可以使一些使用私人汽车的通勤者转换成乘坐公交车的通勤者。公交补贴减少汽车交通量，缩小交通均衡量和最优量之间的差距。公交补贴的基本问题是降低了公交价格，却可能使乘客量增加超过最优水平（图 10 - 9）。在没有拥挤税的情况下，公交补贴将会提高交通系统的效率，但补贴不会像交通拥挤税那样有效。政策问题是公交补贴的收益（行车者从低价公路和交通拥挤公路上转移过来）高于还是低于成本（过多公交乘客量）。

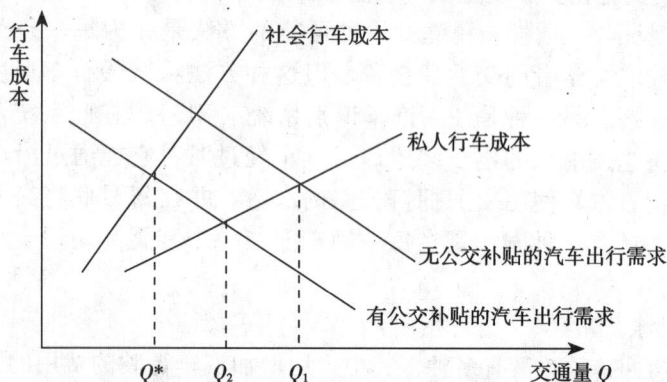

图 10-9　公交补贴使得均衡交通量更接近社会最优交通量

# 第三节　城市公共交通

## 一、交通系统选择

### （一）公共交通成本

大多数城市的公共交通主要是依靠公共汽车，当然城市公共车辆中还包括有轨及无轨电车、小汽车、出租汽车和轮渡船等等。公共车辆根据使用年限计算的折旧费应该是车辆拥有成本的重要组成部分，但要想准确计算公交车辆的拥有成本，还应该考虑与这些车辆相联系的机会成本以及当这些车辆不能使用时可以节约的维修成本。

公共汽车系统的成本是由时间成本、代理成本和公共成本三部分组成的。时间成本包括步行、等待时间成本和行车时间成本；代理成本包括运行成本和资金成本；公共成本包括养护公路及满足开车的成本（修建费和占地费）以及污染成本。轨道系统的成本由时间成本和代理成本两部分组成。时间成本包括步行、等待时间成本和行车时间成本；代理成本包括运行成本和资金成本（资金成本巨大）。

### （二）交通方式的选择

通勤者选择的是交通总成本（时间成本和货币成本之和）最低的交通方式。通勤者的整个往返行程可以分为汇集阶段、长途行车阶段和分流阶段三个部分。汇集阶段，指从家庭到乘坐主要交通工具地点的路程。个人开车方式没有汇集成本，因为驾驶者用的是自己的车。公共汽车方式的汇集成本适中，因为乘车者必须从家里步行到车站，而城市高速铁路运输系统的汇集成本最高，因为相对而言，车站之间通常隔得比较远，乘车者要么步行较长的一段路，要么需要先搭乘其他交通工具（如自驾车或乘坐公共汽车）才能到达车站。长途行车阶段，指的是搭乘主要交通工具的路程。城市高速铁路运输系统的长途行车时间最短，因为它有独家道路通行权，可以避免高峰期交通拥挤的问题。公共汽车和自己开车途中都必须穿越交通拥挤的街道和干线，但自己开车要快一些，因为公共汽车必须按站点停车。分流阶段，指的是乘车结束后（在市区车站、停车场）到工作地点的路程。如果工作地点附近可以停车，选择自己开车方式，分流时间最短，其次是公共汽车和固定轨道系统。

如图 10-10 所示，当需求（收益）曲线为 $D_1$ 时，与固定轨道系统的成本曲线相交点的成本最低，因此，此时固定轨道系统是最经济的。当需求（收益）曲线为 $D_2$ 时，与公共汽车系统成本曲线交点最低，因此，此时公共汽车系统是最优选择。当需求（收益）曲线为 $D_3$ 时，自己开车是最优的选择。对于人口众多、交通需求巨大的大城市而言，最优的交通系统应是固定轨道交通为主的公共交通系统。

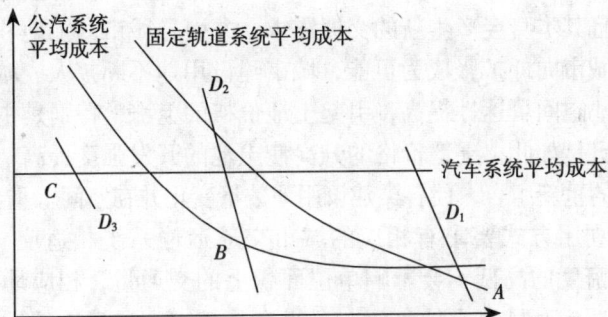

图 10-10　交通系统的选择

## 二、公共交通补贴

纳税人为公共交通提供了大量的补贴。这些补贴是必要的，因为来自公交车票的收入比营运成本和资金成本少。

公交补贴有两个理由。首先，在公交上存在着相当大的规模经济效益，因而公交系统有自然垄断的特征。其次，是自己开车的行车价位低，因为行车者不必为他产生的公路拥挤和空气污染的外部成本付费。因此，相比自己开车的行程而言，公交的价位高，因而公交补贴可用来抵偿自己开车人为造成的低价位。

　　公交补贴有利有弊，尽管补贴不鼓励汽车的使用，以减少交通拥挤和污染，但它同时也使总的城市行车价位低，导致过量行车。政策问题在于补贴的收益（减少交通拥挤和空气污染）是否大于其成本（需要太多的交通资源）。

# 第四节　城市交通与土地利用

　　城市交通与土地利用之间的关系是一种循环的作用与反作用关系。土地利用结构决定城市内交通运输的需求，道路及交通设施的改善又反过来改变土地利用的强度和模式。城市交通系统引导土地开发利用，引起用地布局特征的变化，进而影响城市空间格局。交通线路的分布格局改变了城市居民住宅空间结构的重组和居民住宅区位的再选择行为。

　　城市交通运输的特征决定了通达性，即从一个地方迁移到另一个地方的便捷性，通达性又反过来影响土地的利用类型。城市交通运输的发展过程中产生了不同的交通运输系统与土地利用模式。城市交通运输的发展影响到土地需求总量和需求结构的变化，也影响到土地的价格。城市交通运输不仅为固定的出行量提供运输服务，而且其本身会产生新的交通需求，并引导城市的土地利用。城市交通设施的改进使城市向外扩张成为可能，城市建设用地不断扩大。城市交通设施沿线及附近的土地空间可达性提高，引起土地价格的上涨，特别是中国目前轨道交通系统的建设更是如此。土地价格的升高使土地的开发强度提高，进而引起使用功能在空间上的重新组合，使各类建设用地数量变化并在空间上重新分布。

　　城市土地利用方式要求有相应的城市交通运输系统相适应（图 10－11）。城市土地开发密度的高低，会影响单位面积上的交通量，相应地需要高效的交通运输设施来适应。城市土地利用布局决定了城市交通运输的发展模式，包括交通发生的强度、交通转换发生的频度等。

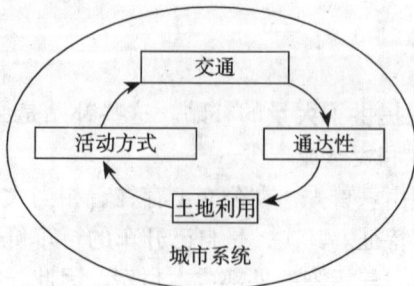

图 10－11　城市交通与土地利用

## 一、城市交通与城市形态

根据亚当斯（Adams，1970）对美国城市增长和交通运输发展的研究，城市增长和交通运输发展可以划分为四个时期。每一增长阶段由当前特定的运输技术和形成独特的内城空间组织模式的网络—扩张过程来支配：步行—马车时代（1800～1890）；电车时代（1890～1920）；消遣性的汽车时代（1920～1945）；高速公路时代（1945～）（图10－12）。

（一）步行—马车时代（1800～1890）

18 世纪中叶以前，美国城市具有高度集中的城市定居点，人们的主要行动方式是步行。因此，要求人和行动聚合到互相密切接近的程度。最初，这意味着距中心不到 30min 的步行时间。1830 年以后，由于工业强烈增长的压力扩大到约 45min。日益恶化的自然和社会环境增强了中等收入的居民也要郊区化的渴望，由于不能提供"通勤"费用和时间以及受到步行化城市形态的限制，这些渴望增强了改善城市交通运输技术的压力。之后，随着新社会阶层的出现，逐渐促成了居住、就业与其他日常活动的相对分离，形成了 CBD。马和马车交通运输使富人能够在更远的地方来回出行，促使了城市的向外拓展。但马车仅仅成为一种临时工具，只能暂时减轻过分拥挤的状况，却不能在迅速发展的中等阶级有效通勤范围内带来新的居住空间。依赖马的危害是多方面的，除了高费用和卫生问题，疾病也成为经常存在的威胁。19 世纪 80 年代末期，交通运输革命最终成为现实，当它来临时，便迅速地把城市和郊区边缘改变成现代都市。

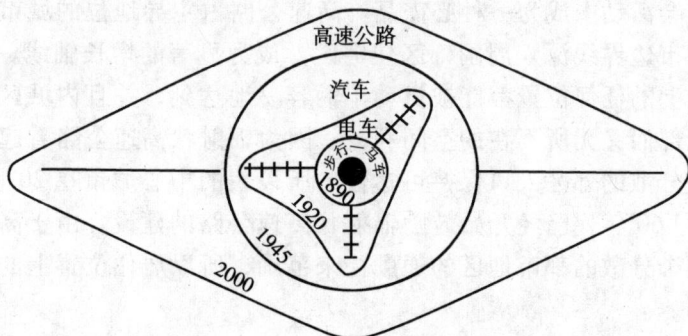

图 10－12　交通发展与城市形态

（二） 电车时代（1890～1920）

第一条电车线路在 1888 年开始于里士满（Richmond），并在一年内被其他 24 个城市所采用，逐渐成为主导的内城交通运输方式。城市的增长特别是沿交通线路的增长成为主要特征，这种形态模式由放射状的电车通道所产生。电车时代最显著的影响是那些城市边缘住所的发展，将日益出现的都市扩展到一个完全星形的空间实体中。

（三） 汽车时代（1920～1945）

到 1920 年，电车、火车和地铁已经使有交通线路的城市转变成直径超过 20 英里（32.12km）的复合性城市。此刻，内城区交通运输系统达到了最高效的水平——迅速发展的城市真正运作起来了。但是，因为下一个日益增多而广受欢迎的汽车为标志的城市交通运输革命即将开始，所以，对其数以百万的居民来说，到底有多少紧密的美国城市可能已经接近令人满意的运作，则永远不得而知。第一辆汽车出现在 19 世纪 90 年代的西欧和美国，并且因为汽车提供了较好的个人交通运输方式，所以大西洋两岸的富人开始喜欢上了这种创新物。汽车在两次世界大战之间曾在城市达到较大数量，通过向电车时代环绕的空隙发展和郊区边界向农村进一步推进，再次产生一种紧密形状的城市实体。城市的增长日益集中在那些郊区边缘区域，所以中心城市增长达到了不大可能再有发展的阶段。电车时代的交通运输在工业化城市中保持了主导性地位，而后来出现的汽车却尽可能多地适应人口高度稠密的都市环境。

（四） 高速公路时代（1945～）

二战以后的高速公路时代并没有受到城市交通运输革命的刺激。相反，它代表着汽车文化时代的来临。汽车不再是一种奢侈品，它在通勤往来、购物和参加社会活动中成为一种必需品。高速公路占主导地位的城市扩展在空间上推动都市边界线深入周围郊区住宅区，成为显著的增长轴线。现在，高速公路网络上的任何位置都能被机动车辆容易地达到，并且内城区通达性迅速地成为全部而又无所不在的空间利益。因为辐射状高速公路看起来能使商业区对迅速分散的郊区人口保持可达性，所以大的中心城市在 20 世纪 50 年代和 20 世纪 60 年代已经开始鼓励辐射状高速公路的建设。由于高速公路扩大了包围整个分散的都市地区的通勤往来范围，所以居住位置上的限制条件也被放宽了。

（五） 后工业化都市中的城市增长与交通运输

由于发达国家在 20 世纪最后几年完成了向后工业经济和社会的转变，因此内城区移动方式将继续适应新的地理环境。随着内城区位置成本的平均化，非经济力量形成了高技术（其他也如此）活动的分布。20 世纪最重要的城市交通运输挑战集中在多中心而分散的城市区域人口的移动效率。新的公众交通运输系统的建设仍然被作为一种可能的解决都市交通运输问题的途径而继续着。但过去 20 多年来城市中的公交乘坐水平在下降，一个重要的原因是在人口稀疏、汽车导向的郊区城市中，交通运输线甚至不能为少数重要的出行需求服务。

## 二、城市交通与城市功能区

城市功能区的区位决定和居住地选择与城市交通需求有密切的关系。在较短时期内，城市交通需求取决于已经确定了的各种功能区的布局、居民的居住地点和上班地点、商业中心、娱乐场所的位置以及交通运输设施的分布等，而在较长的时期内，以上这些区位因素都是有待确定或可以调整的。

城市居民往往必须在宽敞的住房、比较方便的购物与服务（包括子女上学等）与每天较少的上下班所花费的交通时间之间进行权衡与选择。一般距离市中心较近地点所需要的交通时间短，但由于地价高，因此住房的价格或租金也相对较高；而距离市中心较远的地点住房比较便宜，但交通所需要的时间和费用却相对较高。因此居民要做的权衡就是，或者选择较低的交通费用和较小的住房面积，或者选择较大的住房面积和较高的交通费用。

如果随着城市交通的改善，一些地区居民上下班交通所耗费的时间和费用明显下降，那么该地区过去在作选择时的不利因素就减少了。随着城市化的进程不断加快，大城市不可避免地迅速扩大，用轨道交通连接市中心的卫星城方式，也可以在一定程度上解决人们在交通费用和住房面积上的权衡问题。因此，在一个较长时期内，交通条件的改善会影响城市的发展和布局，改变不同地区的人口密度，当然这也反过来影响了该城市居民的交通需求。

城市除了居住，还包括工业、商业和其他各种服务业，这些经济及社会活动的区位显然也与交通有关。图 10 - 13 中，横轴代表不同地点与城市中心的距离，纵轴代表城市土地的租金，对城市土地的使用者则假设只有三个群体，即商业、穷人和富人。图中三条直线分别代表商业竞租线、穷人竞租线和富人竞租线，交通成本越低，竞租线越平缓，表示人们可以接受更远的位置和地点。穷人只能依靠公共交通，而富人则主要使用私人小汽车。

图 10 - 14 表示当小汽车的使用条件改善，例如修建了更多市郊道路，则富人竞租线变得更平缓，此群体的居住区范围更大，特别是他们可以住到距离市中心更远的地方，城市的范围在这个过程中也变得更大了。

图 10 - 15 表示公共交通得到改善时的情况。穷人因为公共交通改善，因此竞租线上移，居住区也因此扩大，特别是可以居住到一些过去只有有小汽车的

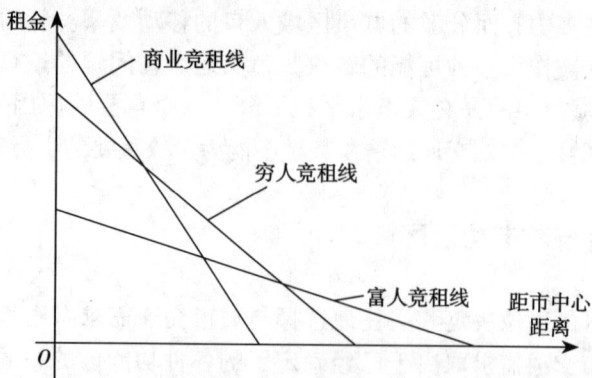

图 10 – 13　城市用地中不同群体的竞租线

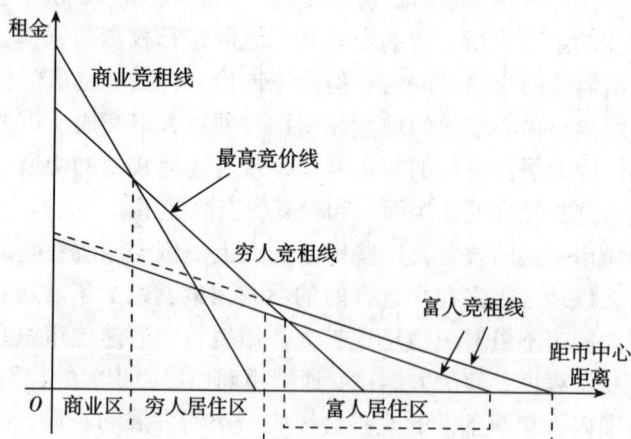

图 10 – 14　小汽车使用条件改善引起的变化

富人才能居住的地方。但在一些西方国家，由于一部分富人不愿意和穷人（或有色人种）居住在一起，因此一旦地铁等公共交通把收入水平较低的新居民吸引过来，他们就会搬到更远的地方去住。

　　图 10 – 16 表示的是由于大城市交通问题日趋严重，导致政府开始对市中心实施交通管制而引起的变化，这种情况对商业的影响最大，因为市中心的车辆通行和停放在一定程度上受到限制，因此商业在市中心的竞租线变陡，表示竞价能力下降；而在市中心以外的一些地区，商业竞租线却由于交通相对方便而上升到很有利的位置。

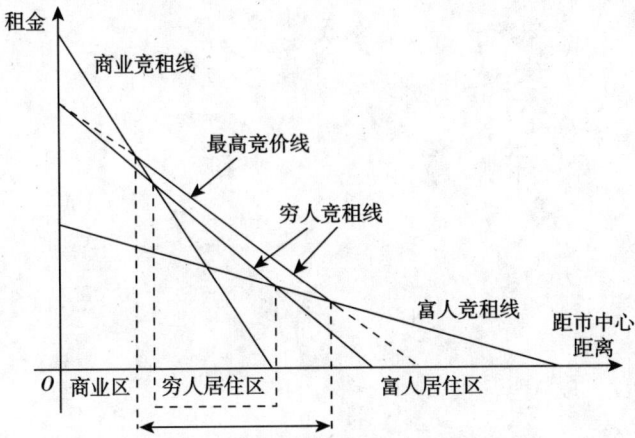

图 10 – 15　公共交通改善引起的变化

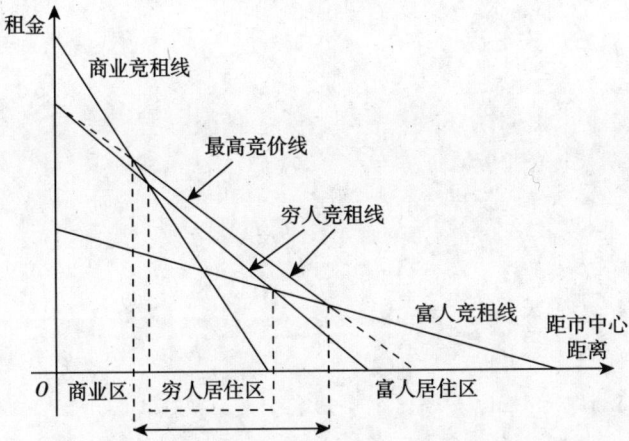

图 10 – 16　市中心交通受到管制产生的影响

# 11

## 第十一章
## 城市环境经济学

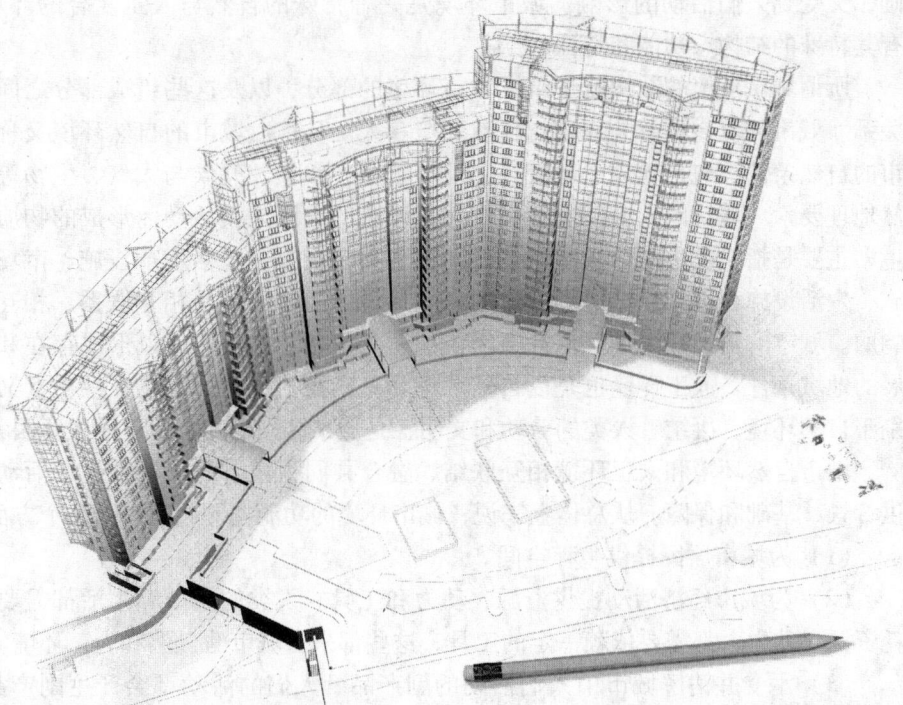

随着城市居住人口的增加和城市工业的发展，城市的环境保护问题日益显得重要。环境是人类生存和进行生产交往活动的载体，是城市发展的基础和前提。然而，城市环境的日益恶化，使我们每一个生活在城市中的人为之担心。一方面，城市的集聚经济效应有利于生产和交往的发展，有利于资金、商品和信息的汇集与流通；另一方面，随着人口和其他要素的过度集中，大多数城市出现了较为严重的环境污染问题，这将使未来城市经济发展付出巨大的成本。

本章将介绍城市环境所包含的内容和目前城市环境面临的主要问题以及城市环境出现污染的原因等几方面的内容。

# 第一节　城市环境的内容

## 一、城市环境概述

城市环境是相对于城市的主体——企业和居民而言的，是指影响城市生活和生产活动的各种自然的和人工的外部条件。城市环境既是城市人类活动的基础，又受到人们活动的影响。城市环境是一种特殊的自然与人工复合的环境，有其特殊的结构、功能和特征。

所谓城市环境的结构就是组成城市环境的部分，以及这些组成部分之间的关系。城市环境包括两大部分：自然环境和人工环境。城市的自然环境又称城市的自然条件，包括地质、地貌、土地与土壤、水文、气候与大气、生物等自然地理要素。城市的人工环境则是由人工建造的或因人类活动而形成的物质环境，主要是指人类生产和生活所依赖的各种人工设施，包括生产设施、市场设施、生活设施和基础设施等。城市的自然环境和人工环境是相互联系、相互影响的。城市的自然环境是城市社会经济活动的基础，是城市赖以形成存在和发展的地域条件。人工环境也是以自然环境为基础而形成的，但它在性质上又区别于自然环境，凝结着人类的劳动和文明，是城市区别于其他地区的主要因素。

城市自然环境和人工环境相互联结、融合共同为城市的生活和生产活动提供背景、基础和保障。从总体上来说，城市环境的功能主要包括以下几个方面：

（1）为城市居民提供生存空间。

（2）为城市经济活动提供资源、动力和工具。人类的生产和生活都需要消耗资源、动力，都需要依赖一定的工具，这些都来自城市的自然和人工环境。

（3）承受并消解城市中人们活动的副产品。人们的活动都会产生副产品，主要是排放各种废弃物，城市环境不但要承受，还要消解这些废弃物，这样人类才能在城市中延续下去。

（4）记录体现和保存人类活动的成果。城市环境，特别是人工环境记录了人类几百年甚至上千年的活动印迹。

（5）城市环境代表了一个城市的形象。

城市环境与其他环境相区别，表现出自己的特点。其基本特征有以下几方面：

（1）城市环境是一种高度人工化的自然—人工复合环境。它既不是单纯的自然环境，也不是完全的人工环境，自然环境和人工环境的高度融合是城市环境最显著的、最基本的特征。因此，城市环境的发展和演化，既遵循自然规律也遵循人类发展的社会规律。城市环境的两个组成部分的作用可以概括为：自然环境是城市环境的基础，人工环境是城市环境的主题。

（2）城市环境是以人为主的环境。城市的企业和居民是城市环境的主体，人们不但创造了城市的人工环境，而且也在不断地改变着城市的自然环境。

（3）城市环境的脆弱性。城市环境由于是高度人工化的环境，受到人类活动的很大影响，自然调节能力比较差，主要靠人工活动进行调节。而人类活动具有太多的不确定性，且影响城市的因素众多，各因素之间会产生连锁反应，这就造成了城市环境的脆弱性。

（4）城市环境具有高度的开放性。每一个城市都在不断地与周边的地区和城市进行着大量物质和信息的交流，在输入原材料、能源的同时，也输出产品和废弃物。因此，城市的环境状况不仅反映着自身原有基础的演化过程，而且深受周边地区和其他城市的影响，城市的自然环境与周边地区的自然环境本来就是一个无法分割的统一的自然生态系统。

（5）与其他环境相比，城市环境污染严重。城市有众多的污染源，污染物数量大，污染现象严重。尤其是大气污染，不仅影响到城市本身，而且还会扩散到城市的周边地区。

## 二、我国城市环境问题

城市是特定意义的生态系统，是人类与环境在这一特定空间地域的有机结合和对立统一。人类活动影响利用和改造环境的范围程度和能力，受着社会生产力发展水平的制约。人类与环境的矛盾在不同的生产力发展水平下，呈现的形式和后果也不同。一般地说，人类改造自然的能力与保护自然的能力是相适应的。人类经济、社会的发展，为保护、改善环境提供了足够的物质、技术手段。人类只要按照城市的生态规律、经济规律和社会规律办事，人类与环境就能够协调发展，相互促进，保持生态平衡。否则，两者就会发生矛盾与冲突，导致环境问题。由于人类社会经济活动或利用环境不当造成环境损害，会发生不利于人类的变化，以致影响人类的生产和生活，给人类带来灾害，它的主要表现是环境污染。环境污染是人类经济、社会发展与环境关系的失调运动，也是资源和能源不合理利用和浪费所造成的，这就是没有尊重城市生态规律。城市是环境污染最集中的地方，环境污染集中体现在以下三个方面。

（一）空气污染

空气污染是指空气中污染物的含量与浓度过高及持续时间过长可引起多数居民的不适，在很大范围内危害公共卫生并使人类、动植物的生活处于受妨碍的状态。空气污染物是指由于人类的社会和生产活动而向空气中排放的正常空气成分以外的物质，主要包括悬浮颗粒物、含硫化合物、氮氧化合物、碳氧化合物等。我国的城市污染相当严重。在2005年世界144个国家和地区的"环境可持续性指数"排序中，中国排在133位。在全国600多座城市中，大气质量真正符合国家一级标准的只有四五个，不到1%。

（二）水污染

城市的生活污水和各种工业污水未经处理或处理不当即排入周围环境，就会造成对城市水环境的污染。中国大部分城市和地区的生活废水未经处理直接排入水域，使淡水资源供给受到水质恶化和水生态系统破坏的威胁。全国每年排放的污水达到360亿吨，并且80%左右的污水未经处理直接排入水域，造成全国1/3以上的河段受到污染，90%以上城市水域污染严重，近50%的重点城镇水源不符合饮用水的标准。工业发达城市附近的水域污染尤为突出，工业排放的污染物质未经处理排放到河流和海湾中，由于这种污染物本身的集聚功能，对整个地区的生物链产生了长期的破坏影响。地下水是我国城市的重要供水水源，全国2/3的城市以地下水为主要供水水源，出现了超量开采、水位持续下降和城市地下水受到普遍污染等问题。

（三）城市垃圾污染

城市是工业废弃物和生活废弃物最集中的地方。近几年，工业固体废弃物和城市生活垃圾排放量越来越大，综合利用跟不上去，没有得到处理利用的工业废弃物和生活垃圾大部分堆积在城郊，成为严重的二次污染。

# 第二节　环境经济学的基本问题

城市环境经济研究的特点是用经济学的理论和观点来探索城市这一特定的

空间范围的生态环境问题。20 世纪 70 年代前，经济学者对生态环境问题的探讨还都局限于污染和公害治理的角度，因为也有学者称为"污染经济学"或"公害经济学"。随着环境污染问题的日趋严重和研究的深化，人们逐渐认识到污染仅仅是引起环境退化的一个方面，并不能包括生态环境问题的全部，解决生态环境问题必须同解决经济增长问题联系起来，从经济增长的目标、代价的角度考虑环境问题，从而提出了"污染代价"、"环境质量的价值"、"资源价值"等经济概念，并被经济学家广为接受。1979 年，联合国环境发展署的专家们提出了"生态发展"的概念，强调经济发展既要满足人类的基本要求，又不能超出地球环境允许的极限。这种"生态发展"的概念，在 20 世纪 80 年代末又被进一步地充实完善成为"可持续发展"的概念和理论，并成为世界各国广泛接受和普遍认同的环境概念和发展观念。

目前，经济学家关注的环境经济问题，主要集中在以下几个方面：

（1）生态环境与经济发展的规律性联系

生产和再生产是任何社会发展的必要手段。不论是简单再生产还是扩大再生产，人类社会都要通过一系列的劳动加工，把周围环境里的自然资源最终转化为生活资料，以满足生存的需要。扩大再生产就是在规模扩大基础上的再生产。扩大再生产较之简单再生产，则有了增长的概念，以获得更多生活资料，满足发展与享受的需要。实现扩大再生产所需的更大规模的转化，一般有两种办法，一种是增加被转化的资源总量；另一种是不增加资源的消耗总量，而提高单位资源的转化效率。前者是一种依靠增加资源的投入来实现的增长，是一种外延式的增长方式；后者是通过提高投入资源的使用效率来实现的增长，是一种内涵式的增长方式。然而，无论哪一种形式的再生产都需要物质基础。没有环境资源这个物质基础，无论哪种形式的再生产都是无法进行的。如果环境资源能够保持良好的状态，就可为发展生产提供良好的条件；反之，环境资源如果遭到污染和破坏，就势必阻碍生产的发展。人类社会的经济发展，只能以资源为基础，在能量和物质的转换上面下工夫。所以，经济发展与环境保护既是统一的，又是矛盾的，它们相互依赖、相互促进又相互制约。

（2）生态环境与社会发展的规律性联系

人类利用和改造自然环境，是以一定的团体组织方式，在一定的社会联系和社会关系的范畴内协作进行的。所以，人与自然的关系除了生产联系外，还表现为人类社会同自然环境的关系，即社会—环境关系。环境与社会发展关系的内容很多，如：政治关系、法律关系、文化关系、伦理道德关系等等。其中，起决定作用的是环境与政治的关系，即自然环境与社会政治经济管理体制之间的关系。

一般来说，自然环境对一个社会行政和经济管理体制的影响并不明显，而社会体制对环境却有着巨大的影响。环境经济学需要通过对环境与社会发展关系的研究，探索行政、经济管理体制等各种社会关系对环境的制约与影响，寻求有利于环境协调统一的行政、经济管理制度框架和模式。

（3）人口与经济增量与生态环境系统容量的动态平衡规律

生态环境支撑和容纳人口及其经济活动规模的能力，称为生态环境系统容量，也称为生态环境系统承载能力。这一承载能力是相对于人类社会的各种生产和生活活动而动态变化的。

人类社会发展的历史表明，人类生态环境系统是发展变化的，其容量与人类生产和生活活动的技术经济水平、内容、方式密切相关，容量是相对的、可调节的，但不是无限增长的。对特定的开发利用方式和技术经济水平而言，生态环境系统的承载能力有一定的数量极限，超出这个极限，就会导致系统的崩溃。

生态环境系统的容量与人口和经济增量之间的关系，除了单纯的数量关系之外，起决定作用的是质量关系。自然系统中非再生资源的数量是固定的，可再生资源的数量也有其严格的自然生长规律。因此，人类利用自然系统的效率、结构、替代技术等质量因素，是决定生态系统在容纳人类活动的同时保持应有的环境质量的主导力量。

人类与自然环境是一个矛盾的统一体，整个地球包括人类自身以及受人工影响、改造甚至完全人工的各种物质要素在内的大气圈、水圈、岩石圈和生物圈构成一个巨大的生态系统，城市就是这个巨大生态系统中的子系统。研究城市环境经济，首先需要了解城市生态系统的构成及其特征。

（一）城市生态系统的概念

城市生态系统是人类在利用和改造自然生态系统的基础上形成的。人类从生活活动和生产活动的需要出发，有意识地改造自然环境，建设人工设施，形成人工环境和自然环境相互交融的城市生态系统。例如，乡村的地面以土壤和植被为主，而城市的地面几乎完全被人工铺设的道路、各种房屋建筑和基础设施构筑物所覆盖；城市的水循环系统被人工的沟渠、管道系统所改造或替代；城市的气候状况也在人类生产和生活活动的影响下发生了比较大的局部变化等等。

（二）城市生态系统的构成要素及特点

城市生态系统是一个由复杂的自然因素和社会因素构成的，具有其内在联系和相互制约关系的综合体，其内部构成包括生物物质和非生物物质两种形态，具体可分为三类要素：

（1）城市人口系统，是城市生态系统的主体。城市集中的大量人口通过各种经济社会活动影响、干预、改造着城市生态系统，既有正面的效果，也有许多不容忽视的严重负面效果。

（2）城市生物系统，以人工养殖的生物和栽培的植物为主，构成了城市生态系统。

（3）城市非生物系统，包括基础设施、市政公用设施、各种建筑物和构筑物等人工物质系统，光、热、气、水、土、矿产等资源和能源系统。

与自然生态系统相比，城市生态系统具有以下四个主要特点：

（1）人类及其活动是城市生态系统的主体

人口的大规模空间集聚是城市的重要经济特征。城市生态系统中，包含着数量规模大、空间密度高的城市人口。城市人口的各种社会经济活动不仅利用自然环境，而且也在不断地改变自然环境，创造日益人工化的生态环境。在城市中，人类的经济活动和社会活动对生态系统的变化起着决定性作用，自然系统的自身发展和循环受到人为的限制和压抑。

（2）城市生态系统是开放式的不完全的生态系统

单凭城市生态系统自身残存的自然资源不可能完全满足其运转的需要，城市生态系统循环的完成必须依赖系统外部。作为人口和非农产业高度集中的地域空间，城市生产和生活所需的绝大多数原材料资源和能源均需从城市生态系统以外输入，城市的社会经济活动的产出大部分也是向外输出。城市人口规模越大、城市经济活动的层次越高，城市生态系统对外界的依赖程度也就越高。

（3）城市生态系统调控的人工化

城市生态系统中，各种建筑物、构筑物所组成的人工环境改造和替代了土地、植被、水体等自然物组成的自然环境，因而也不可避免地削弱和取代了自然生态系统的自我调节、平衡和环境自净能力。因此，人工物质环境是城市生态系统的主要调控体，城市生态系统正常运转的维护、平衡的保持以及环境质量的高低主要取决于城市人工物质环境的设计、建造和调节。

（4）高效率的经济生产是城市生态系统的重要功能

城市的形成与产生，是经济发展的结果。城市生态系统是一个人工经济生态系统，集约化、社会化的高效率经济生产是城市生态系统的重要功能，也是城市生态系统区别于乡村生态系统的突出特征。乡村生态系统的经济生产，虽然也是人类劳动的过程，但自然要素生长、发育的物质流与能量流的自然循环在其中发挥着不可替代的重要作用。而城市生态系统的经济生产，则通过技术手段将自然物质和能量的循环完全人工化，使物质、能量转换的规模和速度大大提高，形成提高强度的人工控制的物质流和能量流。

# 第三节　城市环境污染的原因及政策分析

对环境污染的深层次的经济学分析，应作为环境经济学分析的主要内容之一。环境问题的实质在于人类经济活动向环境索取资源的速度超出了环境资源本身及其替代品的再生速度，向环境排放废气物的数量超过了环境的自净能力。环境问题不仅是一个技术问题，更是一个社会经济问题。人们对环境问题的理解也经历了一个不断深化的过程，人们首先认识到是环境的外部性产生污染问题，随后发展到以产权的角度去认识环境问题，最后发现归结到底还是制度方面的缺陷导致了环境问题的产生。

## 一、外部性理论

外部性的概念最早是由剑桥大学的马歇尔和庇古在 20 世纪初提出的，是指私人收益与社会收益、私人成本与社会成本不一致的现象。美国经济学家萨缪尔森将其定义为"当生产和消费的过程中一个人使他人遭受额外成本或收益，而且这些强加在他人身上的成本或收益并没有通过当事人的货币形式得以补偿时，外部性或溢出性就发生了。更精确地说，外部性就是一个经济当事人的行为影响他人的福利，这种影响并没有通过货币形式或市场机制反映出来"。

外部性满足两个条件：一是某人或企业（假定为甲）的效用由另一方个人或企业（假定为乙）决定或选择，而乙在决策时未考虑甲的福利；二是市场缺乏激励机制使乙对甲的影响进行补偿。当乙带给甲积极的、正面的影响时，称之为正的外部性，或称外部经济；反之则称之为负的外部性，或称外部不经济。

外部性理论引导人们在研究经济问题时，不仅要注意经济活动本身的运行和效率问题，而且要注意由生产和消费活动所引起的不由市场机制体现的对社会环境造成的影响。

## 二、城市环境的外部性分析

城市环境的属性决定了城市环境具有典型的外部性效应，表现为城市环境的改善促进当地的投资环境和旅游业等行业的发展，带来经济的增长，并使城市居民的生活质量明显改善。另一方面，城市在对环境资源的开发利用过程中产生环境外部性，特别是环境污染会造成外部不经济。因此，环境外部性是经济系统运行中正常的、无处不在的和不可避免的组成部分，给城市经济运行带来正面或负面的影响。

城市环境具有公共物品的属性。所谓公共物品就是在消费上同时具有非排他性和非竞争性的物品。环境作为一种公共物品，具有非排他性和非竞争性两个特点。

非竞争性是指不会因为消费人数的增加而引起生产成本的增加，即消费者人数的增加所引起的社会边际成本等于零。城市环境的非竞争性使消费者不愿为使用环境资源而支付费用。免费提供公共物品时，人们就可能过度消费直至边际效益为零，而不去理会边际社会费用的增加。

非排他性则指城市环境一旦提供，就不能排除社会中的任何一个人免费享受它所带来的利益，以空气污染为例，不但污染的肇事者具有公共性，污染的受害者也具有公共性，污染密度或强度不因部分人的消耗而减轻对其他人的作用，一个人的呼吸也不改变另一个人的空气质量，如果采取措施使某个城市的空气没有了污染，某人呼吸了清新的空气，并不能制止他人呼吸。

城市环境问题的"非竞争性"和"非排他性"表明，城市环境这种公共物品无法通过等价交换的机制在供应者和消费者之间建立联系，如果采用市场资源配置的方式进行环境供应，势必导致市场失灵现象的发生，这就是在城市经济运行中产生城市环境污染问题的根本原因。

## 三、政府控制环境污染的政策措施

解决环境外部性问题，就是要使环境外部性内部化。政府可以运用价格、成本、利润和税收等经济杠杆以及环境责任制等经济方法，限制破坏环境的活动，并通过奖励和收费等方法将微观经济单位保护环境的行为同其经济利益挂钩，从而节约污染减除成本，获得经济利益。一般可以采用市场性和非市场性两种措施，大致可分为以下几种方法：

（1）指令性管理

这类措施的主要内容包括：先由政府制定专门法令，对主要环境标准和污染物的允许排放量作出规定，然后再根据法令，设置专门的环境保护机构，对污染者的排污活动进行监督管理。

由于指令性管理涉及各种环境资源的所有权问题，因此，指令性管理的做法意味着由各级政府掌握环境资源的部分财产权。例如，在指令性管理下，一工厂可能被允许向空气中排放一定量的污染物，而该工厂周围的居民也可能被规定享有一定质量的空气。这种规定可以视作为国家颁发给不同当事人使用空气这一环境资源的、有条件的许可证，而具体规定措施就是政府对空气这一环境资源所进行的控制。指令性管理对污染者所起的制约作用在于，只要污染者将自己的排放量控制在政府规定的范围内，他就不需要为自己造成的外在成本支付任何费用，但当其排污量超出政府规定的限度时，他就得交纳一定量的罚金。另外，当污染者的排污造成特别严重的环境破坏性后果时，专门机构就有权代表政府勒令其停止排污活动。

指令性管理使许多国家的环境质量得到很大程度的改善，但很多环境经济学家认为，减少企业或个人排污量的目标应根据经济原则去实现，而不应该依靠政府的某些强制性规定来达到。其理由是，对每个需要排污的企业所作的具体排污限制，主要还得取决于某些政府官员与企业之间的谈判，而在该类谈判过程中，政府官员往往会凭借自己的主观经验，并容易产生官僚主义。因此，通过指令性管理来减少排污量的做法，并不能获得最佳的经济效益。

（2）接管式经营

接管式经营是一种最为直接的污染控制政策。它具体指，由国家直接经营或由国家下达指令，监督私人经营某些污染特别严重的公共事业或一般工厂。上述的经营主要包括生产、管理以及对污染物的汇集、处理等方面。接管式经营对城市来说有两大显著的优点：①由于国家的统筹安排，可以产生规模经济的效益；②国家能够根据其掌握的权限，并随着各大城市中的自然环境现状的变化而及时地调节生产。

（3）收费

收费这一污染控制措施的内容极为简单，它是指政府根据企业不同的污染程度，向这些企业征收不同单位量的排污税。对需要排污的企业来说，排放的废弃物越多，它必须交纳的排污税也就越多。因此，在一定的技术条件下，需要排污的企业就会通过减产的办法，来重新调整其原有的最优产量水平。在政府不加任何干预的情况下，需要排污企业的最优产量水平总是处在社会需要这类企业生产的最优产量水平之上。因为这类企业对自己在排污过程中产生的外在影响无须负任何的经济责任，而将这外在成本转嫁给其他社会成员。

收费措施的目的就在于将上述企业的外在成本内在化，促使这类企业能够按照社会希望它生产的最优产量水平来进行生产，使社会能够获得最大的福利。

（4）补贴

补贴是一种与收费截然相反的污染控制政策。其内容是，市政当局代表城市居民对那些能够减少其原有排污量的企业发给补贴，以资鼓励。补贴金额一般可以根据减少了的污染性质、数量或者市政当局的财政情况而定，但它在原则上要求与减少了的污染物的特定外在成本相等。

西方国家用于污染控制的补贴政策出于如下的原则：对于流动性的自然环境，社会各方面的成员具有平等的享受权利，而企业也有排放一定量的污染物的自由，因此，居民要提高自己的自然环境享受水平，就必须通过当地政府的财政支出将一定量的金额补贴给污染者，以促进他们减少其排污量。

（5）分区制

分区制实际上也是一种城市规划措施。它是指市政当局根据城市中各类活动的特点，以及这些活动对环境质量的要求和影响程度，从空间上规定这些活动的特定范围，以改善城市的生活环境质量。例如，根据城市中工业、商业、生活娱乐等活动的特点，规定出特定的工业区、商业区、生活区及娱乐区等。分区的重点是把干扰自然环境的许多活动从日常生活活动中隔离开来。例如，对凡是无法避免与工业或运输活动相接触的生活环境地区，市政当局就可以设法在此环境地区边沿设置各种形式的屏障、绿化带或可采取其他的隔离办法。

分区制将有效地防止各种私人集团无计划开发土地的活动，同时也将避免某些外在成本的产生。因为在不执行分区制的城市中，有些需要排污的工厂就有可能迁入到居住区内的空地中，从而给这一居住区带来外在成本。但从另一方面来说，分区制一般都缺乏灵活性。因此，它有时也会妨碍某些有利的土地开发活动。

除了上述的各种政府控制环境污染的政策措施外，还可以从控制人口规模与经济规模入手，来减轻城市中的各种"公害"。这对于由于人口"过密"造成环境恶化的大城市来说，具有特别重要的意义。

## 四、评估政府改善环境质量投资方案的效益—成本分析

### （一）效益—成本分析的基本原理

效益—成本分析是一种对政府公共事业投资方案进行经济评价的方法，它在原则上是将某个拟议中的投资方案的全部效益和全部成本进行评估，以便与其他可供选择的方案进行比较。在环境经济中，效益—成本分析已成为西方国家有关部门对其本国政府改善环境质量投资方案进行评估的一种通用的方法。

在西方经济学中，效益是指一货物或一服务对消费者的使用价值，而成本从根本上则被看作是被放弃的效益。在私人市场体系中，消费者每天在购买一货物或服务时对该货物或该服务的使用价值进行评估，实际上就是一种简单的效益—成本分析。这时对生产者来说，如果消费者对某个消费品效用的评估，足以使消费者愿意支付生产者愿意再多生产一个同样的消费品的价格，生产者就会相应地再生产一个；反之，如果消费对某个消费品所愿意支付的价格，不

足以使生产者收回他多生产一个同样消费品的追加成本，生产者就不会多生产一个同样的消费品。同样，对消费者来说，如果在生产已达到其最优生产水平的条件下，所有消费其消费品的消费者所享受的全部效益，仍然大于这一生产者所支付的全部成本，那么，上述效益与成本之间的差额就称为"消费者剩余"。

评估政府公共事业投资方案的效益—成本分析，就是以"消费者剩余"理论为基础的。用通俗的话来说，评估政府公共事业投资方案就是权衡它的利弊。只有当全部效益大于全部成本时，方案才是值得考虑的。在多个方案比选时，收益与成本比较，差额最大为最佳方案。

西方经济学假定：政府每多花 1 美元费用，就能多生产一个单位的、减轻环境污染的服务（即从环境中减少一定量的污染物）。此外，在边际效用递减规律的原则下，西方环境经济学认为，公众通常对减轻污染的最初若干个单位服务的效益评价比之后单位服务的效益评价要高。例如，在一个污染严重的地区，最初减少污染物的若干单位的服务被认为会显著地减轻环境污染危及人们健康的危害程度，而最后减少污染物的若干个单位的服务只是减轻人们对污染环境的厌恶程度。

在上述条件下，一个减轻污染的公共服务项目的最佳产量单位可以通过图 11 - 1 来说明。

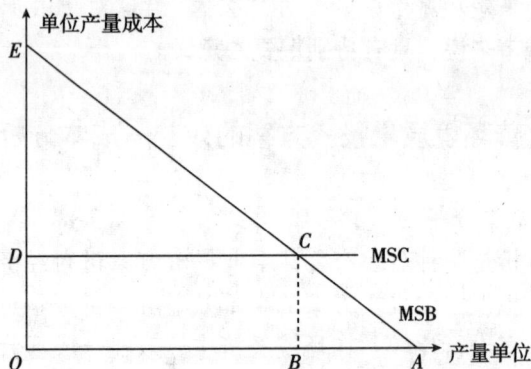

图 11 - 1  效益—成本分析基本原理示意图

在图 11 - 1 中，首先，由于边际社会效益是递减的，所以边际社会效益线就由向右下方倾斜的斜线 MSB 来表示；其次，由于假定环境服务项目中所支出的美元数量的变化率等同于环境服务项目中产量单位的变化率，所以在单位产量成本为 D 的条件下的边际社会成本线就由平行于横坐标的直线 MSC 来表示。

根据效益—成本分析的标准，首先，凡是产量单位在图 11 - 1 横坐标 OA 之内的任何减轻污染的公共服务项目都被认为是值得考虑的。因为即使在产量单位为 $OA$ 的情况下，该项目所产生的社会总效益也还是大于其社会总成本。这时，在产量单位为 $OA$ 的情况下，污染被假定是全部消除了。其次，减轻污染的公共服务项目的最优产量单位应为 $OB$。因为在任何产量小于 $OB$ 的情况下，每增加一个单位的产量的追加效益都大于其追加成本，即边际效益大于边际成本。而在任何产量单位大于 $OB$ 的情况下，每增加一个单位的产量的追加成本都大于其追加效益。所以，只有当产量为 $OB$，即边际社会效益等于边际社会成本时，社会总效益大于社会总成本的差额才最大。

西方城市经济学家认为，$OB$ 之所以成为最佳产量单位，这是因为城市居民能从中获得最大的效用，而在产量单位超过 $OB$ 的情况下，边际社会成本大于边际社会效益意味着城市居民对减轻污染的追加效益的评价低于他们对这一效益的机会成本的评价。换言之，这时的机会成本表现为：城市居民若要获得一定量的减轻污染的服务效益，他们就需要放弃更多的、由其他物品或服务带来的消费效益。从另一角度来分析，在产量为 $OA$ 的情况下，虽然污染能够彻底地得到消除，但由于城市居民从中得到的社会总效用要低于他们从最佳产量单位 $OB$ 中得到的社会总效用，所以以 $OA$ 为产量单位的污染控制项目就被认为不是最佳的。

（二）现值分析法

在进行效益—成本分析时，必须考虑到公共服务项目中成本与效益的现值概念。

根据经济学原理，只要银行利率大于通货膨胀率，利息的报酬将使货币的价值随着时间的推移而逐渐得到增加。也就是说，在上述条件下，现时 1 美元的价值将大于将来时点上的 1 美元的价值。货币的现时价值被简称为货币的现值，与此相对的概念就是终值。

因此，如果对私人投资者来说，他在投资前对将来能否获得实际投资收益的估算就不会停留在是否得到投资的原有资本额上，而会放在能否得到原有资本额的未来价值上。如果估算的投资收益虽然超出其原有的投资额，但只要它小于原有投资额的未来价值，那么私人投资者就会放弃其投资的打算，而将这笔资金储存到银行中，这样，他至少可以根据银行的利息在同样的若干年后得到这笔资金的未来价值。我们可以将投资收益折算的现值与投资额的差额称为净现值，只有当净现值大于零时，投资者才会进行投资。

由于在公共服务投资项目中也存在机会成本，因为地方政府可以根据其拥有的投资资金来选择其他更有利于它自己和公众的公共服务投资项目，所以，公共服务项目所需的资金也应该被看成是一种投资资本。在此前提下，由于投向公共服务项目的资本常常要经过许多年后才能产生效益，因此，在对公共服务投资项目进行效益—成本分析时，就不能仅仅对该项目的总效益及总成本作一简单比较，而必须在实际比较前将已估算出来的、未来的总效益及总成本分别折合成现值。只有这样，才能比较客观地反映公共投资项目是否真正值得考虑。

# 第四节　环境经济学关注的焦点问题

## 一、关于自然系统承载力的限度

自然系统的承载力是一个含义广泛的概念。对于城市而言，自然承载力是指在一定的区域空间，一定的价值标准下，自然系统所能承载、容纳的城市各项活动的总体规模。

城市地域的自然系统承载力，是合理确定城市人口和用地规模，制定适宜的城市经济发展规划目标的重要依据之一。某一区域的自然承载力，除了取决于自然生态系统的结构、数量和质量外，同时还是社会经济发展水平的函数。同一个自然生态系统，在不同的开发利用方式、技术手段和管理模式下，其承载力的高低差异悬殊。区域的自然承载力是相对于不同的经济活动方式而变化的，例如对于同样数量的水资源和土地资源，如果不确定利用方式，则其环境容量无从限定。而且区域系统是一个开放系统，通过地区间的合作与互补，可以使一个区域承载更多的人口和经济总量。此外，技术的进步和效率的提高将在很大程度上改变人们对于区域自然系统承载力的现有估计值。

自然系统的承载力是一个与区域空间大小和价值标准高低相关联的动态变量。以城市建成区、城市规划区、城市行政辖区等不同的空间范围来衡量自然系统的承载力，结果必然大不相同。同样，以不同的单位需求量或消耗量来衡量自然系统的承载力，也会得出不同的结论。衡量自然系统承载力的价值标准，不仅仅包括人均占地、人均耗水、单位产值能源消耗或污染量等物质方面的指标，还包括生活舒适程度、各阶层社会需求的满足等精神文化方面的评价标准。所以，自然系统的承载力不应是一个"极限"的概念，而应该是一个"合理"的概念。"极限"的衡量只能作为分析自然系统承载力时的一种辅助方法，而绝不能简单地以此作为规划的目标。技术的进步是决定自然系统承载力动态变化的最为活跃的因素。在较短的时间段里，由于科学技术条件和生产力水平相对稳定，自然系统的承载力也是相对固定的，这就是人们常常能感受到的自然系统承载力的有限性。但在一个长期时间跨度中，随着科学技术水平的提高，经济增长方式发生着根本性的转变，利用自然的效率和保护自然投入的力度在不断增长，这些均在一定程度上恢复甚至扩大了自然系统承载力。由于技术进步的无限性，所以，在合理的利用方式下，自然系统的承载力又是无限的。

## 二、城市能源经济问题

城市能源结构和能源利用效率是影响和决定城市大气环境质量的最为重要的人为因素之一，也是城市能源战略安全的重要内容。

与世界各国相比，中国能源生产与消费有三个重要特点：第一，原煤在能源中所占比重大，约占能源生产总量与消费总量的70%，全球能源总量中原煤生产与消耗比重在30%左右。在世界所有大国中，我国原煤在能源中所占比重最高。第二，我国经济生产的能源消耗系数高，即单位经济产出所消耗的能源量偏大，这与我国现阶段的产业结构有关，更主要的原因是我国粗放型的经济增长方式，能源浪费严重，利用效率低。第三，燃煤是形成我国大气污染，尤其是城市大气污染的根本原因。

根据世界银行的研究表明，如果逐渐采用清洁的燃料并改进管理的效率，则发展中国家城市地区的车辆污染排放可在2010年以后降至1990年排放量的50%；如果在1990~2050年间逐步改变初级能源的来源构成，则可使全球二氧化碳排放量的增加控制在较低的范围内，并在2040年之后开始下降。

## 三、城市环境经济管理问题

关于环境经济管理的概念，至今为止并没有完全统一的定义。从人类与其赖以生存的一切客观对象的综合关系来看，环境经济管理就是人类在生产、生活与社会活动中，对自身的危害实施控制，并转向有利方向发展的过程。

环境经济管理研究的主要内容包括：人类的社会活动与环境相互影响的原理；如何依据这些原理，制定经济、法律、技术、行政、教育等各种措施，对环境实施有效的维护和管理，以控制人类活动对环境质量的损害，使经济活动既能满足发展生产和提高生活水平的需要，又不超出环境容许的极限。

我国的环境经济管理工作起步较晚，目前城市环境经济管理的制度和体系尚处于建立和完善之中。根据我国的自然条件、资源丰饶程度、人口负荷和经济发展所处的阶段等基本国情，参考并借鉴世界各国在经济发展和环境保护方面的成功经验与失败教训，我国确立了"全面规划，综合利用，化害为利，依靠群众，大家动手，保护环境，造福人民"的环境保护工作方针，这一方针也是我国城市环境经济管理的基本方针。现阶段我国城市环境经济管理的主要任务包括：

第一，制定环境政策。包括经济政策、技术政策、产业政策以及自然资源的开发利用政策、环境资源的综合利用政策等。

第二，拟定环境管理的法律、法规和条例。包括各种环境标准，如环境质量标准、"三废"排放标准、污染警报标准等，以及各种收费标准、奖励和惩罚标准。

第三，编制城市环境规划，审查、批准和确定城市环境规划方案或专项环境治理方案，监督规划方案的实施。

第四，改革和健全城市环境管理体制与具体的管理办法。

# 第五节　生态城市建设

生态城市的出现是城市在摒弃了传统的只注重经济效益不重视城市环境和人类福利的经济一维式工业化发展模式后的必然选择。生态城市的出现标志着城市由传统的一维经济开发模式向复合生态开发模式转变，它不仅涉及城市物质环境的生态化，还涉及人类价值观念、生活方式、政策法规等方面的根本性转变。

## 一、生态城市的内涵和特征

生态城市是联合国教科文组织发起的"人与生物圈"计划研究过程中提出的一个概念，它的内涵随着社会和科技的发展，不断得到充实和完善。生态城市是与生态文明时代相对应的人类社会生活新的空间组织形式，即为一定地域空间内人—自然系统和谐、持续发展的人类住区。目前，生态城市已经超越了城市建设与城市环境保持协调的层次，融合了社会、文化、历史、经济等因素，向更加全面的方向发展，体现出一种广义的生态观。

生态城市是城市生态化发展的结果，简单地说，它是社会和谐、经济高效、生态良性循环的人类住区形式，自然、城市、人融合为有机整体，形成互惠共生的结构。生态城市的发展目标是实现人—自然的和谐（包含人与人和谐、人与自然和谐、自然系统和谐三方面内容），其中追求自然系统和谐、人与自然和谐是基础，实现人与人和谐才是生态城市的目的和根本所在。

生态城市主要有以下特点:

第一,生态城市的核心是人与自然的和谐。

生态城市的实质是实现人与自然的和谐,这是生态城市价值取向所在,只有人的社会关系和文化意识达到一定水平才能实现。生态城市的和谐性,不仅反映在人与自然的关系上,更重要的是在人与人的关系上。现在人类活动促进了经济增长,却没能实现人类自身的同步发展,生态城市是营造满足人类自身进化需求的环境,充满人情味,文化气息浓郁,拥有强有力的互帮互助的群体,富有生机与活力。文化是生态城市最重要的功能,文化个性和文化魅力是生态城市的灵魂。

第二,生态城市的运行方式是高效的循环经济。

循环经济就是提高资源利用效率,减少生产过程的资源和能源消耗;延长和拓宽生产技术链,将污染尽可能地在生产企业内进行处理,减少生产过程的污染排放;对生产和生活用过的废旧产品进行全面回收,可以重复利用的废弃物通过技术处理进行无限次的循环利用,这将最大限度地减少造成污染的废弃物的排放;对生产企业无法处理的废弃物集中回收处理,扩大环保产业和资源再生产业的规模。

生态城市摒弃了现代城市"高能耗"、"非循环"的运行机制,提高一切资源的利用效率,物尽其用,地尽其利,人尽其才,各施其能,各得其所,物质、能量得到多层次分级利用,废弃物循环再生,各行业、各部门之间共生共荣,关系协调。循环经济作为一种新的生产方式,它是在生态环境成为经济增长制约要素,良好的生态环境成为一种公共财富阶段的一种新的技术经济范式,是建立在人类生存条件和福利平等基础上的以全体社会成员生活福利最大化为目标的一种新的经济形态。"资源消费—产品—再生资源"闭环型物质流动模式,资源消耗的减量化、再利用和资源再生化都仅仅是其技术经济范式的表征,其本质是对人类生产关系进行调整,其目标是追求可持续发展。

第三,生态城市的指导思想是可持续发展。

生态城市以可持续发展思想为指导,进行科学的时空定位,合理配置资源,公平地满足当代与后代在发展和环境方面的需要,不因眼前利益而用"掠夺"的方式促进城市暂时的"繁荣",保证城市发展的健康、持续和协调。

第四,生态城市的根本目标是社会的整体效益。

生态城市不仅仅追求环境优美或自身的经济繁荣,而是兼顾社会、经济和环境三者的整体效益,不仅重视经济发展与生态环境协调,更注重对人类生活质量的提高,是在整体协调的新秩序下寻求发展。

生态城市的发展过程就是实现城市—经济—自然复合生态系统整体协调而

达到一种稳定有序状态的演进过程。这里的"生态"已不仅仅是生物学的含义，而是综合、整体的概念，蕴涵社会、经济、自然复合生态的内容，强调社会、经济、自然协调发展和整体生态化，即实现人—自然的共同演进、和谐发展、共生共荣，是可持续发展模式。

第五，生态城市的未来趋势是区域生态平衡。

生态城市是生态文明时代的产物，是在对工业文明时代城乡辩证否定的基础上发展而来的新的更为高级的人类生存空间系统，可以说是人类住区发展的高级阶段。从地理空间上看，生态城市已超越传统意义上的"城市"概念，是一个高度城市化的区域，抛弃了传统的以"农业"、"非农业"作为划分聚居的标准，强调了聚居作为人类生活场所的本质上的同一性，表现为一种新的城乡关系格局，城市与乡村融合发展，形成城乡网络结构。

生态城市作为城乡同一体，其本身就是一个建立在区域平衡基础之上的区域概念，城市之间是相互制约的，只有平衡协调的区域才有平衡协调的生态城市。从全球的视野来看，要实现以人—自然和谐为价值取向的目标，必须加强全球合作，共享技术与资源，形成互惠共生的网络系统，建立全球生态平衡。

## 二、生态城市的创建

现代城市与生态城市相比还有很大差距，现代城市到生态城市可能是个很漫长的发展过程，需要几代人的努力。美国生态学家雷吉斯特（Richard Register）提出了"生态结构革命"的倡议，并提出了生态城市建设的十项计划：

（1）普及与提高人们的生态意识；

（2）致力于城市内部、外部物质与能量循环途径的技术和措施研究，减少不可再生资源的消耗，保护和充分利用可再生资源；

（3）设立生态城市建设的管理部门，完善生态城市建设的管理体制；

（4）对城市进行生态重建，力求为居民创造多样的自由生存空间；

（5）建立和恢复野生生物的生存环境；

（6）调整和完善城市生态经济结构；

（7）加强旧城、城市废弃土地的生态恢复；

（8）建立完善的公共交通系统；

（9）取消汽车补贴政策；

（10）制定政策，鼓励个人、企业参与生态城市建设。

这十项计划比较全面地反映了西方国家生态城市建设的热点和发展趋势。

建设生态城市是一项庞大而复杂的系统工程，它实际上是"生态重建"、

"生态重构"的过程，即对现有城乡的物质环境进行有机更新，对社会价值观、伦理道德、经济模式、生活方式及政策体制等社会文明进行重新定位和根本转变，从而对整个城乡系统的经济结构、社会结构、文化结构、空间结构等进行根本性改造、再构和创新。它涉及城乡时空横向与纵向、物质与精神的各系统层次的方方面面，是一场名副其实的破旧立新的社会革命。一方面我们要看到生态城市建设的艰巨性和长期性，另一方面也要认识到它的可实现性，是一个可望可及、循序渐进的持续的发展过程。

我国的国情决定了必须走一条有别于西方国家的生态城市创建之路。

第一，以社会舆论作为引导。意识形态对于经济行为的治理作用在现代经济学中已受到重视，政府牵头营造良好的社会意识形态，并使其有效作用于经济主体是有效的途径。发展生态城市，首先必须宣传、普及生态知识，倡导生态价值观，使公众特别是领导决策层的观念转变过来，树立人与人、人与自然和谐的生态价值观。只有加强宣传教育，普及和提高公众的生态意识，改变原有的价值观，人们的态度和行为才会改变，自觉的生态意识是实现城市生态化发展的关键。

第二，以经济政策作为调节。制订行动计划，实施符合生态城市发展的政策。发展生态城市应作为我国城市今后发展的重要目标和内容。改变以前不符合生态要求的政策、计划，制定城市各领域、各行业生态化发展的战略、步骤、目标等，并确立优先发展领域，制定一系列鼓励政策，加快城市生态化发展步伐，使城市逐步走上生态化发展道路。

第三，以生态立法作为手段。通过立法手段，建立适应城市生态化发展的法规综合体系，使城市生态化发展法律化、制度化，是保证其战略、政策顺利实施的有效途径，这样城市生态化发展得到法律保证，有法可依，对不符合生态化发展的行为采取必要的行政和经济手段，保证计划的顺利实施。

第四，以生态产业作为支撑，重视生态技术的开发与应用。凡是破坏生态平衡，导致环境污染、社会异化、经济非持续发展的技术，都是与生态化发展相违背的，解决的根本出路在于依靠现代科学技术，结合生态学原理创造新的技术形式——生态技术，发展生态产业。发展生态城市必须重视增加科技投入，研制开发生态技术、生态工艺，积极选择"适宜技术"，推广生态产业，保证发展过程低（无）污、低（无）废、低耗，提高资源循环利用率，逐步走上清洁生产、绿色消费之路。

第五，以城市政府作为媒介。设立适应城市生态化发展的职能机构。在城市各机构中可通过联合设立综合的、跨部门的生态化发展管理决策机构，组织、协调、监督城市生态化发展战略的实施，同时也作为城市生态化发展的宣传、咨询、交流和推广中心。

第六，以区域平衡作为依托。重视城市间、区域间的合作。城市仅仅注重自身繁荣，而掠夺外界资源或将污染转嫁于周边地区都是与生态化发展背道而驰的。城市间、区域间乃至国家间必须加强合作，建立公平的伙伴关系，共享技术与资源，形成互惠共生的网络关系，城市在发展过程中应承担相应的义务和责任，确保在其管辖范围内或在其控制下的活动不致损害其他城市的利益。

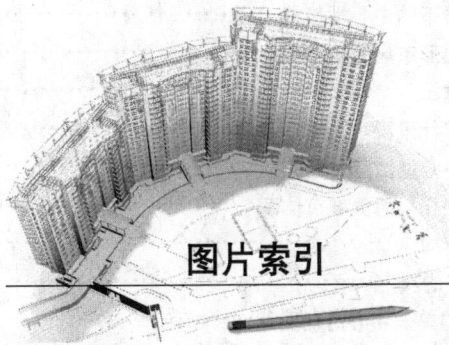

# 图片索引

# 参考文献

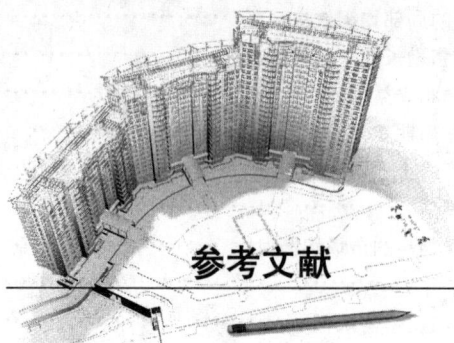

[1] (美) 阿瑟・奥沙利文. 城市经济学. 第4版. 北京：中信出版社，2003.

[2] K・J・巴顿. 城市经济学：理论与政策. 北京：商务印书馆，1981.

[3] 奥古斯特・廖什. 经济空间秩序. 王守礼译. 北京：商务印书馆，1995.

[4] 沃尔特・克里斯泰勒. 德国南部中心地原理. 北京：商务印书馆，1998.

[5] 胡欣，江小群. 城市经济学. 北京：立信出版社，2005.

[6] 周伟林，严冀等. 城市经济学. 上海：复旦大学出版社，2004.

[7] 吴启焰，张京祥等. 现代城市规划概论. 北京：中国建筑工业出版社，2006.

[8] 埃德温・米尔斯. 区域和城市经济学手册：城市经济学. 赫寿义，徐鑫等译. 北京：经济科学出版社，2003.

[9] 保罗・切希尔，埃德温・S・米尔斯. 区域和城市经济学手册第三卷 (应用城市经济学). 安虎森等译. 北京：经济科学出版社. 2003.

[10] W・艾萨德. 区域科学导论. 北京：高等教育出版社，1991.

[11] 郝寿义，安虎森. 区域经济学. 第2版. 北京：经济科学出版社，2004.

[12] 丁健. 现代城市经济. 上海：同济大学出版社，2001.

[13] 谢文蕙，邓卫. 城市经济学. 北京：清华大学出版社，2002.

[14] 周至龙. 全球化、知识与区域. 台北：詹氏书局，2002.

[15] 孟晓晨. 西方城市经济学：理论与方法. 北京：北京大学出版社，1991

[16] 周一星. 城市地理学. 北京：商务印书馆，1999.

[17] 金相郁. 20世纪区位理论的五个发展阶段及其评述. 经济地理. 2004，24 (3)：294 –317.

[18] 韦伯. 工业区位论原理. 北京：商务印书馆，1991.

[19] 陈秀山，张可云. 区域经济理论. 北京：商务印书馆，2003.

[20] 藤田昌久，雅克 – 弗朗斯科・蒂斯. 集聚经济学. 刘峰等译. 成都：西南财经大学出版社，2004.

[21] 安虎森. 空间经济学原理. 北京：经济科学出版社，2005.

[22] 藤田昌久，保罗・克鲁格曼，安东尼・J・维纳布尔斯. 空间经济学. 梁

　　琦主译. 北京：中国人民大学出版社，2005.

[23] 荣朝和. 西方运输经济学. 北京：经济科学出版社，2002.

[24] 刘明君. 经济发展理论与政策. 北京：经济科学出版社，2004.

[25] 丁成日等. 城市规划与空间结构. 北京：中国建筑工业出版社，2005.

[26] 蔡昉，都阳，王美艳. 中国劳动力市场转型与发育. 北京：商务印书馆，2005.

[27] 蔡昉，都阳，王美艳. 劳动力流动的政治经济学. 上海：三联书店，2003.

[28] 曾湘泉. 劳动经济学. 上海：复旦大学出版社，2005.

[29] 郭鸿懋等. 城市空间经济学. 北京：经济科学出版社，2002.

[30] 尚晓援. 社会福利和社会保障的再认识. 中国社会科学，2001，(3).

[31] 洪银兴，刘建平. 公共经济学导论. 北京：经济科学出版社，2003.

[32] 王晶. 城市财政管理. 北京：经济科学出版社，2002.

[33] 陈俊峰，张鸿雁. 郊区化的内涵及其二重性研究. 社会，2003.

[34] 顾朝林等. 经济全球化与中国城市发展——跨世纪中国城市发展战略研究. 北京：商务印书馆，1999.

[35] 顾朝林. 城市化的国际研究. 城市规划，2003，27 (6)：19 - 24.

[36] 周一星. 关于明确我国城镇概念和城镇人口统计口径的建议. 城市规划，1986.

[37] 周一星. 对城市郊区化要因势利导. 城市规划，1999，23 (4).

[38] 周一星，孟延春. 国内外郊区化发展状况和研究综述——北京的郊区化及其对策. 北京：科学出版社，2000.

[39] 郑时，金霞. 城市中外移产业的选择标准初探. 哈尔滨商业大学学报(社会科学版)，2005.

[40] 陈甫军，陈爱贞. 城镇化与产业区域转移. 当代经济研究，2004.

[41] 中国科学院研究生院城乡建设经济系. 城市经济学. 北京：经济科学出版社，1999.

[42] 蒋达强. 大城市人口郊区化与住宅空间分布的效应研究. 人口与经济，2002，(3).

[43] 张文新. 中国大城市人口居住郊区化现状、问题与对策. 人口学刊，2003，(3).

[44] 赵伟. 城市经济理论与中国城市发展. 武汉：武汉大学出版社，2005.

[45] 石菘. 城市空间结构演变的动力机制分析. 城市规划汇刊，2004，1：50 - 52.

[46] 冯云延等. 城市经济学. 大连：东北财经大学出版社，2005.

[47] 刘荣增，杨峰. 中外城市郊区化差异比较研究. 经济师，2002，9：23 - 25.

[48] 胡序威，周一星，顾朝林等. 中国沿海城镇密集地区空间聚集与扩散研

究. 北京：科学出版社，2000.

[49] 胡序威. 对城市化研究中某些城市与区域概念的探讨. 规划研究，2003，27（4）：28 −32.

[50] 黎熙元，何肇发. 现代社区概论. 广州：中山大学出版社，1998.

[51] 王兴平. 都市区化：中国城市化的新阶段. 城市规划汇刊，2002，4：56 −80.

[52] 刘荣增. 城镇密集区及其相关概念研究的回顾与再思考. 人文地理，2003，18（3）：13 −51.

[53] 刘荣增. 城镇密集区发展演化机制与整合. 北京：经济科学出版社，2003.

[54] 丹尼斯·迪帕斯奎尔，威廉·C·惠顿. 城市经济学与房地产市场. 龙奋杰译. 北京：经济科学出版社，2001.

[55] 王坤，王泽森. 香港公共房屋制度的成功经验及其启示. 城市发展研究，2006，13（1）.

[56] 吴启焰. 大城市居住空间分异研究：理论与实证. 北京：科学出版社，2001.

[57] 孙开. 地方财政学. 北京：经济科学出版社，2002.

[58] 陈共. 财政学. 第 3 版. 中国人民大学出版社；

[59] （英）肯尼思·巴顿. 运输经济学. 北京：商务印书馆，2001.

[60] 陆化普. 解析城市交通. 北京：中国水利水电出版社，2001.

[61] （美）尼可·汉利，杰森·绍格瑞. 环境经济学教程. 曹和平，李虹，张博译. 北京：中国税务出版社，2005.

[62] Palen J. J.. The Urban World. New York：McGraw-Hill Book Company, 1987.

[63] Hanson S. ed. The Geography of Urban Transportation. The Guilford Press, 1995.

[64] Brigitte S. The institutional environment and communities of small firms. Ids Bulletin, 1992, 23 (3)：8 −14.

[65] Markusen A. Sticky place in slippery space：a typology of industrial districts. In The Economic Geography Reader. Edited by J. Bryson et al. Chichester：John Wiley & Sons, Ltd. , 1999.

[66] Edwin S. Mills. Urban Economics. London：Scott, Foresman and Company Glenvisw, 1972.

[67] Puga D. Urbanization Patterns：European Versus Less Developed Countries. Journal of Regional Science, 1998, 38 (2)：231 −252.

[68] Smith D M. Industrial location：an economic geographical analysis. second edition. New York：John Wiley, 1981.

[69] Hetelling H. Stability in competition. Economic Journal, 1929, 3：

41 –57.

[70] Berry B J L. 1964 Cities as systems within systems of cities. reg. Sci. Assoc. 13: 147 –163.

[71] Zipf G K. Human behavior and principle of least effort. New York: Addison-Wesley Press, 1949.

[72] Evans A W The pure theory of city size in an industrial economy. Urban studies 1972, (9): 49 –77.

[73] Henderson J V. General equilibrium modeling of systems of cities—— Handbook of Regional and Urban Economics. Amsterdam: North – Holland, 1987.

[74] Abdel –Rahman H M. and Fujita, M. Specialization and Diversification in a system of cities. Journal of Urban Economics 1993, 33: 189 –222.

[75] Masahisa Fujita, Paul Krugman and Anthony J. Venables. The Spatial Economy: Cities, Regions and International Trade. MIT Press, 1999.

[76] Upton C. An equilibrium model of city sizes. Journal of Urban Economics, 1981, (10): 15 –36.

[77] J. Jacobs. The Economy of Cities. New York: Random House, 1969.

[78] Streeten, P. P. Human Development: Means and Ends. American Economic Review. 1994, 84: 232 –237.

[79] Todaro M P. Economic development in the third world. Longman, 1981

[80] Malcolm Gillis, Dwight H. Perkins, Michael Roemer, Donald R. Snodgrass. Economics of Development. W. W. Norton & Company, 1987.

[81] Smart Growth America: http: //www. smartgrowthamerica. com/

[82] National Center for Smart Growth at the University of Maryland: http: // www. smartgrowth. umd. edu/

[83] John S. Miller, Lester A. Hoel. The "smart growth" debate: best practices for urban transportation planning. Socio-Economic Planning Sciences, 2002, 36.

[84] Maryland Department of Housing and Community Development. Live near your work program at http: //www. dhcd. state. md. us/lnyw. htm on June 29, 1999.

[85] Hirsch W Z. Expenditure Implications of Metropolitan Growth and Consolidation Review of Economics and Statistics, 1959: 41.

[86] Arrow K. , Costanza R. et al. Economic Growth, Carrying Capacity, and the Environment. Environment and Development Economics, 1996, 1: 103 –107.

[87] Perroux, F. Economic Space: Theory and Application. Quarterly Journal of Economics, 1950, 64.

[88] Hall P. The World Cities. London: Weidenfeld and Nicoson, 1984.

[89] Peter Kate. The New Urbanism-Toward an architecture of community. Mc Graw – Hill Inc, 1994.

[90] L. Zhang, Simon X. , B. Zhao. Re-Examing China's "Urban" concept and the level of Urbanization. The China Quartery, No. 154: 330 –381.